PETITE ENCYCLOPÉDIE JURIDIQUE

XIII

CODE

DES

RÈGLEMENTS D'ORDRES

SOIT AMIABLES, SOIT JUDICIAIRES

ET DES

COLLOCATIONS DES CRÉANCIERS

PAR

A. ULRY

Juge spécial des Ordres au Tribunal civil de Guéret.

TOME PREMIER.

PARIS

A. DURAND ET PEDONE-LAURIEL, ÉDITEURS

LIBRAIRES DE LA COUR D'APPEL ET DE L'ORDRE DES AVOCATS

G. PEDONE-LAURIEL, Successeur

13, RUE SOUFFLOT, 13

1881

CODE

DES

RÈGLEMENTS D'ORDRES

I

CODE

DES

RÈGLEMENTS D'ORDRES

SOIT AMIABLES, SOIT JUDICIAIRES

ET DES

COLLOCATIONS DES CRÉANCIERS

PAR

A. ULRY

Juge spécial des Ordres au Tribunal civil de Guéret.

TOME PREMIER

PARIS

A. DURAND ET PEDONE-LAURIEL, ÉDITEURS

LIBRAIRES DE LA COUR D'APPEL ET DE L'ORDRE DES AVOCATS

G. PEDONE-LAURIEL, Successeur

13, RUE SOUFFLOT, 13

—

1881

PRINCIPALES ABRÉVIATIONS.

C. civ. — Code civil.

C. procéd. — Code de procéd re civile.

C. com. — Code de commerce.

Cass., 3 août 1864 signifie arrêt de la Cour de cassation du 3 août 1864.

S. 64, 1, 381, signifie Recueil de Sirey, année 1864, 1re partie, page 381.

D. 64, 1, 329, signifie Recueil périodique de Dalloz, année 1864, 1re partie, page 329.

Pal. 64, 1077, signifie le Journal du Palais, année 1864, page 1077.

Dall. J. G., vo Ordre, no 330, signifie Jurisprudence Générale de Dalloz, verbo Ordre, numéro 330.

France Judic. IV, 2, 360, signifie la France Judiciaire, 4me année, 2me partie, page 360.

AVERTISSEMENT

Le but que nous nous sommes proposé, c'est
d'indiquer comment le Règlement des Ordres, soit
amiables, soit judiciaires, peut être établi conformément aux règles admises par la doctrine et la
jurisprudence, en passant en revue les diverses
parties qui le composent : somme à distribuer ;
collocations des créanciers privilégiés ; collocations des créanciers à hypothèque ordinaire ou
légale, etc., etc.

Les ouvrages de M. Pont et ceux de MM. Aubry
et Rau, ont rendu plus facile, plus sûr et plus
complet, le Règlement des Ordres ; on y trouve
une solution claire et précise pour la plupart des
questions qui se présentent.

Nous les avons largement mis à contribution,
ainsi que les recueils de Sirey et de Dalloz, la
France judiciaire et les ouvrages de MM. Séligman,

Chauveau, Houyvet, Vanier, Audier. Souvent même nous leur avons emprunté des passages entiers, dont nous avons eu soin de faire connaître l'origine, et nous pouvons dire, avec Montaigne, que le présent Manuel « n'est qu'un amas de fleurs étrangères, n'y ayant fourni du nôtre que le filet à les lier. »

C'est, avant tout, une compilation de notes et d'extraits, la plupart textuels, que, dans notre carrière de juge, spécialement chargé des Ordres, nous avons réunis avec la plus grande attention, en les classant dans un ordre méthodique, qui permette de retrouver facilement la marche à suivre dans tel cas donné, et de se reporter aux différents ouvrages ou arrêts à consulter.

Nous serons heureux si cette compilation, qui nous a rendu de grands services à nous-même, peut être utile à d'autres.

Guéret, le 16 Mars 1881.

A. ULRY.

CODE

RÈGLEMENTS D'ORDRES

SOIT AMIABLES, SOIT JUDICIAIRES

NOTIONS PRÉLIMINAIRES

1. DROITS RÉSULTANT DE L'HYPOTHÈQUE. — L'hypothèque assure au créancier deux droits distincts :

1º Un droit de suite, au moyen duquel il peut suivre les immeubles grevés, en quelques mains qu'ils passent, pour les faire vendre et se faire payer sur le prix. — Art. 2114 Code civil.

2º Un droit de préférence sur le prix, en ce sens qu'il est préféré tant aux créanciers chirographaires qu'aux créanciers hypothécaires postérieurs. — Même article 2114 (Aubry-Rau, t. III, p. 404 et suiv.).

2. OBJET DE L'ORDRE. — L'ordre est la mise en mouvement du second de ces droits, c'est-à-dire du droit de préférence sur le prix.

Il a lieu dans les circonstances suivantes : Le débiteur a été exproprié de ses immeubles, ou bien il a vendu volontairement quelques-uns de ses immeubles, qui sont grevés de privilèges ou d'hypothèques. Il s'agit d'en distribuer le prix à ses créanciers, au profit desquels une inscription a été prise. Cette distribution, c'est l'ordre.

On peut définir l'ordre une opération de classsement, qui détermine le rang de préférence suivant lequel les créanciers sont payés sur le prix d'immeubles appartenant à leur débiteur.

L'ordre ne peut avoir pour objet que la distribution du prix des biens immeubles, et il ne doit avoir lieu que dans le cas où il existe sur les immeubles des privilèges ou des hypothèques. Autrement, le prix de l'immeuble serait regardé comme mobilier, et comme tel distribué par contribution entre les créanciers du vendeur.

3. Formalités préalables a remplir pour qu'on puisse ouvrir un ordre. — Pour qu'on puisse ouvrir un ordre, il faut, au préalable :

1° Faire transcrire l'acte d'aliénation, (art. 750 proc. et 1ᵉʳ de L. du 23 mars 1855.)

2° Remplir les formalités de la purge, mais seulement s'il s'agit d'une aliénation volontaire ; car, comme nous le verrons plus loin (nᵒˢ 6 et suiv.), l'adjudication par suite d'expropriation forcée emporte virtuellement et par elle-même la purge des hypothèques, soit inscrites, soit légales.

3° Requérir l'état des inscriptions et le déposer au greffe du Tribunal (art. 750 procéd.), en même temps que les actes d'aliénation.

§ 1ᵉʳ. — *Transcription du titre.*

4. — La transcription, c'est la copie littérale faite par le Conservateur des hypothèques sur un registre spécial appelé *Registre des transcriptions.*

La transcription a notamment pour effet :

1° De rendre l'acquéreur propriétaire à l'égard des tiers, en enlevant au vendeur la propriété de la chose aliénée, et la faculté de l'aliéner de nouveau et de la grever d'hypothèques nouvelles.

2° D'arrêter le cours des inscriptions hypothécaires, de telle sorte que le créancier qui peut s'inscrire même après l'aliénation, ne le peut plus dès que l'acte d'aliénation a été transcrit, sauf toutefois les deux exceptions qui seront indiquées plus loin, n° 5.

Exemple : Pierre a vendu, le 5 avril 1878, un immeuble à Paul et cette vente n'a été transcrite que le 20 juin 1879. Toutes les hypothèques procédant du chef de Pierre, vendeur, qui seront inscrites avant le 20 juin 1879, grèveront ledit immeuble, parce qu'au regard des tiers, il est resté la propriété de Pierre jusqu'au jour de la transcription.

Autre exemple : Pierre, dans le contrat de mariage de l'un de ses enfants, en date du 8 juin 1875, lui a fait donation d'un immeuble. Cette donation a été seulement transcrite le 4 mars 1878. Les hypothèques procédant du chef de Pierre, donateur, pourront être inscrites sur ledit immeuble jusqu'au 4 mars 1878, date de la transcription ; elles grèveront l'immeuble, quand bien même elles n'auraient été consenties par Pierre qu'après la donation par lui faite à son fils, et elles primeront les hypothèques, même inscrites antérieurement, qui auraient été consenties par ce dernier sur le même immeuble, parce qu'au regard des tiers, jusqu'à la transcription, cet immeuble est resté la propriété de Pierre.

8. *Nota.* — Par exception, le vendeur et le co-partageant sont admis à s'inscrire même après la transcription, pourvu qu'ils le fassent dans les quarante-cinq jours à compter de l'acte de vente (Voir n° 154), ou dans les soixante jours à compter de l'acte de partage (n° 175.)

De même, les hypothèques légales des femmes, des mineurs ou interdits, peuvent être valablement inscrites, même après la transcription, tant que le délai réglé par les articles 2194 et 2195 du Code civil n'est pas expiré.

(Voir, sur la transcription hypothécaire, une dissertation de M. Martin de Neufville, vice-président du tribunal d'Alençon, dans la *France judiciaire*, II, 1, p. 233 et suiv.).

§ 2. — *Purge.*

6. — On sait qu'il y a deux sortes de purge :

1° La purge des hypothèques inscrites, qui est la faculté accordée à l'acquéreur ou nouveau propriétaire d'un immeuble, de se libérer des charges hypothécaires, en offrant aux créanciers inscrits le prix de cet immeuble ou sa valeur estimative (art. 2183 et suiv. du Code civil).

2° La purge des hypothèques légales, qui a pour but de mettre les créanciers à hypothèque légale dispensée d'inscription, en demeure de s'inscrire dans le délai de deux mois, sous peine de déchéance du droit de suite (art. 2195 C. civ.).

Toutes les aliénations ne sont pas soumises aux formalités de ces deux purges. A cet égard, il faut distinguer les aliénations forcées et les aliénations volontaires.

7. ALIÉNATIONS FORCÉES. — Dans le cas d'aliénations forcées, la purge a lieu de plein droit, parce que ces aliénations emportent par elles-mêmes et sans aucune formalité subséquente, l'extinction de toutes les hypothèques, soit ordinaires, soit même légales, qui grevaient l'immeuble, de telle sorte que les créanciers doivent se contenter du prix fixé par le contrat. L'acquéreur se libère, dans ce cas, et libère l'immeuble par le paiement ou par la consignation du prix, sans être obligé de remplir les formalités de la purge.

Telles sont :

1° Les adjudications sur saisie immobilière (Art. 717, procéd. civ., alin. 7.)

Aux termes de cet article, « le jugement d'adjudication dûment transcrit purge toutes les hypothèques, et les créanciers n'ont plus d'action que sur le prix. »

Suivant une opinion, il résulte de ces expressions « dûment transcrit, » que la purge n'est produite que par la transcription du jugement d'adjudication. (Voir, en ce sens : Troplong, transcription, n° 272 ; Seligman, n°ˢ 72 et 82 ; Dalloz, Jurisp. G., v° vente publique d'immeubles, n° 1816 ; Olivier et Mourlon, n° 235 ; et note sur un arrêt de Cassation du 22 janvier 1877, Dall., 77, 1, 249.)

Suivant une autre opinion, qui est celle que nous adoptons, le jugement d'adjudication produit par lui-même la purge. A partir de l'adjudication, la créance, même non échue, devient exigible ; le droit du créancier hypothécaire est transporté de l'immeuble sur le prix, il y a un véritable contrat judiciaire, en vertu duquel l'adjudicataire est devenu débiteur direct de son prix, non-seulement envers les créanciers qui se trouvent inscrits à ce moment, mais encore envers ceux qui pourront s'inscrire jusqu'à la transcription du jugement d'adjudication. « La transcription, comme le font observer MM. Aubry et Rau, nécessaire pour arrêter, dans l'intérêt de l'adjudicataire, le cours des inscriptions, et pour éteindre d'une manière complète les privilèges et hypotèques qui n'auraient pas été rendus publics avant l'accomplissement de cette formalité, est sans influence sur les rapports de l'adjudicataire et des créanciers inscrits. » (Aubry-Rau, t, III, p. 498, note 4). « En conséquence, le jugement d'adjudication sur expropriation forcée purge non-seulement les hypothèques constituées et inscrites avant la saisie, mais encore celles qui l'ont été, soit au cours de la poursuite, soit même entre le jugement et sa transcription. » (Aubry-Rau, t. III, p. 500 — Voir aussi Cass., 30 juillet 1873. D., 74, 1, 106 et la note. — Paris, 27 avril 1877. D., 77, 2, 144 ; S., 78, 2, 79. — Cass., 6 mai 1878. D., 79, 1, 87.)

2° Les aliénations pour cause d'utilité publique,

qu'elles aient eu lieu, soit par jugement (Loi du 3 mai 1841, art. 17), soit par suite de cessions amiables consenties par les propriétaires de terrains soumis à l'expropriation, (même loi, article 19; Aubry-Rau, t. III, p. 498.)

3° Les adjudications qui ont eu lieu à la suite d'une conversion sur saisie (art. 743 procéd. civ.), lorsque le jugement a été rendu *après* les sommations prescrites par l'article 692 du même code.

En effet, après les sommations prescrites par ce dernier article, le jugement ne peut être rendu que du consentement de tous les créanciers inscrits (art. 743 précité). La position de ces derniers restant ainsi la même que si l'expropriation forcée avait suivi son cours ordinaire, l'adjudication prononcée à la suite de la conversion doit produire la purge virtuelle de leurs hypothèques, comme l'aurait produite un jugement d'adjudication sur expropriation forcée (Aubry-Rau, t. III, p. 503, note 16; *Sic*, Seligman, n° 731. — Dijon, 24 mars 1847. S. 47, 2, 410.)

Nous verrons ci-après (n° 10-2°), qu'il en est autrement, lorsque le jugement d'adjudication a été rendu avant lesdites sommations.

7 *bis*. *Nota*. — Les aliénations dont il vient d'être parlé, purgent sans exception, toutes les hypothèques, tant ordinaires que légales.

Le prix à distribuer est fixé par l'adjudication elle-même, s'il n'y a pas de surenchère. Que s'il y a eu surenchère (art. 708 procéd. civ.), il est fixé par l'adjudication qui en est la suite.

8. ALIÉNATIONS VOLONTAIRES. — Toutes les aliénations volontaires sont, au contraire, soumises aux formalités de la double purge.

Sous cette dénomination générale d'aliénations volontaires, sont comprises toutes les aliénations autres que celles qui ont lieu par expropriation forcée, savoir :

9. *Premièrement :* Les aliénations volontaires proprement dites, telles que :

Les ventes ordinaires ;

Les échanges ;

Les donations ;

Les dations en paiement effectuées avec des immeubles ; par exemple, les ventes consenties par l'un des époux au profit de l'autre, dans les cas prévus par l'article 1595 du Code civil.

10. *Deuxièmement :* Les aliénations assimilées aux aliénations purement volontaires, ce qui comprend :

1° Les ventes judiciaires, c'est-à-dire faites aux enchères publiques, telles que :

Les licitations (art. 972, 984 procédure civ.)

Les ventes judiciaires de biens de mineurs ou d'interdits (art. 459 et 509 du C. civil ; art. 953 et suiv. du C. de procéd.)

Les ventes judiciaires d'immeubles appartenant à une femme dotale (art. 1558, C. civ. et 997 C. procéd.)

Les ventes judiciaires d'immeubles appartenant, — soit à une succession indivise (art. 827, C. civ. ; art. 966 et suiv. du C. de procéd.) ; — soit à une succession bénéficiaire (art. 806, C. civ. et 988, C. procéd.) ; — soit à une succession vacante (art. 1001, C. procéd.)

Les ventes judiciaires d'immeubles appartenant à une personne qui a fait cession de biens (art. 904, C. procéd.) — (Voir Aubry-Rau, t. 3, p. 501. — Séligman, n° 728).

On y comprend aussi :

2° Les adjudications qui ont eu lieu à la suite d'une conversion sur saisie (art. 743, C. procéd.), alors du moins que le jugement de conversion a été rendu *avant* les sommations prescrites par l'article 692 du même Code. Dans ce cas, en effet, l'adjudication prend tous

1.

les caractères d'une aliénation volontaire, et elle en reçoit les effets. (Aubry-Rau, t. 3, p. 503). — Sic Séligman, n°ˢ 729 et 730. — Orléans, 15 févr. 1859 ; S. 59, 2, 361 ; D., 59, 2, 44 ; Pal., 59, 230.)

(Nous avons vu plus haut (n° 7, 3°), qu'il en est autrement quand la conversion a lieu *après* lesdites sommations).

3° Les adjudications des immeubles d'un failli, lorsqu'elles ont été prononcées sur les poursuites du syndic de la faillite (art. 772, C. com.) — (Aubry-Rau, t. 3, p. 502 ; Sic Demangeat sur Bravard, Traité des faillites, p. 627 à la note.)

C'est aussi l'opinion d'un grand nombre de Cours et de Tribunaux. (Douai, 25 janvier 1862 ; S., 63, 1, 65. — Paris, 21 août 1862 ; S., 62, 2, 546. — Douai, 18 août 1865 ; S. 66, 2, 148.)

Au contraire, d'après la Cour de Cassation, l'adjudication faite à la requête des syndics emporterait par elle-même, comme l'adjudication sur expropriation forcée, la purge des privilèges et des hypothèques. (Cass., 3 août 1864 ; S., 64, 1, 381 ; D., 64, 1, 329 ; Pal., 64, 1077.) — Voir cependant un arrêt de Cassation du 13 août 1867 ; S., 67, 1, 390, qui décide que l'adjudication emporte virtuellement la purge des hypothèques à l'égard des créanciers du failli, mais ne purge pas les hypothèques grevant l'immeuble du chef des précédents propriétaires.

4° Les adjudications par suite de folle-enchère, lorsque la première adjudication a été volontaire. (Cass., 6 juillet 1864 ; S., 64, 1, 377 ; D., 64, 1, 279 ; Sic., Aubry-Rau, t. 3, p. 501 ; *Contra.*, Pont, n° 1,350.)

Comme nous l'avons déjà dit, toutes ces aliénations volontaires ou autres y assimilées, sont soumises aux formalités, tant de la purge des hypothèques inscrites que de la purge des hypothèques légales.

§ 1. PURGE DES HYPOTHÈQUES INSCRITES. — La purge des hypothèques inscrites se fait conformément aux prescriptions des articles 2183 et suivants du Code civil.

La notification du contrat de vente est l'acte fondamental de cette purge, puisque c'est par elle que l'acquéreur fait offre de son prix aux créanciers inscrits. Elle a pour effet de convertir le droit de suite sur l'immeuble en un simple droit de préférence sur le prix.

N'y a-t-il pas de surenchère, dans les quarante jours qui ont suivi la notification ? Le prix offert est définitivement acquis aux créanciers (art. 2186, C. civ.) ; et c'est ce prix qui sera distribué à l'ordre.

Y a-t-il surenchère ? Le prix définitif sera fixé par l'adjudication qui est faite à la suite de cette surenchère, conformément à l'article 2187, C. civil ; et c'est ce dernier prix qui sera distribué à l'ordre. — La surenchère dont il s'agit est celle du dixième (art. 2183, C. civ.).

12. RÈGLE « SURENCHÈRE SUR SURENCHÈRE NE VAUT. » — Dès qu'il y a eu une adjudication sur surenchère, la purge des hypothèques inscrites doit être réputée complète et définitive, en vertu de la maxime « surenchère sur surenchère ne vaut. »

Ce point nécessite quelques explications.

On sait qu'il y a trois espèces de surenchère :

1° La surenchère du sixième, qui est autorisée non-seulement sur les adjudications par expropriation forcée (art. 708, procéd.), dont nous n'avons plus à nous occuper ici (voir n° 7 bis), mais qui est autorisée aussi sur les ventes volontaires faites en justice, telles que les ventes de biens de mineurs (art. 965, procéd.), les ventes sur licitation (art. 973 même code), en un mot sur toutes les ventes judiciaires énumérées plus haut (n°⁸ 8 à 11) à l'exception des adjudications en cas de faillite, pour lesquelles la surenchère du sixième est remplacée par celle du dixième (voir 3° ci-après), et des adjudications par suite de folle-enchère, qui ne sont soumises qu'à la surenchère du dixième.

Elle peut être exercée par toute personne, créancière

ou non, et doit être faite dans la huitaine à partir de l'adjudication, conformément à l'article 708 du Code de procédure, dont les dispositions sont applicables aux ventes judiciaires (art. 973 même code).

2° La surenchère du dixième, autorisée spécialement et exclusivement sur les aliénations volontaires ou autres y assimilées, que nous venons d'indiquer sous les n°' 8 à 11, y compris les adjudications après faillite et les adjudications après folle-enchère sur vente volontaire.

Elle ne peut être exercée que par les créanciers inscrits, et doit être faite dans les quarante jours à partir de la notification du contrat.

3° La surenchère du dixième, qui, pour les faillites, remplace la surenchère du sixième (art. 573, C. commerce).

Elle peut être exercée par toute personne, créancière ou non, et doit être faite dans la quinzaine à partir de l'adjudication.

On voit, par cette nomenclature, que les mêmes adjudications peuvent donner lieu à des surenchères différentes.

Ainsi, les ventes judiciaires peuvent être suivies : 1° de la surenchère du sixième, que toute personne peut faire dans la huitaine ; 2° de la surenchère du dixième, autorisée dans les 40 jours de la notification, au profit des seuls créanciers inscrits.

De même, au cas de faillite, l'adjudication peut être suivie : 1° de la surenchère du dixième, autorisée par l'article 573 du Code de commerce, au profit de toute personne, pourvu qu'elle soit faite dans la quinzaine ; 2° d'une autre surenchère du dixième, autorisée dans les quarante jours à partir de la notification, au profit des seuls créanciers inscrits.

De là naît cette question : l'exercice de la surenchère autorisée au profit de toute personne, rend-elle inadmissible l'exercice de la surenchère réservée aux seuls créanciers inscrits ?

Oui, répondrons-nous, suivant la règle « surenchère sur surenchère ne vaut. »

Soit donc une adjudication sur licitation d'immeubles grevés d'inscriptions. Deux hypothèses peuvent se présenter. — Première hypothèse : cette adjudication n'est pas suivie de la surenchère du sixième ; dans ce cas, l'adjudicataire ne pourra se libérer qu'en remplissant les formalités de la purge à l'égard de tous les créanciers inscrits, c'est-à-dire qu'il devra leur notifier le jugement d'adjudication conformément à l'article 2183 Code civil. — Deuxième hypothèse : ladite adjudication est suivie de la surenchère du sixième ; dans ce cas, il y aura lieu à l'adjudication dite de surenchère ; mais cette dernière adjudication ne devra pas être notifiée aux créanciers inscrits, car la notification qui leur serait faite n'aurait d'autre but que de provoquer de leur part une nouvelle surenchère inconciliable avec la maxime que nous venons de rappeler, « surenchère sur surenchère ne vaut. »

Il en est de même pour le cas de faillite : l'adjudication des immeubles d'un failli a été prononcée sur les poursuites du syndic. Cette adjudication n'est-elle pas, dans la quinzaine, suivie de la surenchère du dixième (art. 573, C. com.), l'adjudicataire devra notifier le jugement d'adjudication. — Au contraire, y a-t-il surenchère du dixième, le nouvel adjudicataire, toujours d'après la même maxime précitée, ne sera tenu de faire aucune notification aux créanciers inscrits.

Tenons donc pour certain ce que nous disions en commençant, à savoir que, dès qu'il y a eu une adjudication sur surenchère, la purge est complète et définitive.

13. PURGE DES HYPOTHÈQUES LÉGALES. — Comme nous l'avons déjà dit, toutes les aliénations volontaires, ou autres y assimilées, sont soumises à la purge des hypothèques légales (art. 2194 et suiv. du Code civil, et art. 772 procéd.)

Et il en est ainsi, même dans le cas où, une surenchère ayant été faite, il n'y aurait plus lieu à la purge des hypothèques ordinaires.

C'est ce que décide l'article 838 du Code de procédure civil, dans les termes suivants : « après le jugement « d'adjudication par suite de surenchère, la purge des « hypothèques légales, si elle n'a pas eu lieu, se fait « comme au cas d'aliénation volontaire, et les droits des « créanciers à hypothèques légales sont régis par le « dernier alinéa de l'article 772 », c'est-à-dire, en d'autres termes, qu'il y a lieu à l'application des règles tracées par les articles 2194 et suivants du Code civil.

Voici sur ce sujet ce que dit Mourlon : « Un immeuble sur lequel il existe des hypothèques inscrites et des hypothèques occultes a été vendu à l'amiable. L'acheteur aurait pu, la prudence le lui conseillait, procéder tout d'abord à la purge des hypothèques occultes ou tout au moins la faire marcher de pair avec la purge ordinaire ; mais c'est précisément l'inverse qui a eu lieu ; il s'est borné à faire des notifications aux créanciers inscrits, conformément aux articles 2183 et 2184 du Code civil. L'un des créanciers interpellés a fait une surenchère du dixième qui a été suivie d'une adjudication. La loi décide que cette adjudication qui, par elle-même, purge toutes les hypothèques inscrites, laisse subsister sur l'immeuble adjugé et sans aucune altération toutes les hypothèques occultes (art. 838 procéd. civ.). L'adjudicataire ne peut donc se mettre à couvert contre elles qu'en remplissant les formalités prescrites par les articles 2193 à 2195 du Code civil ». (Mourlon, Répétit., écrites, t. 3, p. 720.)

Mais qu'arrivera-t-il, si, dans cette dernière espèce, le créancier à hypothèque légale, régulièrement mis en demeure par l'adjudicataire, prend inscription dans les deux mois ? Sera-t-il admis à faire une nouvelle surenchère ?

Non, répondent MM. Aubry et Rau. « A la différence

de la purge ordinaire, la purge légale, telle qu'elle est organisée par les articles 2193 et suivants, ne tend pas précisément à provoquer l'exercice de la faculté de surenchérir : son objet spécial est de constituer les créanciers à hypothèques légales dispensées d'inscription en demeure de s'inscrire, sous peine de déchéance du droit de suite............ Si donc, après une purge ordinaire suivie d'une adjudication sur surenchère, les créanciers à hypothèques légales, mis en demeure de s'inscrire par l'accomplissement des formalités de la purge spéciale organisée à cet effet, conservent leur droit de suite au moyen d'une inscription prise dans les deux mois, ce droit ne leur confère cependant pas la faculté de faire une nouvelle surenchère, mais il se trouve pour eux comme pour les autres créanciers inscrits, converti en un droit sur le prix à payer par l'adjudicataire. » (Aubry-Rau, t. 3, p. 499, note 7.)

14. Conséquences de la purge des hypothèques inscrites. — Des explications qui précèdent, il résulte un principe très important que nous aurons sans cesse à appliquer dans les règlements d'ordre : c'est que le jugement d'adjudication, en cas d'expropriation forcée (n° 7 et 7 bis) et la notification du contrat, en cas d'aliénation volontaire (n° 11), ont pour effet de convertir le droit de suite du créancier en un simple droit sur le prix.

D'où la double conséquence : 1° que, à partir, soit du jugement d'adjudication sur expropriation, soit de l'acte de notification, les inscriptions ont produit leur effet légal, et que, par suite, elles sont dispensées du renouvellement décennal. (Voir ci-après, n° 191 et les autorités citées.)

2° Que, à partir de l'une ou de l'autre de ces époques, l'adjudicataire ou acquéreur ne peut pas opposer la prescription quinquennale des intérêts de son prix ; car désormais les intérêts ne peuvent pas être exigés séparément du capital et autrement que par un état d'ordre, et l'article 2277 ne leur est plus applicable. (Voir ci-après, nᵒˢ 102 et 106.)

15. LES DEUX SORTES DE PURGE SONT-ELLES OBLIGATOIRES AVANT L'OUVERTURE DE L'ORDRE? — La loi ne s'explique pas sur ce point. L'article 772 du Code de procédure dit, d'une manière générale, que « l'ordre n'est ouvert qu'après l'accomplissement des formalités prescrites pour la purge des hypothèques; » et l'on peut conclure de la généralité de ces expressions que la purge est obligatoire, non-seulement en ce qui concerne les hypothèques inscrites, mais encore en ce qui concerne les hypothèques légales.

Mais, dans la pratique, qui en cela est complètement d'accord avec la doctrine, on fait la distinction suivante :

Purge des hypothèques inscrites. — Cette purge est obligatoire avant l'ouverture de l'ordre ; car ce n'est que par cette purge que le prix est définitivement fixé vis-à-vis des créanciers inscrits.

Toutefois rien ne s'oppose à ce que l'acquéreur et les créanciers inscrits s'accordent entre eux pour ne pas remplir cette formalité. Dans ce cas, le juge-commissaire reçoit leur déclaration, qu'il leur fait signer sur le procès-verbal d'ordre. — (Voir Cass. 15 mars 1876. D. 78, 1, 64 et nᵒ 191, 5ᵒ *infrà*.)

Purge des hypothèques légales. — Cette purge n'est pas obligatoire avant l'ouverture de l'ordre ; car elle n'affecte en aucune manière le prix de l'immeuble, qui, au regard des créanciers, reste tel qu'il a été fixé par l'autre purge (nᵒ 13 *suprà*).

L'acquéreur est seul appréciateur du point de savoir s'il convient ou non de procéder à la purge des hypothèques légales.

Si, dans le cours de l'ordre, l'acquéreur veut faire cette purge, le juge doit suspendre l'ordre, et lui accorder un délai suffisant pour mener à fin cette procédure.

Le juge fera bien, d'ailleurs, lors de la tentative de règlement amiable, d'appeler l'attention des parties et surtout de l'acquéreur sur le danger qu'il peut y avoir à faire l'ordre, sans que la purge des hypothèques légales ait été effectuée. Ce danger a été parfaitement mis en relief dans les passages suivants que nous extrayons d'une brochure de M. Bonne, docteur en droit et avoué à Bar-le-Duc, (*Conseils aux vendeurs et aux acquéreurs d'immeubles*).

« L'hypothèque légale des femmes, des mineurs et des interdits subsiste sans inscriptions sur les immeubles des maris et des tuteurs pendant le mariage et pendant la durée de la tutelle; l'article 8 de la loi de 1855 n'oblige les femmes et les mineurs à inscrire leur hypothèque que dans l'année qui suit la mort du mari ou la cessation de la tutelle. »

« Toutes les fois que l'on achète un immeuble d'un tuteur ou d'un homme marié, quand bien même cet immeuble serait un acquêt de communauté, on peut être sûr qu'il est grevé d'une hypothèque légale. »

« Cette hypothèque n'est pas toujours à redouter; car si le mari ou le tuteur est solvable, si la femme et le mineur trouvent dans la fortune du mari ou du tuteur de quoi reprendre les sommes qui leur sont dues, ils n'auront aucun intérêt à inquiéter l'acquéreur d'un immeuble grevé de leur hypothèque. Mais au moment de l'acquisition, on ignore quelle sera la position du mari ou du tuteur, au jour où ils devront rendre compte au pupille devenu majeur, à la femme ou à ses héritiers. Un individu très-solvable au moment où il vend un immeuble, peut devenir insolvable plus tard, et se trouver dans l'impossibilité de restituer à sa femme ou à son pupille les sommes garanties par l'hypothèque légale. »

« *Exemple :* Pierre vend une maison à Paul; celui-ci fait transcrire et notifier son titre aux créanciers hypothécaires de Pierre, et paie entre les mains du premier créancier inscrit, à la suite d'une distribution d'ordre faite judiciairement; il se croit donc bien en sûreté, mais il a oublié de purger les hypothèques légales. Or, Pierre devient insolvable, sa femme se sépare de biens, elle a des reprises à exercer et force Paul à payer une seconde fois entre ses mains son prix d'acquisition. »

« On peut quelquefois obvier à ce danger en faisant signer l'acte de vente et la quittance par la femme. C'est une bonne précaution à prendre. Mais ce moyen n'est efficace que quand les époux ne sont pas mariés sous le régime dotal, et quand la femme n'a pas subrogé antérieurement un créancier dans l'effet de son hypothèque légale. Or, il n'est pas toujours facile de vérifier quelle est la position des époux sous ces deux rapports; car on peut ignorer où le mariage a été célébré, et si la femme n'a pas déjà subrogé à son hypothèque légale quelque créancier de son mari. » (Bonne, ouvrage précité, passim.)

Ces réflexions sont très-justes, et nous concluons avec l'auteur, que, pour avoir pleine sécurité, l'acquéreur ne doit pas hésiter à faire la purge des hypothèques légales.

§ 3. — ÉTAT DES INSCRIPTIONS.

16. — Nous avons dit plus haut (n° 3, 3°), que la partie qui requiert l'ouverture de l'ordre, doit au préalable se faire délivrer l'état des inscriptions. (Art. 750, C. procéd.)

Quelles inscriptions cet état doit-il comprendre?

Pour répondre à cette question, il suffit de se rappeler, d'une part, que le jugement d'adjudication, en cas d'expropriation forcée, et les notifications, en cas d'aliénation volontaire, ont eu pour effet de convertir le droit de suite sur l'immeuble en un simple droit de préférence sur le prix, et par conséquent de dispenser l'inscription du renouvellement décennal (n° 14); d'autre part, que la transcription de l'acte d'aliénation a enlevé la possibilité d'inscrire les hypothèques et priviléges sujets à l'inscription (n° 4).

L'état devra donc comprendre :

En cas d'expropriation : — les inscriptions existant depuis dix avant le jugement d'adjudication, et celles survenues depuis jusqu'au jour de la transcription de ce jugement.

En cas d'aliénation volontaire : — les inscriptions existant au moment de la transcription, et qui ont été renouvelées dix ans avant les notifications.

Etat complémentaire. — « Mais, dit M. Vanier *(Etude pratique sur l'ordre amiable)*, cet état peut être modifié, dans une certaine mesure. Les créanciers hypothécaires ont 'le droit, même en cas d'expropriation, d'élire un nouveau domicile (art. 2152, C. civ.) ; dès lors les sommations relatives à la procédure d'ordre doivent parvenir à ce nouveau domicile. Ils ont pu consentir un transport, un paiement avec subrogation, et le nouveau créancier aura fait mentionner en marge de l'inscription première une inscription nouvelle. Le bénéficiaire d'une inscription étant décédé, ses héritiers ont pu renouveler l'inscription à leur profit et faire une nouvelle élection de domicile. Enfin des créanciers dont le droit de préférence n'est pas éteint par le jugement d'adjudication ou par la transcription, ont pu prendre inscription.

« De là souvent la nécessité d'un état complémentaire comprenant les modifications survenues à l'état hypothécaire depuis la délivrance de l'état sur transcription, changement de domicile, subrogations, nouvelles inscriptions utilement prises pour conserver le droit de préférence, les priviléges de vendeur ou de copartageant, qui ont pu s'inscrire après la transcription. » (Ouvrage précité, p. 9 et 21, passim.)

17. L'état des inscriptions est indispensable au juge-commissaire pour faire convoquer les créanciers ; il doit être déposé au greffe préalablement à l'ouverture de l'ordre (art. 750 de procéd.), ainsi que le jugement d'adjudication ou le contrat de vente. (Voir n° 3, 3°.)

18. Les formalités préliminaires de transcription du titre, de purge, quand il y a lieu, et de dépôt au greffe de l'état des inscriptions, étant remplies, nous pouvons ouvrir l'ordre.

Nous arrivons ainsi à l'objet spécial de cet ouvrage, qui est d'étudier la procédure de l'ordre, et de rechercher de quelle manière peuvent se faire les règlements d'ordres, soit amiables, soit judiciaires.

CHAPITRE Ier.

Procédure de l'Ordre.

Désignation du Juge-Commissaire. — Formalités préalables. — Poursuite de l'ordre et réquisition. — Compétence et jonction d'ordres. — Créancier unique. — Diverses espèces d'ordres.

19. DÉSIGNATION DU JUGE-COMMISSAIRE. — Ce premier point est réglé par l'article 749 du Code de Procédure civile.

« Dans les tribunaux où les besoins du service l'exigent, dit cet article, il est désigné, par décret, un ou plusieurs juges spécialement chargés du règlement des ordres. Ils peuvent être choisis parmi les juges suppléants, et sont désignés pour une année au moins, et trois années au plus. — En cas d'absence ou d'empêchement, le président, par ordonnance inscrite sur un registre spécial tenu au greffe, désigne d'autres juges pour les remplacer. — Les juges désignés par décret, ou nommés par le Président, doivent, toutes les fois qu'ils en sont requis, rendre compte à leurs tribunaux respectifs, au premier président ou au procureur général, de l'état des ordres qu'ils sont chargés de régler. »

20. QUELLES SONT LES FORMALITÉS A REMPLIR AVANT D'OUVRIR UN ORDRE? — Nous les avons déjà indiquées sous le n° 3.

Ce sont :

1° La transcription du titre.

2° La purge des hypothèques, mais seulement dans le cas où il s'agit d'une aliénation volontaire.

3° Le dépôt au greffe de l'état des inscriptions.
(Voir les notions préliminaires).

21. POURSUITE DE L'ORDRE. A QUI ELLE APPARTIENT. Il faut distinguer :

S'agit-il d'une expropriation forcée, la poursuite de l'ordre appartient, en premier lieu, au saisissant. — « Le saisissant, dit l'article 750 procéd., dans la huitaine après la transcription, et, à son défaut, après ce délai, le créancier le plus diligent, la partie saisie ou l'adjudicataire, dépose au greffe l'état des inscriptions, requiert l'ouverture de l'ordre, etc. »

S'agit-il d'une aliénation volontaire, « l'ordre, dit l'article 772 du même code, est provoqué par le créancier le plus diligent ou par l'acquéreur. Il peut être aussi provoqué par le vendeur, mais seulement lorsque le prix est exigible aux termes du contrat. »

On voit la différence qui existe entre les deux cas : tandis que le saisi peut toujours faire ouvrir l'ordre, le vendeur ne le peut que si le prix est exigible.

En cas de concours entre plusieurs requérants, le président désigne le poursuivant (tarif, art. 130), après avoir pris en considération l'intérêt le plus considérable. (Séligman, n° 133.)

A Paris, il est d'usage que les avoués règlent cette difficulté devant leur chambre.

Question. — Un simple créancier chirographaire pourrait-il provoquer l'ouverture de l'ordre ?

Oui, les créanciers chirographaires peuvent en faisant valoir les droits de leur débiteur, en vertu de l'article 1166 du Code civil, prendre l'initiative de la poursuite ; car ils sont intéressés à hâter la fixation et la liquidation d'un ordre qui peut leur permettre de toucher, s'il y a lieu, ce qui restera du prix de vente après l'extinction des dettes hypothécaires. (Séligman, n° 132, et note de M. Pont sous ce n° ; Dalloz, Jur. G. v° Ordre, n° 99 et 127. — En sens contraire : Grosse et Rameau, n° 284. Grenoble, 12 juillet 1833, S. 34, 2, 36 ; D., 34, 2, 30.)

Toutefois, il a été jugé que, lorsque l'acquéreur justifie avoir payé, avant l'ouverture d'un ordre, une partie du prix de vente entre les mains d'un créancier, les créanciers chirographaires n'ayant aucun droit de suite sur l'immeuble ou sur le prix qui le représente, sont sans qualité pour exiger que l'acquéreur mette en distribution la totalité du prix de vente, et non pas seulement la fraction du prix dont il est encore débiteur. (Arrêt de Chambéry du 5 juillet 1879, rapporté dans la *France Judiciaire*, IV, 2, p. 49.)

22. RÉQUISITION D'OUVERTURE DE L'ORDRE. FORMULE. — La réquisition d'ouverture de l'ordre est faite sur un registre spécial tenu au greffe.

Elle peut être formulée ainsi :

« L'an...... le......, au Greffe et devant nous greffier soussigné, a comparu M°........., avoué du sieur........ et du sieur........ (Noms, prénoms, profession et demeure), lequel a exposé que, suivant deux contrats passés devant M°......, notaire à......, les (date de ces actes), ses clients ont acquis, moyennant la somme totale de   fr.   , divers immeubles situés au territoire de........., et qui appartenaient au sieur........, propriétaire à.........; que ces deux contrats ont été transcrits au bureau des hypothèques de........, le..........., vol.   , n°   , avec inscription d'office en date du même jour, vol.   , n°   ; et que depuis il n'est intervenu aucun règlement entre les créanciers inscrits, l'acquéreur et le vendeur.

« En conséquence, le comparant a requis qu'il plaise à M. le Juge-Commissaire ordonner la convocation des parties intéressées à la distribution du prix ; il a déposé les pièces à l'appui de sa demande, notamment un état d'inscriptions délivré le..........., et a signé avec nous greffier. »

(Signatures de l'avoué et du greffier.)

Cette réquisition est suivie de l'ordonnance de convocation ci-après :

« Faisant droit à la réquisition qui précède, nous, Juge spécial des Ordres, ordonnons que les créanciers inscrits et les autres parties intéressées à l'ordre dont il s'agit, seront convoqués par le greffier, et fixons le jour de la réunion au (date). »

(Signature du Juge.)

Nota. — Ni la réquisition ni l'ordonnance ne donnent lieu à aucun droit d'enregistrement.

23. Compétence. — En règle générale, l'ordre doit être ouvert devant le tribunal civil de l'arrondissement dans lequel sont situés les immeubles dont le prix est à distribuer. (Séligman, n° 142.)

Mais *quid*, si les immeubles vendus se trouvent dans différents arrondissements ?

Il faut alors distinguer :

Ou il s'agit d'un domaine situé dans un arrondissement et ayant, dans d'autres, des dépendances. — Dans ce cas, un seul ordre doit être poursuivi devant le tribunal de la situation du domaine principal. (Chauveau, n° 2546. Houyvet, n° 106.)

Ou il s'agit d'immeubles distincts, qui ne dépendent pas d'une même exploitation. — Dans ce cas, il doit y avoir un ordre devant le tribunal de la situation de chacun de ces immeubles. (Cass., 28 février 1842. S. 42, I, 721. Voir Séligman, n° 146.)

Mais les créanciers restent libres de convenir que les prix seront réunis, et qu'il ne sera procédé qu'à un seul ordre devant un des tribunaux compétents. (Caen, 23 janvier 1860. D., 60, 2, 173, S., 60, 2, 295.)

24. Jonction. — Il y a lieu, d'ailleurs, à jonction d'ordre, lorsque les immeubles provenant du même vendeur, et compris dans des ventes ou adjudications séparées, sont situés dans le même arrondissement et frappés d'inscriptions hypothécaires au profit des mêmes créanciers en tout ou en partie. (Chauveau, n° 2549, 4°.)

Au contraire, la jonction n'a pas de raison d'être, lorsque les situations hypothécaires n'offrent pas ou ne présentent que très peu de rapprochements ; il y a alors deux communautés d'intérêts ou plutôt deux agrégations d'intérêts qui ne peuvent pas être confondues. (Chauveau, *ibid.*)

Quelle est la procédure à suivre pour arriver à la jonction ? Suivant Chauveau (quest. 2549, 4°), la procédure doit varier avec le moment où la jonction est demandée :

Quand aucun ordre n'est ouvert, le poursuivant provoque la jonction dans sa requête d'ouverture du procès-verbal d'ordre ; en cas de refus du président ou du juge-commissaire, il est statué par le tribunal.

Si un des ordres est ouvert, le poursuivant ou tout autre intéressé demande la jonction au moyen d'un dire sur le procès-verbal, et requiert, en concluant à la jonction, l'ouverture du second ordre.

Quand les divers ordres sont ouverts, la jonction est demandée par un dire sur chacun des procès-verbaux. Il est statué par le juge, s'il est commis pour les deux ordres et s'il n'y a pas contestation; sinon, par le tribunal.

Il est, au surplus, à remarquer que la jonction pourrait être prononcée d'office par le juge lui-même.

28. CRÉANCIER UNIQUE. — Y a-t-il lieu d'ouvrir un ordre, lorsqu'il n'existe qu'un seul créancier inscrit ?

La négative est généralement adoptée par la jurisprudence, qui, pour le décider ainsi, se fonde principalement sur ce que, pour faire un ordre, il faut au moins deux créanciers entre lesquels un rang puisse être établi et réglé. Suivant MM. Grosse et Rameau, le créancier n'a qu'une chose à faire, c'est d'actionner l'adjudicataire en paiement, en appelant le vendeur en déclaration de jugement commun. (Dalloz, *Jurisp. G.* v° Ordre, n° 1274. Séligman, n° 574. Grosse et Rameau, n° 488. Cass., 25 novemb. 1874, S. 75, 1, 445.)

L'affirmative nous semble préférable par des raisons de célérité et d'économie. (Consulter, en ce sens, une dissertation de M. Martin de Neufville, vice-président du Tribunal d'Alençon, insérée dans la *France judiciaire,* année 1876-77, 1re partie, p. 155. — Voir aussi Ollivier et Mourlon, nos 486 et suiv., et n° 514.)

26. DIVERSES ESPÈCES D'ORDRES. — On distingue trois espèces d'ordres : l'ordre consensuel, l'ordre amiable et l'ordre judiciaire.

L'ordre consensuel est celui qui est arrêté par les parties elles-mêmes, en dehors de l'intervention d'un juge ou du tribunal.

L'ordre amiable est celui qui a lieu en présence d'un juge commis devant lequel les intéressés sont tenus de se réunir préalablement à l'introduction de l'instance d'ordre, à l'effet de s'entendre, s'il est possible, pour la répartition du prix.

L'ordre judiciaire forcé ou ordre judiciaire proprement dit a lieu, en cas d'échec de la tentative de conciliation. Il y est procédé par le juge commis, s'il y a plus de trois créanciers inscrits, et, dans le cas contraire, par le tribunal tout entier statuant comme en matière sommaire, n° 79 *infra*. (Boulanger, *Traité des radiations hypothécaires*, 2e vol., p. 362, n° 751.)

Nous ne nous occuperons spécialement que de l'ordre amiable et de l'ordre judiciaire, puisque ce sont les seuls dont il soit question dans le code de procédure.

Mais, abstraction faite des règles de la procédure et de l'intervention du juge, tout ce que nous dirons dans la suite de cet ouvrage, s'appliquera en tous points à l'ordre consensuel.

Ire SECTION.

ORDRE AMIABLE.

27. — La tentative d'ordre amiable est obligatoire, même dans le cas où le nombre des créanciers est inférieur à quatre. (Voir n° 79). Nous rappelons que, suivant nous, il en est ainsi, bien qu'il n'y ait qu'un créancier inscrit. (N° 25.)

28. — La procédure de l'ordre amiable est réglée par l'article 751 du code de procédure, en ces termes : « Le juge-commissaire, dans les huit jours de sa nomination, ou le juge spécial, dans les trois jours de la réquisition, convoque les créanciers inscrits afin de se régler amiablement sur la distribution du prix. Cette convocation est faite par lettres chargées à la poste, expédiées par le greffier, et adressées, tant aux domiciles élus par les créanciers dans les inscriptions, qu'à leur domicile réel en France ; les frais en sont avancés par le requérant. La partie saisie et l'adjudicataire sont également convoqués. Le délai pour comparaître est de dix jours au moins entre la date de la convocation et le jour de la réunion. Le juge dresse procès-verbal de la distribution du prix par règlement amiable ; il ordonne la délivrance des bordereaux aux créanciers utilement colloqués et la radiation des inscriptions des créanciers non admis en ordre utile. Les inscriptions sont rayées sur la présentation d'un extrait, délivré par le greffier, de l'ordonnance du juge. Les créanciers non comparants sont condamnés à une amende de vingt-cinq francs ».

Nous devons compléter cet article par les explications suivantes :

29. LETTRES DE CONVOCATION. — La circulaire ministérielle du 2 mai 1859, relative à l'exécution de la loi du 21 mai 1858 sur les ordres, a réglé la forme et le mode d'envoi des lettres de convocation. Il est bon de s'y reporter; elle est en entier dans l'ouvrage de M. Séligman, et dans celui de M. Chauveau, sur la procédure d'ordre.

Les lettres dont il s'agit sont adressées, tant au domicile élu par les créanciers dans leurs inscriptions, qu'à leur domicile réel en France (art. 751 précité). Si le domicile réel est inconnu ou situé à l'étranger, il suffit d'envoyer les lettres au domicile élu.

Le greffier doit envoyer autant de lettres qu'il y a de créanciers distincts dans une même inscription ou dans la mention de subrogation, bien que le domicile élu soit commun.

Toute lettre non remise est retournée au juge-commissaire, qui avise, selon les renseignements, s'il doit la renvoyer à une autre adresse. (Martin de Neufville, Procéd. de l'Ordre, n° 17.)

30. DÉLAI POUR COMPARAITRE. — Le délai pour comparaître est de dix jours *au moins* entre la date de la remise effective de la lettre et le jour de la réunion. (Art. 751 précité.)

Ce délai est franc; le jour de l'envoi du bulletin et celui de la réception n'y sont pas compris (Séligman, n° 170.)

Il ne peut être augmenté à raison des distances; mais la loi laisse au juge la latitude de fixer, d'après les circonstances, un plus long délai. (Audier, code des Ordres, sur l'art. 751, n° 29; Séligman, n° 171.)

31. RÉUNION DES PERSONNES CONVOQUÉES. — Elle a lieu sous la présidence du juge-commissaire, qui, en général, est assisté du greffier du tribunal (art. 1040 procéd.). Nous ne pensons pas toutefois que l'assistance du greffier, si elle est préférable, soit absolument obligatoire. (En ce sens, Audier, sur l'art. 751, n° 32.)

Lors de la réunion, le juge-commissaire fait d'abord procéder par le greffier à l'appel des personnes convoquées, et constate leur présence ou leur absence.

C'est ici le cas d'examiner la condition de quelques créanciers; nous verrons ensuite quel est le rôle du juge-commissaire dans cette réunion.

32. CRÉANCIERS DÉSINTÉRESSÉS. — Les créanciers qui n'ont rien à réclamer dans l'ordre, peuvent se dispenser de comparaître à la réunion, en faisant connaître au juge-commissaire, par lettres signées d'eux avec légalisation de leur signature, qu'ils ont été désintéressés. Ces lettres doivent être annexées au procès-verbal (circ. minist. du 2 mai 1859, n° 47), sans être soumises à la formalité de l'enregistrement, (solution de la régie de l'Enregistrement du 2 juillet 1864. D., 64, 3, 90.)

33. CRÉANCIERS PRIVILÉGIÉS. — Les créanciers privilégiés de l'article 2101 C. civ., dont le privilège, dispensé d'inscription (art. 2107), porte à la fois sur les meubles et les immeubles (art. 2104), peuvent se présenter spontanément à la réunion, sans avoir été convoqués, et produire pour leurs créances. (Dalloz, *Jurisp. G.* v° Ordre, n° 165.)

34. CRÉANCIERS A HYPOTHÈQUES LÉGALES. — Il en est de même des créanciers à hypothèques légales. (Dalloz, *ibid.* n° 164.)

De quelle manière et dans quelles conditions ces derniers figureront-ils à l'ordre ?

Le mineur et l'interdit y seront représentés par leur tuteur. Mais, comme bien entendu, s'ils se trouvent en opposition d'intérêts avec celui-ci, ils y seront représentés par le subrogé-tuteur. (Art. 420 C. civ.)

Le mineur émancipé devra y être assisté par son curateur ; le prodigue, par son conseil judiciaire. (Cass. 13 janv. 1840.)

Quant à la femme mariée, quel que soit le régime matrimonial, elle ne pourrait, en principe, figurer à l'ordre qu'avec l'autorisation de son mari ou de justice. (Cass. 29 août 1870, S., 71, 1, 157. Cass. 6 mars 1878, S., 78, 1, 324. Séligman, n°˙ 207 et suiv. Aubry-Rau, t. 5, p. 139.)

Toutefois, la jurisprudence admet une exception en faveur de la femme séparée de biens, sous la distinction suivante :

S'agit-il, d'un ordre ouvert sur le mari lui-même, la femme séparée de biens n'a pas besoin d'autorisation pour réclamer à l'ordre le paiement de ses reprises. (Cass. 6 mars 1878, S., 78, 1, 324. Toulouse, 29 novemb. 1877, S., 78, 2, 57 et la note.)

S'agit-il d'un ordre ouvert sur un étranger, c'est-à-dire sur une personne autre que le mari, la femme même séparée de biens ne peut produire qu'avec l'autorisation de son mari ou de justice. (Voir la note de Sirey sur l'arrêt de Toulouse précité du 29 novemb. 1877, S. 78, 2, 57.)

Ce mode de représentation des incapables nous amène à parler de deux questions qui les intéressent.

On sait, et nous verrons d'ailleurs *infrà*, n°˙ 257 et 314, qu'en vertu de l'article 717 C. procéd., après la transcription du jugement d'adjudication, les créanciers à hypothèques légales ne peuvent plus prendre d'inscription et n'ont d'autre ressource que de faire valoir leurs droits avant la clôture de l'ordre amiable. Or, il peut se faire que, soit par négligence, soit par tout autre motif, le tuteur ne veuille pas se présenter à l'ordre amiable et que le mari refuse à sa femme l'autorisation d'y produire. Dans ce cas, si le mineur et sa femme se présentent eux-mêmes à la réunion, que fera le juge-commissaire? Telle est la première question.

Chauveau qui se l'est posée, y a fait la réponse suivante : « La loi, dit-il, est tellement sévère pour les créanciers qu'on appelait autrefois privilégiés, que je suis porté moi-même à accorder à la femme le droit de se présenter devant le juge-commissaire........ Magistrat chargé d'un ordre amiable, j'accueillerais même la plainte d'un mineur, si elle me paraissait fondée ». (Chauveau, n° 2551 bis.)

Le conseil de Chauveau nous paraît bon à suivre ; aussi pensons-nous que, le cas échéant, le juge-commissaire devrait ajourner la réunion, de manière à permettre au mineur et à la femme de prendre les mesures nécessaires pour sauvegarder leurs droits ; au besoin même, il pourrait refuser de régler l'ordre à l'amiable. (Voir n° 38.)

La seconde question est la suivante : l'ordre peut-il avoir lieu à l'amiable, dans le cas où des incapables (femme mariée, mineur ou interdit), intéressés dans l'ordre, ne seraient pas utilement colloqués ou ne recevraient qu'une partie de leur créance ?

Nous examinerons cette question, en parlant de la collocation de la femme mariée et de celle du mineur. (*Infrà*, n°ˢ 294 et 323.)

35. ADJUDICATAIRE ET PARTIE SAISIE. — Aux termes mêmes de l'article 751 précité, l'adjudicataire et le saisi doivent être convoqués. Leur présence et leur consentement sont-ils nécessaires pour le réglement amiable ?

Non, dirons-nous avec M. Riché, rapporteur de la Commission du Corps législatif, qui s'est exprimé dans son rapport en ces termes : « L'adjudicataire et le saisi sont convoqués, mais sans que leur absence puisse être un obstacle à l'arrangement, et sans que la voix délibérative puisse permettre à l'adjudicataire, voulant retarder le réglement, ou au saisi, dominé par l'humeur, de s'opposer au réglement amiable entre les créanciers. » (D., 58, 4, 49, n° 68. — En ce sens, Séligman, n° 168.)

36. CRÉANCIERS CHIROGRAPHAIRES. — Nous avons

reconnu aux créanciers chirographaires le droit de poursuivre l'ordre (n° 21) ; à plus forte raison, nous devons admettre leur intervention à l'ordre amiable.

Mais il est à remarquer que le réglement pourra être fait sans leur consentement, et qu'il en sera ainsi, lors même qu'il s'agirait d'un chirographaire qui poursuivrait l'ordre ; l'article 751, en effet, ne parle que des créanciers « inscrits » (Dall., v° ordre, n° 175.)

37. AVOUÉS MANDATAIRES DES CRÉANCIERS. — Les avoués peuvent assister et même représenter les créanciers à la réunion. Est-il nécessaire qu'ils soient munis d'un pouvoir spécial de la partie qu'ils y réprésentent ?

Cette question est controversée :

Suivant une opinion, ils doivent justifier d'un pouvoir spécial, qui peut toutefois être sous-seing privé, pourvu qu'il soit enregistré. (Cass., 19 novembre 1859. — D., 60 1, 5 ; S., 59, 1, 889 ; Séligman, n° 175 ; Vanier, n° 27.)

Suivant une autre opinion, le mandat conféré à l'avoué résulte suffisamment de ce qu'il est porteur de la lettre de convocation adressée à un créancier et des titres de créance de ce dernier. (Chauveau, n° 2550, 8° ; Grosse et Rameau, n° 214 et suiv.; Audier, sur l'art. 751, n° 44.)

Ce dernier auteur, M. Audier, s'exprime ainsi : « Nous n'avons jamais hésité à penser, dit-il, que le caractère de l'officier ministériel devait l'affranchir de l'obligation du mandat, au point de vue de la régularité de l'ordre, alors qu'on admet généralement devant les tribunaux de commerce, le ministère des avoués sans procuration. Cependant nous conseillons toujours l'usage de la procuration, lorsqu'il s'agit de consentir à un règlement amiable, dans lequel les intérêts du mandant peuvent ne pas être sauvegardés. L'officier ministériel ne saurait, en effet, négliger cette mesure de prudence, pour se prémunir, dans l'avenir, contre toute demande de la part du client qu'il aurait représenté. » (Audier, sur l'art. 751, n° 44.)

Nous adhérons complètement à la manière de voir de M. Audier.

38. Rôle du juge-commissaire a l'ordre amiable. — « Le juge-commissaire, dans l'ordre amiable organisé par l'article 751, dit la circulaire ministérielle du 2 mai 1859, n° 51, n'est pas seulement chargé de constater l'accord des parties et de donner l'authenticité à leurs conventions ; bien qu'investi d'une mission de conciliation, il n'en conserve pas moins son caractère propre. Les créanciers sont convoqués devant lui pour se régler amiablement entre eux, c'est-à-dire pour établir ou contester contradictoirement et sans formalités de procédure, la réalité de leurs droits et le rang qui appartient à chacun d'eux. Mais c'est le juge seul qui procède à l'ordre, et il ne donne sa sanction à l'arrangement des créanciers qu'autant qu'il le trouve conforme aux règles de la justice. » (Circ. minist. du 2 mai 1859, n° 51. — En ce sens, Séligman, n° 221 ; Grosse et Rameau, n° 228.)

Pour bien remplir la mission qui lui est confiée, le Juge-Commissaire devra, suivant l'exemple de M. Fons (Formules d'ordres amiables, p. 9, à la note), étudier attentivement, dès la veille de la réunion, non-seulement l'état des inscriptions, mais encore le jugement d'adjudication ou le contrat de vente : il prendra, dans ces pièces, toutes les notes pouvant servir à le renseigner sur la situation hypothécaire du débiteur. Puis, à la réunion, il lui sera facile de compléter les renseignements qui lui manquent et d'établir, d'une manière exacte et régulière, le classement et le décompte de chaque créance, de telle sorte que chaque créancier, étant complètement édifié sur tous ses droits, voie clairement quelles concessions il peut faire et donne, en pleine connaissance de cause, son consentement aux projets d'arrangements qui lui seraient soumis.

Cette tâche du juge-commissaire sera, nous l'espérons du moins, facilitée au moyen des indications nombreuses et détaillées que nous donnerons, dans la suite de cet ouvrage, non-seulement sur la composition de la masse à distribuer, mais encore sur les diverses collocations à établir, sur leur classement, etc.

Quand, à la réunion, toutes les parties sont tombées d'accord sur les bases du règlement amiable, le juge, s'il y donne son approbation, en dresse un procès-verbal (Voir la formule sous le n° 43), en suivant les formes prescrites tant par l'article 751 précité, dans sa partie finale, que par l'article 759 du même code (n° 383); car il est à remarquer que le règlement se fait absolument de la même manière et d'après les mêmes principes, qu'il s'agisse d'un ordre amiable ou d'un ordre judiciaire.

39. Sursis. — Si la première réunion est infructueuse, le juge-commissaire en indique une ou plusieurs autres, sans nouvelles convocations et sans frais.

En l'absence d'un créancier, il apprécie s'il convient de renvoyer l'assemblée à un autre jour, ou de la tenir immédiatement, sauf à régulariser ultérieurement le procès-verbal par l'adhésion que le créancier peut fournir dans le mois (Circulaire ministérielle du 2 mai 1859, n° 48. — Voir Séligman, n° 191 ; Chauveau, n° 2551 4° ; Vanier, n° 75.)

40. Délai. — Il est dans le vœu de la loi, que le délai d'un mois qu'elle impartit pour le règlement amiable (art. 752), ne soit pas dépassé.

Nous pensons néanmoins que le règlement peut être valablement fait, même après le mois, si les parties consentent à la prolongation du délai. (En ce sens, Séligman, n° 193.)

Au contraire, d'après MM. Ollivier et Mourlon (n° 325) le juge, dès l'expiration du mois, est dessaisi de ses fonctions de conciliateur et devient incompétent pour régler l'ordre à l'amiable.

41. RÈGLEMENT PARTIEL. — Nous verrons plus loin, n° 66, que, dans l'ordre judiciaire, il peut y avoir lieu à réglement partiel, pour tous les créanciers premiers inscrits dont les créances ne sont pas contestées. En est-il de même dans l'ordre amiable?

C'est une question controversée.

« Rien ne s'oppose, dit la circulaire ministérielle du 2 mai 1859, n° 49, à ce que la conciliation ne soit que partielle, car il est dans le vœu de la loi de hâter, par tous les moyens légitimes, le moment où les créanciers recevront leur paiement. Lors donc que tous les membres de l'assemblée sont d'accord pour reconnaître la justice des prétentions des créanciers premiers inscrits, et qu'il ne s'élève de difficulté qu'à l'égard des inscriptions postérieures, le juge arrête l'ordre pour les créanciers non-contestés, et ordonne à leur profit la délivrance des bordereaux de collocation. Il a même la faculté, selon les circonstances et quand les contestations ne s'adressent qu'à un nombre limité de créances, de régler l'ordre et de l'arrêter à l'égard des créanciers dont les demandes sont unanimement admises, à la condition toutefois de réserver somme suffisante pour désintéresser, suivant les éventualités du procès, ceux qui ne peuvent être dès à présent colloqués. Cette manière d'opérer, que l'article 751 n'interdit pas a le double avantage de procurer à ceux dont les droits sont établis un remboursement immédiat et sans frais, et de permettre en même temps aux créanciers contestés, lorsque leur nombre n'excède pas trois, de procéder par voie d'attribution du prix, au lieu de recourir aux formalités longues et dispendieuses de l'ordre judiciaire. » (Voir en ce sens, Grosse et Rameau, n°s 227 et suiv.; Houyvet, n° 127.)

Suivant une autre opinion, le juge-commissaire n'aurait pas le droit de procéder à un ordre amiable partiel (Caen, 25 mai 1863; S., 63, 2, 241; Séligman, n° 224; Chauveau, n° 2551, 5°.)

Pour notre part, nous admettons la validité d'un ordre amiable partiel, pourvu que toutes les parties intéressées dans l'ordre soient majeures et maîtresses de leurs droits, et qu'il soit justifié que l'on n'a pas à craindre l'intervention de créanciers à hypothèque légale, qui comme on le sait, peuvent faire valoir leur droit de préférence jusqu'à la clôture de l'ordre amiable, c'est-à-dire tant que le règlement n'a pas été complètement rédigé et signé sur le procès-verbal. (Voir Séligman, n° 95 et 96.)

42. SOUS-ORDRE. — A la suite de l'ordre amiable, peut venir un sous-ordre amiable, soit que ce sous-ordre ait lieu sur le prix d'un créancier colloqué, soit qu'il ait lieu sur le reliquat revenant au saisi ou au vendeur. (Seligman, n° 225 et suiv. Grosse et Rameau, n° 266 et suiv.)

Voir *infrà*, chap. XI n° 324 et suiv., où il est traité spécialement du sous-ordre. Tout ce qui est dit dans ce chapitre s'applique aussi bien à l'ordre amiable qu'à l'ordre judiciaire.

43. PROCÈS-VERBAL D'ORDRE AMIABLE. — La circulaire ministérielle du 2 mai 1859, n° 51, s'exprime ainsi au sujet du procès-verbal de l'ordre : « Le procès-verbal qu'il (le juge) rédige, le greffier tenant la plume, relate l'exposé des faits présentés par l'avoué poursuivant sous sa responsabilité, la convocation des créanciers, l'annexe du bulletin de chargement, la comparution des parties, l'accord des créanciers, et, suivant les circonstances, renvoie les parties à l'audience, ou contient la distribution totale ou partielle du prix. — Il est signé par le juge et le greffier, car c'est un acte du juge, et ne diffère point du règlement qui met fin à l'ordre judiciaire. »

On voit que la circulaire ministérielle ne parle que de la signature du juge et du greffier. Celle des créanciers est-elle indispensable ?

Nous ne le pensons pas. En effet, l'ordre est un acte émané du juge, même lorsqu'il est fait dans la forme amiable ; à ce titre, il est dispensé de la signature des parties. (Vanier, n° 63. Grosse et Rameau, n° 224 ; Voir, en sens contraire : Séligman, n° 179. Chauveau, n° 2551, 4°. Caen, 25 mai 1863 ; D. 64, 2, 35 ; S. 63, 2, 241.)

FORMULE. — Le procès-verbal peut être libellé comme suit :

« L'an...... le......., heure de....... en la Chambre du conseil du palais de justice de

Par-devant nous,......... juge spécial des ordres, ou nommé juge-commissaire au présent ordre suivant ordonnance en date du........., et étant assisté du greffier,

Est comparu M° N....., avoué près ce tribunal et celui constitué du sieur .... propriétaire, demeurant à.........

Lequel a exposé : que, suivant acte passé devant M°......... notaire à........., le........., enregistré, son client a acquis du sieur........ et de la dame........ son épouse, de lui autorisée, demeurant ensemble à......... moyennant le prix de........., un corps de bâtiments avec ses dépendances et un jardin situés à.........; qu'une expédition de cet acte de vente a été transcrite au bureau des hypothèques de....... le......... avec inscription d'office, vol.   , n°   ; que les notifications prescrites par les articles 2183 et suivants du Code civil, ont été faites aux créanciers inscrits, et que depuis il n'est pas intervenu entre ces derniers, l'acquéreur et le vendeur de règlement amiable dudit prix ;

Que, pour arriver à ce règlement amiable ou à un ordre judiciaire, ledit M° N .... avait requis le........., au nom de son client, la convocation des créanciers compris dans un état d'inscriptions, délivré par M. le Conservateur des hypothèques de........., le........., et que semblables convocations devaient être faites à l'acquéreur et au vendeur ;

Qu'à l'appui de cette réquisition, il avait déposé l'expédition du contrat de vente sus-énoncé, ainsi que l'état d'inscriptions, lequel demeurera annexé au présent procès-verbal ;

Qu'en vertu de notre ordonnance en date du......... et en exécution de l'article 751 du Code de procédure civile, les créanciers compris dans ledit état d'inscriptions avaient été convoqués par lettres du greffier du tribunal, chargées à la poste et adressées le (date du chargement), tant aux domiciles réels qu'aux domiciles élus, pour comparaître à ces jour, lieu et heure, et que pareilles convocations avaient été faites au vendeur et à l'acquéreur, ainsi que cela résulte du récépissé, du receveur des postes au bureau de......... et a ledit Mᵉ N....., comparant ès-qualité, signé sous toutes réserves.

(Signature de l'avoué.)

Sur quoi, nous juge-commissaire à l'ordre dont il s'agit,

Vu l'état d'inscriptions sus-relaté, ainsi que le bulletin du chargement à la poste des lettres de convocation, lesquels resteront annexés au présent procès-verbal,

Avons donné acte audit Mᵉ N..... de ses comparution, dire et réquisition, et y obtempérant avons immédiatement fait faire par le greffier l'appel de toutes les personnes convoquées.

Ont comparu :

1ᵉ Mᵉ L ...., avoué près ce tribunal, agissant au nom et comme porteur des pièces du sieur.....

2ᵉ Le sieur........., propriétaire, demeurant à........., assisté de Mᵉ N.... , son avoué ;

3ᵉ Le sieur........., cultivateur, demeurant à.........

4ᵉ......... 5ᵉ......... etc.

Tous les sus-nommés, créanciers inscrits.

N'ont pas comparu :

1ᵉ......... 2ᵉ......... etc.

L'appel des créanciers étant achevé, M. le juge-commissaire a fait connaître que, par lettres qui seront annexées au présent procès-verbal, les sieurs tels et tels, créanciers sus-nommés, ont déclaré avoir été désintéressés du montant de leurs créances et n'avoir plus rien à réclamer à l'ordre ; et il a été donné acte de ces déclarations.

Puis il a été procédé à l'examen de la situation hypothécaire du débiteur. »

Nota. — Ici plusieurs hypothèses peuvent se présenter :

PREMIÈRE HYPOTHÈSE. — Il paraît certain dès maintenant que l'ordre amiable n'est pas possible. — Dans ce cas, le procès-verbal sera terminé de la manière suivante :

« A raison du décès ou de l'absence du sieur........., créancier sus-nommé, ou bien, les parties n'ayant pu s'entendre au sujet de la créance du sieur N..., qui se prétend privilégié, et dont le privilège est contesté, il ne nous a pas été possible de procéder à un règlement amiable En conséquence, nous avons prévenu tous les comparants qu'ils avaient un mois à partir de ce jour, pour se régler entre eux, mais que, faute de ce faire dans ledit délai, nous déclarerions l'ordre judiciairement ouvert.

De tout quoi, nous avons dressé le présent procès-verbal, que nous avons signé avec le greffier.

(Signatures.)

DEUXIÈME HYPOTHÈSE. — L'ordre étant compliqué, ou pour tout autre motif, les parties n'ont pu s'entendre, séance tenante, mais elles ont prié le juge-commissaire de dresser un projet de règlement.

Dans ce cas, le procès-verbal est continué ainsi :

« Les parties, après avoir fourni leurs explications, ont remis à M. le juge-commissaire, tous leurs titres et pièces justificatifs ; et, sur leur demande, la réunion a été renvoyée au (date), jour auquel M. le juge-commissaire leur soumettra un projet de règlement qu'il s'est chargé de préparer.

« Les sieurs......... ont déclaré qu'ils ne viendraient pas à la prochaine réunion, où ils seront représentés par Mᵉˢ..... leurs avoués, qui les assistent en ce moment, et auxquels ils donnent plein pouvoir d'agir en leur nom.

« De tout quoi, nous avons dressé le présent procès-verbal que nous avons signé avec le greffier. »

TROISIÈME HYPOTHÈSE. — Les parties ont consenti, séance tenante, à un règlement amiable.

Dans cette hypothèse, la formule suivante peut-être employée :

« Les comparants, après avoir examiné les diverses créances et discuté le rang et le montant de chacune d'elles, ont consenti à un règlement amiable que nous avons dressé, ainsi qu'il suit, conformément aux bases acceptées par toutes les parties :

SOMME A DISTRIBUER.

Elle se compose de : 1°......... 2°.........; total..   »
(Voir le chap. III, n° 89 et suiv., et surtout la formule qui y fait suite, sous le n° 111.)

Sur laquelle somme sont établies les collocations suivantes :

PAR PRIVILÉGE.

PREMIÈRE COLLOCATION.

Nous colloquons : M°........., avoué poursuivant l'ordre,

Au premier rang des privilèges, en vertu des articles 2101, n° 1, du Code civil, 751 et 759 du Code de procédure.

Pour :

1° La somme de........., montant, suivant état taxé, de ses frais de poursuite d'ordre ; ci...................   »

2° Celle de.......... pour frais de timbre et d'enregistrement du présent procès-verbal ; coût de l'expédition de l'ordonnance de radiation des inscriptions ; coût des bordereaux (s'il y a lieu, voir n° 388, 389), et tous autres droits revenant au greffier, ci....   »

3° Celle de........ pour frais de radiation des inscriptions afférentes aux créanciers non-colloqués ; ci.

TOTAL...............   »

Pour laquelle somme, nous ordonnons qu'il lui sera délivré un bordereau de collocation sur l'adjudicataire ou acquéreur sus-nommé.

(Voir, pour cette collocation et pour celles qui sont privilégiées au premier chef, n° 115 et suiv.)

DEUXIÈME COLLOCATION.

Nous colloquons le sieur........., demeurant à........

Au second rang des créances privilégiées, en vertu de l'article 2101 n° 2 et suivants du Code civil,

Pour : 1°.........; 2°.........; 3°......... etc.; total.   »
Pour laquelle somme nous ordonnons etc.

(Voir, pour les collocations à faire en vertu de l'art. 2101, ainsi que pour les collocations du Trésor, les n°˙ 134 à 151.)

TROISIÈME COLLOCATION.

Nous colloquons le sieur ...., propriétaire, demeurant à.........

A tel rang des privilèges, en vertu du privilège du vendeur, conservé à son profit par l'inscription qui a été prise le......
vol.   , n°   .

Pour : 1°..........; 2°..........; 3°.........; total.   »
Pour laquelle somme, nous ordonnons etc.

(Voir, pour les collocations à faire en vertu de l'art. 2103, les n°˙ 152 à 187.)

PAR HYPOTHÈQUES.

QUATRIÈME COLLOCATION.

Nous colloquons : le sieur........., propriétaire, demeurant à.........

Au premier rang hypothécaire, et à la date de l'inscription prise le........, vol.   , n°   .

Pour : 1°.........; 2°..........; 3°.........; etc.; total.   »

Ou bien, (s'il s'agit d'un créancier à hypothèque légale.)

Nous colloquons : la dame........., épouse du sieur......... avec lequel elle demeure à........., et ce dernier, comme l'assistant et l'autorisant en qualité de mari,

Au premier rang hypothécaire, en vertu de l'hypothèque légale de ladite dame, étant expliqué que l'hypothèque légale dont s'agit a été inscrite le.........., vol.   , n°   , mais que son effet remonte au........., date de son contrat de mariage reçu par M°........., notaire à.........

Pour : 1°.........; 2°.........; 3°......... etc; total.   »
Pour laquelle somme, nous ordonnons, etc.

(Voir pour les collocations hypothécaires, savoir : hypothèques ordinaires, n°° 188 à 219; hypothèques légales, n°° 251 à 323, ainsi que les chapitres 12 et suiv., pour le cas où l'ordre serait ouvert sur des immeubles dépendants d'une succession bénéficiaire, d'une faillite, etc.)

On continue de la même manière, pour chaque collocation, jusqu'à épuisement de la somme à distribuer. (Voir, pour la collocation du dernier créancier sur lequel les fonds manquent, n° 219, et s'il y a un reliquat disponible, n° 391.)

On fait la récapitulation, si on la croit utile (n° 390.)

Puis on termine par l'ordonnance de clôture, dont nous donnons la formule sous le n° 395.

44. Enregistrement du procès-verbal. — Voir n° 67 et Tarif, n°° 425 et suiv., *infrà*.

45. Voies de recours. — Voir n°° 85 et suiv., *infrà*.

SECTION II.

ORDRE JUDICIAIRE.

46. — L'ordre judiciaire n'a lieu que dans le cas où la tentative d'ordre amiable n'a pu aboutir. Il y est procédé par le juge commis, s'il y a plus de trois créanciers inscrits, et dans le cas contraire, par le Tribunal à l'audience (n° 79).

ORDONNANCE D'OUVERTURE DE L'ORDRE JUDICIAIRE. — SOMMATIONS DE PRODUIRE.

Ces premières formalités sont réglées par les articles 752 et 753 du Code de procédure, qui sont ainsi conçus :

Art. 752. — « A défaut de réglement amiable dans le délai d'un mois, le juge constate sur le procès-verbal que les créanciers n'ont pu se régler entre eux, et prononce l'amende contre ceux qui n'ont pas comparu. Il déclare l'ordre ouvert et commet un ou plusieurs huissiers à l'effet de sommer les créanciers de produire. Cette partie du procès-verbal ne peut être ni expédiée ni signifiée. »

Art. 753. — « Dans les trois jours de l'ouverture de l'ordre, sommation de produire est faite aux créanciers par acte signifié aux domiciles élus dans leurs inscriptions, ou à celui de leurs avoués, s'il y en a de constitués, et au vendeur à son domicile réel situé en France, à défaut de domicile élu par lui ou de constitution d'avoué. — La sommation contient l'avertissement que, faute de produire dans les quarante jours, le créancier sera déchu. — L'ouverture de l'ordre est en même temps dénoncée à l'avoué de l'adjudicataire. Il n'est fait qu'une seule dénonciation à l'avoué qui représente plusieurs adjudicataires. — Dans les huit jours de la sommation par lui faite aux créanciers inscrits, le poursuivant en remet l'original au juge, qui en fait mention sur le procès-verbal. »

Ces deux articles donnent lieu aux observations suivantes :

47. Délais. — Les délais dont il y est parlé, savoir : celui d'un mois, pour le règlement amiable (voir nᵒ 40) ; celui de trois jours, pour la signification de la sommation de produire, et celui de huit jours, pour la remise de l'original, ne sont pas prescrits à peine de nullité.

Nous verrons plus loin, nᵒ 56, qu'il en est autrement en ce qui concerne le délai de quarante jours imparti pour les productions.

A dater de quel jour court le délai d'un mois accordé aux parties intéressées pour se régler amiablement ?

D'après la circulaire ministérielle du 2 mai 1859, il

courrait du jour de la réquisition d'ouverture de l'ordre, (nº 22), lorsqu'il existe un juge spécial, ou de la nomination du juge-commissaire.

Néanmoins, nous pensons que le point de départ doit être fixé au jour même de la première réunion des créanciers.

(En ce sens : Vanier, nº 76.)

Le juge est-il obligé d'attendre l'expiration du mois à partir de la tentative de règlement amiable, pour faire l'ouverture de l'ordre judiciaire ?

Oui, suivant nous. L'ouverture de l'ordre judiciaire avant l'expiration du mois serait irrégulière, car il s'agit là d'une formalité substantielle. (En ce sens : Chauveau, 2551, 5º ; Vanier, nº 79.)

En sens contraire, il a été jugé que le délai d'un mois fixé par l'article 752 pour la tentative de règlement amiable n'est pas prescrit à peine de nullité ; qu'en conséquence, le juge-commissaire qui reconnaît l'impossibilité d'un arrangement peut ouvrir l'ordre avant l'expiration de ce délai, mais avec l'adhésion des créanciers, adhésion qui résulte même implicitement de ce que les créanciers ont concouru à l'ordre judiciaire sans réclamer. (Nîmes, 9 mai 1860. D., 61, 2, 16 ; S., 61, 2, 215.)

48. ORDONNANCE D'OUVERTURE DE L'ORDRE JUDICIAIRE. FORMULE. — L'ordonnance d'ouverture de l'ordre judiciaire est insérée sur le procès-verbal (art. 752 précité), à la suite des constatations déjà faites lors de la tentative de règlement amiable.

Elle peut être formulée ainsi :

« Nous......., juge-commissaire ou juge spécial des ordres,

Vu notre procès-verbal ci-dessus en date du. ....

Vu l'article 752 du Code de procédure civile ;

Attendu que les créanciers ne se sont pas mis d'accord pour régler l'ordre à l'amiable dans le délai qui leur avait été imparti,

Déclarons l'ordre judiciairement ouvert, et commettons pour faire les sommations de produire, savoir: le sieur........., huissier à........, pour les créanciers qui ont fait élection de domicile dans le canton de........ et le sieur........ huissier à........., pour ceux qui ont fait élection de domicile dans le canton de........¹

Fait au palais de justice, à .... le.......... ▪

(Signature du Juge.)

Nota. — Le juge est libre de ne commettre qu'un seul huissier. Le mode le plus habituel est de commettre un huissier de chaque canton, où il y a élection de domicile. (Voir Seligman, nᵉ 252. — Chauveau, 2552, 4°.)

49. DÉNONCIATION DE L'OUVERTURE DE L'ORDRE A L'ADJUDICATAIRE ET A L'ACQUÉREUR. — Elle a lieu, par acte d'avoué à avoué. Une seule suffit pour plusieurs adjudicataires ayant le même avoué. (Art. 753. — Voir le rapport de la commission du corps législatif, n° 141).

50. SOMMATION DE PRODUIRE. — Cette sommation doit contenir l'avertissement que, faute de produire dans les quarante jours (voir n° 56), le créancier sera déchu (art. 753, al. 2), sans quoi il n'encourrait pas de déchéance. (Chauveau, 2554, 4° ; *Contra*, Seligman, n° 268.)

Elle doit être signifiée :

1° A tous les créanciers qui ont été convoqués pour la tentative de règlement amiable, ou qui ont figuré à la réunion.

Les créanciers qui ont déclaré en personne sur le procès-verbal, ou par lettres (voir n° 32), qu'ils ont été désintéressés, doivent, malgré cela, être sommés de produire. (Chauveau, n° 2551, 5°. — Vanier, n° 8.)

La sommation, dit l'article 753, est faite aux créanciers par acte signifié aux domiciles élus ou à celui de leurs avoués, s'il y en a de constitués.

Par application de cette disposition, il a été jugé que, s'il s'agit d'un créancier dont l'hypothèque légale a été inscrite à la requête du ministère public avec élection de domicile au parquet, la sommation de produire est valablement signifiée au domicile élu. (Aix, 28 janv. 1871 ; S., 72, 2, 110 ; D., 72, 2, 50. — Toulouse, 29 novemb. 1877 ; S., 78, 2, 57.) — On admet cependant aussi que, dans ce dernier cas, la sommation pourrait être faite au domicile réel de l'incapable, quand ce domicile est connu. (Voir les notes de Sirey et de Dalloz, sur les arrêts précités.)

2° Au vendeur, à son domicile réel, à défaut de domicile élu. (Même art. 753.)

Nous pensons que le vendeur, dont il est ici question, ne peut être que le vendeur immédiat, celui contre lequel la poursuite d'ordre est engagée. (En ce sens : Dalloz, v° Ordre, n°° 367-368, et un jugement du Trib. de Die, du 17 août 1864, rapporté par Dalloz, *ibid.*)

Suivant une autre opinion, il s'agirait, au contraire, du vendeur précédent, resté créancier de son prix et ayant des droits privilégiés à exercer concurremment avec les créanciers de son acquéreur. (Audier, sur l'art. 753, n° 35. — Chauveau, n° 2553, 2°. — Voir Douai, 23 décemb. 1876 ; Dall., 79, 2, 169 et surtout la note.)

Quant au saisi, aucune sommation ne lui est faite. Il n'est appelé que plus tard, après la confection du règlement provisoire, pour veiller à ses droits. (Seligman, n° 272.)

Question. — Parmi les créanciers inscrits, peuvent figurer des incapables. Or, il est de principe que les incapables n'encourent pas, dans la procédure d'ordre, la déchéance édictée par l'article 755 du Code de procédure, pour défaut de production, pendant tout le temps qu'ils n'ont pas été régulièrement habilités à la poursuite de leurs droits. (Voir Cass., 29 août 1870. — D., 70, 1, 353 ; S., 71, 1, 157.) Leur habilitation résulte, pour la femme, de l'autorisation maritale (Voir ce que nous avons dit n° 34) ; pour le mineur et l'interdit, de la nomination d'un tuteur qui puisse les représenter à l'ordre, pour le mineur émancipé, de la nomination d'un curateur, et pour le prodigue, pourvu d'un conseil judiciaire, de la nomination de ce conseil. (Voir Cass., 29 août 1870, précité.) — Supposons que cette habilitation leur manque.

Dans ce cas, est-ce au créancier poursuivant l'ordre à les faire habiliter, c'est-à-dire à provoquer, soit l'autorisation maritale, soit la nomination d'un tuteur, curateur ou conseil judiciaire? Comment procèdera-t-il, pour que la sommation de produire destinée aux incapables dont il s'agit, soit régulièrement faite?

Cette question est controversée.

En ce qui concerne la femme mariée : — Il a été jugé que, pour figurer dans une procédure d'ordre judiciaire, la femme, même séparée de biens, doit être autorisée de son mari ou de justice, et qu'à défaut d'une demande d'autorisation par la femme, c'est au poursuivant de provoquer cette autorisation, à peine de nullité de la procédure. (Aix, 28 janvier 1871 ; S., 72, 2, 110 ; D., 72, 2, 31.)

Mais, d'après une opinion plus généralement admise, il suffit de faire la sommation de produire, par copies séparées, au mari et à la femme, en ayant soin d'y insérer une mention spéciale ainsi conçue : « il est déclaré, en outre, que la présente sommation est faite, par copies séparées, auxdits époux X, pour que la dame X, susnommée, demande et pour que son mari lui accorde l'autorisation de produire à l'ordre dont il s'agit. » (Voir Dalloz, vᵒ Ordre, nᵒ 358. — Audier, sur l'art. 753, nᵒ 20.)

En ce qui concerne le mineur : — Le poursuivant, dit M. Bioche (vᵒ Ordre, nᵒ 314), n'est pas tenu de lui faire nommer de tuteur, s'il n'en a point. Tel est aussi l'avis de M. Audier. (*Ibid.*, nᵒ 24.)

Mais leur opinion est vivement combattue par M. Flandin (Dalloz, vᵒ Ordre, nᵒ 359), en ces termes : « A qui alors le poursuivant adressera-t-il la sommation de produire? Et, à défaut de sommation régulière, quel serait le sort d'un ordre auquel il aurait été procédé en l'absence de

ce créancier, si tant est que le juge-commissaire, à qui
l'original de la sommation doit être remis pour en faire
mention sur le procès-verbal, consentît à passer outre ?
Les droits de ce créancier, évidemment, demeureraient
intacts, et l'ordre, fait sans sa participation, ne pourrait
y porter atteinte. Il serait dans la même position que le
créancier omis, à qui ne saurait préjudicier son omission, lorsqu'il figurerait au nombre des créanciers inscrits. » M. Flandin et avec lui M. Dalloz concluent en
disant que si le mineur n'a pas de tuteur, le poursuivant
doit lui en faire nommer un. Cette conclusion, appuyée
sur des raisons si graves, nous paraît devoir être adoptée sans hésitation.

En ce qui concerne le mineur émancipé, et le prodigue pourvu d'un conseil judiciaire : — Même solution.

PRODUCTION. — DÉLAI. — DÉCHÉANCE DU DROIT DE PRODUIRE.

51. — La production ou demande en collocation est
un des actes les plus importants de la procédure de
l'ordre judiciaire. Elle exige le ministère d'un avoué,
même de la part de l'administration de l'enregistrement.
(Séligman, n° 279.)

Le défaut de production dans le délai prescrit entraîne
la déchéance du créancier, comme nous le voyons par
les articles 754 et 755 du Code de procédure, qui sont
ainsi conçus :

ART. 754. — « Dans les quarante jours de cette sommation (Sommation de produire, voir n° 50), tout créancier est tenu de produire ses titres avec acte de produit
signé de son avoué et contenant demande en collocation.
Le juge fait mention de la remise sur le procès-verbal. »

ART. 755. — « L'expiration du délai de quarante jours
ci-dessus fixé emporte, de plein droit, déchéance contre
les créanciers non-produisants. » (Voir la suite de cet
article *infrà*, n° 57.)

Nous allons, à propos de ces articles, examiner successivement quels sont les créanciers admis à produire, comment se calcule le délai de production, comment se formule la production, et quels sont les effets de la déchéance.

52. Créanciers admis a produire. — Ce sont :

1° Tous ceux qui ont été mis en demeure par une sommation régulière.

2° Ceux qui auraient été omis dans l'état d'inscription, ou qui n'auraient pas été sommés de produire. (Dalloz, *Jurisp. G.* vᵒ Ordre, nᵒ 426.) — Dans cette catégorie, nous comprenons les créanciers à hypothèque légale pour l'exercice de leur droit de préférence ; les créanciers privilégiés en vertu des articles 2101 et 2104 du Code civil ; les créanciers qui ont pris inscription seulement après la levée de l'état pour ordre déposé au greffe au moment de la réquisition ; tous ceux, en un mot, qui, bien que n'ayant pas reçu de sommations de produire, ont cependant le droit de faire des productions à l'ordre. (Dalloz, *ibid.*, nᵒˢ 426 et suivants. — Seligman, nᵛ 283.)

53. Délai de production. — La production doit être faite et déposée dans les *quarante* jours de la sommation, sous peine de déchéance. (Art. 754-755, précités). — Il faut en excepter le jour où elle a été notifiée aux créanciers (Séligman, nᵒ 281.)

On admet généralement que les quarante jours doivent partir du dernier acte de sommation. En effet, le délai pour produire doit être uniforme ; il n'en peut être autrement, puisque, comme nous le verrons plus loin, nᵒ 57, le juge ne peut dresser son règlement qu'après l'expiration des quarante jours de la dernière signification.

Il a été jugé en ce sens : 1° que ce délai de quarante jours court, non pas pour chaque créancier individuellement à partir de la sommation qu'il a reçue, mais pour tous les créanciers, sans distinction, à dater de la dernière sommation adressée à l'un d'eux. — En conséquence, le créancier qui, le 29 août, a été sommé de produire, et dont la demande en collocation serait irrégulière, peut encore la régulariser le 9 octobre, si le 30 août et même depuis, d'autres sommations ont été faites à d'autres créanciers.

2° Que l'article 753, qui prescrit de dénoncer l'ouverture de l'ordre aux vendeur, adjudicataire et créanciers, à ces derniers avec sommation de produire dans les quarante jours, n'est pas de rigueur et obligatoire vis-à-vis des uns comme des autres. Dès lors, si la notification à l'adjudicataire a été omise ou retardée, le délai de quarante jours accordé pour la production, ne court pas moins du jour des sommations antérieurement effectuées aux créanciers. (Nimes, 11 avril 1877, rapporté dans la *France Judiciaire*, année 1877-1878 ; 2° partie, p. 281, et la note.)

Le délai ne peut, d'ailleurs être augmeuté à raison des distances. (Séligman, n° 282. — Chauveau, n° 2555. — Dalloz, v° Ordre, n° 415.)

Quid, si le dernier jour du délai est un jour férié ?

Dans ce cas, le délai sera prolongé au lendemain, par application du dernier alinéa de l'article 1033 du Code de procédure, qui a été modifié en ce sens par la loi du 3 mai 1862. (Dalloz, v° Ordre, n° 1069 et aussi n° 906. — Voir n° 76 *infrà*.)

54. FORMULE DE PRODUCTION. — La production peut être libellée de la manière suivante :

A M......... juge spécial des ordres au tribunal civil de........., ou juge commis pour procéder à l'ordre dont il va être parlé.

Le sieur......... (nom, prénoms, profession), demeurant à ...., ayant pour avoué M°........, lequel se constitue et occupera pour lui sur la présente demande en collocation et ses suites,

Conclut à ce qu'il vous plaise, M. le juge-commissaire, en procédant à la distribution par voie d'ordre entre les créanciers inscrits du prix d'immeubles vendus, moyennant   fr. au sieur........., par le sieur......... (nom, prénoms, profession et demeure), suivant contrat passé devant Mᵉ......... notaire à........., le........., lesquels immeubles sont situés sur le territoire de la commune de ....

Le colloquer audit ordre, par privilège, en vertu de tel article du Code civil ; ou au rang de son inscription du......... vol.   , n°   ; ou bien au rang de l'hypothèque légale de la dame N.. .. (femme du débiteur discuté à l'ordre), laquelle hypothèque remonte à la date de leur mariage, et dans l'effet de laquelle le requérant a été subrogé, aux termes de l'obligation ci-après relatée, et dans tous les cas, au rang de l'inscription prise au profit du requérant le......... vol.   , n°   .

Pour :

1° La somme de....... . (énonciation du capital et du titre de la créance) ; ci ....   »

2° Les intérêts de cette somme à tant pour cent, à partir du ...., date stipulée, jusqu'au jour de la clôture de l'ordre ; ci............. .... Mémoire

3° La somme de... ..... montant des frais accessoires de la créance ; ci..............................   »

4° Les frais de production (y compris, s'il y a lieu un droit de correspondance), dont distraction sera faite ou profit de Mᵉ......... avoué ; ci. .... Mémoire

TOTAL........... .. Mémoire

A l'appui de la présente demande, le requérant produit un dossier comprenant toutes les pièces justificatives de sa créance.

Fait à..........., le........··

(Signature de l'avoué.)

Nota. — La production à l'ordre judiciaire doit être faite sur papier timbré. Elle est soumise à l'enregistrement, aux droits de 1 fr. 50 ; décimes, 0,38 centimes, total 1 fr. 88.

88. PIÈCES JUSTIFICATIVES. — Est-ce à peine de nullité de la demande et de déchéance que les pièces justificatives doivent être jointes à l'appui de la production?

Non ; il a été jugé que la déchéance prononcée par l'art. 755 contre les créanciers qui n'ont pas produit dans les quarante jours de la sommation à eux faite, n'est pas applicable au créancier, qui, en formant, dans le délai légal, sa demande en collocation, a omis seulement d'y joindre les titres à l'appui ; ces titres peuvent être produits ultérieurement, sauf au créancier à supporter les frais de sa production tardive. (Cass. 3 juin 1867, S. 67, 1, 200, D. 67, 1, 198. Voir aussi Limoges, 3 juin 1871 S. 71, 2, 84 et Cass. 26 avril 1869, S. 69, 1, 269, Séligman, n° 263.)

86. DÉCHÉANCE DU DROIT DE PRODUIRE. — SES EFFETS. — L'expiration du délai de quarante jours (n° 53), emporte de plein droit, c'est-à-dire sans que le juge puisse le proroger, déchéance contre les créanciers non-produisants. (Art. 755 précité. Séligman, n° 294.)

Cette déchéance est générale : elle frappe tous les créanciers non-produisants, même ceux qui auraient à revendiquer un privilége ou le bénéfice de l'hypothèque légale. (Séligman, n° 269. — Grosse et Rameau, n° 359. — Chauveau, n°ˢ 2558 et 2560, 2°.)

Notamment, il a été jugé qu'elle s'applique même aux créanciers inscrits, auxquels aucune sommation n'a été faite. (Cass. 18 juillet 1870. D. 71, 1, 312. *Sic* Grosse et Rameau, n° 350.)

Mais elle n'affecte que le rang que le créancier aurait pu obtenir dans l'ordre ; celui-ci, quoique forclos, n'en conserve pas moins les droits de préférence sur le reliquat disponible, à l'encontre des créanciers chirographaires. (Cass. 10 juin 1828. D. 28, 1, 270, S. 28, 1, 242. — Cass. 15 février 1837. D. 37, 1, 97. S. 37, 1, 188. Paris, 24 avril 1861, S. 61, 2, 240. Limoges, 21 juin 1870, S. 70, 2, 169. Angers, 27 mars 1878, S. 78, 2, 185. Chambéry,

5 juillet 1879. Ce dernier arrêt est rapporté dans la *France judiciaire*, IV, 2, p. 49. *Sic* Chauveau, nᵒ 2560, 2ᵒ. Grosse et Rameau, nᵒ 345.) — Voir *infrà* nᵒ 381 (sous-ordre).

RÈGLEMENT PROVISOIRE. — SA DÉNONCIATION. —
DÉCHÉANCE DU DROIT DE CONTREDIRE.

57. — C'est l'article 755 qui règle toute cette partie de la procédure. Il est ainsi conçu :

ART. 755. — « L'expiration du délai de quarante jours ci-dessus fixé, emporte de plein droit déchéance contre les créanciers non-produisants. Le juge la constate immédiatement et d'office sur le procès-verbal, et dresse l'état de collocation sur les pièces produites. Cet état est dressé au plus tard dans les vingt jours qui suivent l'expiration du délai ci-dessus. — Dans les dix jours de la confection de l'état de collocation, le poursuivant la dénonce, par acte d'avoué à avoué, aux créanciers produisants et à la partie saisie, avec sommation d'en prendre communication et de contredire, s'il y échet, sur le procès-verbal, dans le délai de trente jours. »

ART. 756. — « Faute par les créanciers produisants et la partie saisie de prendre communication de l'état de collocation et de contredire dans ledit délai, ils demeureront forclos sans nouvelle sommation ni jugement ; il n'est fait aucun dire, s'il n'y a contestation. »

Nous pouvons détacher de ces articles ou, pour mieux dire, de l'article 755, tout ce qui concerne la déchéance du droit de produire, puisque nous nous en sommes occupé sous le nᵒ 56.

Notons aussi que, parmi les divers délais qui s'y trouvent mentionnés : vingt jours pour la confection du règlement provisoire, dix jours pour la dénonciation, et trente jours pour les contredits, ce dernier seul est fatal, les autres délais n'étant imposés qu'au point de vue disciplinaire.

Cela dit, il nous reste à donner quelques explications sur les autres points qui font l'objet de ces articles, c'est-à-dire sur le règlement provisoire, la dénonciation qui en est faite, et le délai qui est imparti pour contredire.

RÈGLEMENT PROVISOIRE.

84. — Le règlement provisoire est transcrit sur le procès-verbal d'ordre à la suite des actes ou mentions qui s'y trouvent déjà.

On y porte seulement *pour mémoire* les articles qui ne peuvent être liquidés que plus tard, tels que les intérêts (dont le point de départ doit toutefois être indiqué d'une manière exacte), les frais soit de poursuite d'ordre, soit de production, etc.

Le juge-commissaire ne doit pas craindre de donner sous forme d'observations toutes les indications propres à faciliter l'intelligence de son règlement. — Nous indiquerons, dans un chapitre spécial (chap. II, n° 88), par quelle méthode il pourra donner à son travail la clarté si désirable en matière d'ordre.

A-t-il le droit d'apprécier la valeur des titres qui lui sont soumis ?

Oui, cela nous paraît incontestable ; ses fonctions ne sont pas celles d'un simple copiste, chargé uniquement de transcrire les productions qui sont faites. Il peut rejeter telle créance, qui lui semble être réclamée à tort, de même qu'il peut réduire les demandes exagérées. Mais l'exercice de ce droit exige de sa part beaucoup de tact et de prudence, et, quand il en use, il doit toujours indiquer les motifs de sa décision. (Tessier, *Traité de la Distribution*, n° 186.)

Doit-il rejeter une production, parce qu'elle ne serait accompagnée d'aucun titre ?

« Il y a, dit Dalloz, v° ordre n° 481, des cas où il est impossible au créancier de produire immédiatement les pièces justificatives de sa demande en collocation, et où

il serait injuste, par conséquent, de lui faire subir une
déchéance qu'il n'avait pas été le maître de prévenir. —
Les créances des fournisseurs, du boulanger, par exemple, qui constate ses fournitures par des tailles (art. 1333
C civ.); celles des médecins, des gens de services,
créances pour lesquelles l'article 2104 accorde privilége
sur les immeubles; ces créances sont rarement ap-
puyées de titres. »

Nous avons d'ailleurs rappelé plus haut (n° 55), qu'un
arrêt de cassation du 3 juin 1867, a décidé que l'article
755, qui prononce la peine de déchéance contre les
créanciers non-produisants dans le délai de quarante
jours, ne peut s'entendre que des créanciers qui n'ont
formé aucune demande, mais non de ceux qui ayant
produit leur demande dans le délai, auraient omis de
joindre leurs titres à l'appui. (Cass., 23 juin 1867. S.
67, 1, 200. D. 67, 1, 198. — Voir aussi les autorités citées
sous le n° 55 *suprà*.)

Ces décisions de la jurisprudence nous fournissent la
réponse à faire à la question qui vient d'être posée : c'est
que le juge-commissaire n'a pas le droit de rejeter d'office une demande en collocation, en se fondant uniquement sur le défaut de pièces justificatives. Mais il reste
libre, soit d'admettre purement et simplement la créance,
soit de ne l'admettre que provisoirement et à charge de
justifications dans un délai déterminé.

Notons enfin que le juge-commissaire doit, dans le
règlement provisoire, statuer sur toutes les productions
faites à l'ordre. — Il a été jugé, en ce sens, que, lorsque
le règlement n'est que provisoire ou préparatoire (article
755, procéd.), le juge doit comprendre, dans l'état de
collocation, toutes les créances pour lesquelles il y a
production, bien qu'elles excèdent en totalité les sommes
à distribuer ; il doit ainsi colloquer tous les créanciers
produisants, même les chirographaires, ou du moins
statuer sur leurs productions; il ne suffirait pas de colloquer ceux qui viennent les premiers en ordre, jusqu'à

concurrence de la somme qui est en distribution. En effet, un créancier colloqué peut se retirer de l'ordre ou être payé par ailleurs ; sa collocation peut être rejetée par suite d'un contredit ; il y aurait alors nécessité de recommencer à nouveau l'état d'ordre sur la somme qui se trouverait ainsi restée libre. (Riom, 8 août 1828. S. 29, 2, 239. D. 29, 2, 51. Houyvet, n° 169.)

59 FORMULE DU RÈGLEMENT PROVISOIRE. — Le règlement provisoire peut être libellé de la manière suivante :

« L'an........, le........, nous........ juge spécial des ordres au tribunal de........ ou juge commis pour procéder au règlement du présent ordre, étant assisté du greffier ;

Vu notre procès-verbal en date du......... constatant que les créanciers réunis devant nous pour la tentative de règlement amiable, n'ont pu se mettre d'accord ;

Vu notre ordonnance du......... par laquelle nous avons déclaré l'ordre judiciairement ouvert, et avons commis des huissiers pour faire aux créanciers inscrits les sommations prescrites par la loi ;

Vu ces sommations qui ont été signifiées par actes de...... huissier à. .... et de......... huissier à......... en date de.........., enregistrées ;

Vu les productions ci-dessus mentionnées, qui sont au nombre de........ et qui toutes ont été faites dans les quarante jours à partir des sommations ;

Vu l'article 755 du Code de procédure civile ;

Attendu que le délai, imparti par la loi, pour produire, est expiré ;

Procédons, ainsi qu'il suit, au règlement provisoire de l'ordre dont il s'agit :

SOMME A DISTRIBUER.

La somme à distribuer se compose de 1°........, 2°........, 3°........ ; total...   »

(Voir le chap. 3, n°ˢ 90 et suiv., et surtout la formule qui y fait suite sous le n° 111.)

Sur laquelle somme sont provisoirement établies, les collocations suivantes :

PAR PRIVILÈGE.

PREMIÈRE COLLOCATION.

Nous colloquons Mᵉ........., avoué poursuivant l'ordre.

Au premier rang des privilèges, en vertu des articles 2101 nº 1 du Code civil et 759 Code procédure,

Pour : 1º La somme de........., montant, suivant état qui sera taxé, de ses frais de poursuite d'ordre, ci ..... Mémoire

2º Celle de........., pour frais de timbre et d'enregistrement du présent procès-verbal ; coût de l'expédition de l'ordonnance de radiation des inscriptions, coût des bordereaux (s'il y a lieu, voir nᵒˢ 388, 389), et tous autres droits revenant au greffier, ci........ Mémoire

3º Celle de........ pour frais de radiation des incriptions afférentes aux créanciers qui n'ont pas produit ou qui ne seraient pas utilement colloqués, ci. Mémoire

TOTAL........... Mémoire

(Voir, pour cette collocation et pour celles qui sont privilégiées au premier chef, nᵒˢ 115 et suiv.)

DEUXIÈME COLLOCATION.

Nous colloquons : le sieur......... (nom, prénoms, profession et demeure), ayant Mᵉ........., pour avoué,

Au second rang des créances privilégiées, en vertu de l'article 2101, nᵒˢ 2 et suivants du Code civil.

Pour : 1º........; 2º.........; 3º.........; etc.; total. Mémoire

(Voir, pour les collocations à faire en vertu de l'article 2101, ainsi que pour les collocations du Trésor, les nᵒˢ 134 à 151.)

TROISIÈME COLLOCATION.

Nous colloquons : le sieur........., (nom, prénoms, profession et demeure), ayant Mᵉ........., pour avoué,

A tel rang des privilèges, en vertu du privilège du vendeur, conservé à son profit par l'inscription qui a été prise le....... vol.   , n° .

Pour : 1°.........; 2°.........; 3°.........; etc.; total. Mémoire

(Voir, pour les collocations à faire en vertu de l'article 2103, les n°° 152 à 187.)

PAR HYPOTHÈQUES.

QUATRIÈME COLLOCATION.

Nous colloquons : le sieur......... (nom, prénoms, profession et demeure), ayant M°. .... pour avoué.

Au premier rang hypothécaire, et à la date de son inscription du........., vol.   , n° .

Pour : 1°........; 2°.........; 3°... .....; etc.; total. Mémoire

ou bien, (s'il s'agit d'un créancier à hypothèque légale) :

Nous colloquons : La dame.... ....., épouse du sieur......, avec lequel elle demeure à........, et, ce dernier, comme l'assistant et l'autorisant en qualité de mari,

Au premier rang hypothécaire, en vertu de l'hypothèque légale de ladite dame, laquelle hypothèque a été inscrite le.... vol,   , n°, mais dont l'effet remonte au......... date de son contrat de mariage, reçu par M°........., notaire à.........

Pour: 1°.........; 2°.........; 3°.......; etc.; total. Mémoire

(Voir pour les collocations hypothécaires, savoir : hypothèques ordinaires, n°° 188 à 219 ; hypothèques légales n°° 251 à 323, ainsi que les chapitres XII et suiv., pour le cas où l'ordre serait ouvert sur des immeubles dépendants d'une succession bénéficiaire, d'une faillite, etc.)

On continue de la même manière pour chaque collocation, jusqu'à ce qu'on ait statué sur toutes les productions (n° 58). — Au cas de rejet d'une demande, en tout ou en partie, on indique pour quels motifs elle n'a pas été accueillie (n° 58.)

Puis on termine ainsi :

Attendu qu'il a été par nous statué sur toutes les produc-
ductions faites au présent ordre, nous avons arrêté le présent
règlement provisoire, qui sera dénoncé conformément à la
loi.

Fait et dressé par nous, juge spécial des ordres au tribunal
de ....ou, juge-commissaire le (date), et nous avons signé
avec le greffier.

(Signatures.)

Nota. — Ce règlement provisoire n'est pas soumis à
l'enregistrement. (Voir n° 67.)

60. — Dénonciation du règlement provisoire. —
Cette dénonciation a pour but de mettre les parties en
demeure de contester le règlement provisoire, s'il pré-
judicie à leurs intérêts.

Elle est faite par acte d'avoué à avoué (art. 755 précité), savoir :

1° A tous les créanciers produisants, sans distinction,
c'est-à-dire même aux créanciers chirographaires qui
ont produit ;

2° Au vendeur ou saisi, s'ils ont constitué avoué.

Il est, d'ailleurs, généralement admis que, si le vendeur ou le saisi n'ont pas d'avoué, la dénonciation doit
leur être faite à personne ou domicile. (Séligman,
n° 314 ; Chauveau, n° 2562, 7°.)

61. Délai pour contredire. — Le délai pour contredire est de trente jours à partir de la dénonciation du
règlement provisoire (art. 755 précité.)

Il n'est pas franc, c'est-à-dire qu'on ne compte pas le
jour de la dénonciation, mais que l'on compte le jour de
l'échéance, (Seligman, n° 322 ; Grosse et Rameau, n 370 ;
Chauveau, n° 2563, 4°. — Poitiers, 11 juin 1850. — S., 50,
2, 474). Voir pour le cas où le jour de l'échéance serait
un jour férié, n° 53 *in fine* et n° 76.

Ce délai court seulement à partir de la dernière dénonciation faite aux créanciers produisants et à la partie sai-

sie, et non pas contre chaque créancier en particulier, à partir de la dénonciation qui lui en est faite. (Seligman, nº 323 ; Grosse et Rameau, nº 370. — Cass., 14 juin 1875. — S., 75, 1, 412 ; D., 75, 1, 417). Voir même décision nº 53 pour le délai de production.

Il ne peut être augmenté à raison des distances. (Grosse et Rameau, nº 371). En sens contraire, Séligman, nº 324. Ce dernier auteur pense que l'article 1033' est applicable lorsque la signification est adressée à la personne ou au domicile de la partie saisie qui n'a pas d'avoué en cause.

62. DÉCHÉANCE DU DROIT DE CONTREDIRE. — La déchéance du droit de contredire résulte de la seule expiration du délai de trente jours, calculé comme nous venons de le dire.

Dès lors, aucun créancier ni la partie saisie ou venderesse, ne sont plus recevables à contester, soit l'ordre des collocations, soit la légitimité des créances. Par leur silence, ils ont acquiescé au travail du juge-commissaire. (Dalloz, vº Ordre, nº 703.)

RÈGLEMENT DÉFINITIF ET ORDONNANCE DE CLÔTURE.
DÉNONCIATION.

63. — Lorsque le règlement provisoire n'a été de la part, soit des créanciers, soit du saisi ou vendeur, l'objet d'aucun contredit, il devient la loi des parties ; le juge-commissaire n'a plus qu'à le transformer en règlement définitif et à faire la clôture de l'ordre. C'est ce qui est indiqué dans la première disposition de l'article 759 en ces termes : « S'il ne s'élève aucune contestation, le juge est tenu, dans les quinze jours qui suivent l'expiration du délai, pour prendre communication et contredire, de faire la clôture de l'ordre. »

Lorsqu'au contraire, il a été élevé des contestations (nous verrons plus loin, nºˢ 69 et suiv., comment il est statué sur ces contestations, soit en première instance soit en appel), le juge dresse le règlement définitif, en se conformant aux décisions rendues. « Dans les huit jours, dit l'article 765, alinéa 1, qui suivent l'expiration du délai d'appel, et, en cas d'appel, dans les huit jours de la signification de l'arrêt, le juge arrête définitivement l'ordre des créances contestées et des créances postérieures, conformément à l'article 759. »

Il résulte de là que le règlement définitif doit être la reproduction exacte du règlement provisoire, sans autres changements que ceux provenant des jugements et arrêts sur contredits ou de l'accord des parties. C'est là un principe que le juge-commissaire ne doit jamais oublier. (Cass., 2 février 1864.)

Pour établir le règlement définitif, il reprendra donc successivement et maintiendra toutes les dispositions du règlement provisoire, soit en ce qui concerne la masse à distribuer, soit en ce qui concerne les collocations, qui seront faites au rang assigné pour toutes les sommes précédemment allouées.

Notre chapitre XIV, nᵒˢ 382 et suivants, étant tout entier consacré à cette partie si importante de son travail, il voudra bien s'y reporter; il pourra y trouver tous les éléments propres à lui faciliter les opérations du règlement définitif et de la clôture de l'ordre.

Actuellement, nous nous contenterons de tracer, dans la formule suivante, comme nous l'avons déjà fait pour le règlement amiable (nᵒ 43), et pour le règlement provisoire (nᵒ 59), les grandes lignes et les divisions principales du règlement définitif qui peut être libellé ainsi :

64. Formule. — Nous. . . . . , juge spécial des ordres au tribunal de. . . . . , ou juge commis pour procéder au règlement du présent ordre, étant assisté du greffier ;

Vu notre règlement provisoire ci-dessus en date du. . . . .

Vu la dénonciation qui en a été faite, savoir: aux avoués des créanciers produisants, par acte du palais du ministère de........, huissier audiencier à........., et à la partie saisie ou venderesse, par acte de.......... huissier à........., lesdits actes en date du........., enregistrés ;

Vu l'absence de contredits, et attendu que le délai imparti par la loi pour contredire, est expiré ;

Ou bien (s'il y a eu des contredits, n°ˢ 69 et suivants.)

Vu le jugement en date du... ....., qui a statué sur toutes les contestations soulevées, et l'acquiescement donné à ce jugement par les parties en cause, ainsi qu'il est constaté par le dire de leurs avoués, ci-dessus transcrit le.........

Avons procédé, ainsi qu'il suit, au règlement définitif de l'ordre dont il s'agit :

SOMME A DISTRIBUER.

La somme à distribuer se compose de :

1° Principal (sauf déduction des frais venant en diminution), ci...   »

2° Intérêts (à arrêter au jour de la clôture de l'ordre), ci ....   »

3° Fruits immobilisés (s'ils ont été compris dans l'ordre), ci ....   »

TOTAL..............   »

(Voir chap. III et formule sous le n° 111.)

Sur laquelle sont définitivement établies les collocations suivantes :

PAR PRIVILÈGE.

PREMIÈRE COLLOCATION.

Nous colloquons : M°.. ...., avoué poursuivant l'ordre,

Par privilège et préférence à tous autres créanciers, en vertu de l'article 759 procédure.

Pour :

1° La somme de........., montant, suivant état taxé, des frais de poursuite de l'ordre, ci......................   »

2° Celle de......., pour frais de timbre et d'enregistrement du présent procès-verbal ; coût de l'expédition de l'ordonnance de radiation des inscriptions ; coût des bordereaux et tous autres droits revenant au greffier, ci.   »

3° Celle de........ pour frais de radiation des inscriptions afférentes aux créanciers qui n'ont pas produit ou ne viennent pas en ordre utile, ci ....   »

Total................   »

A quoi il y a lieu quelquefois d'ajouter, suivant les cas :

Soit les frais de notification (n° 122), ci............   »

Soit les frais d'instance sur contredits que l'avoué poursuivant serait, par le jugement, autorisé à employer en frais privilégiés de poursuite d'ordre, ci...   »

Soit, tels autres qu'il conviendrait de comprendre   »
dans la collocation (voir nᵒˢ 115 et 123), ci...........   »

Total. ....   »

Pour laquelle somme nous ordonnons qu'il sera délivré audit M•........ un bordereau de collocation sur l'adjudicataire ou acquéreur sus-nommé.

DEUXIÈME COLLOCATION.

Nous colloquons : le sieur..... . (Nom, prénoms, profession et demeure), ayant M°........., pour avoué,

A tel rang des privilèges, en vertu du privilège du vendeur, conservé à son profit par l'inscription du ......, vol,   , n° .

Ou, à tel rang hypothécaire, et à la date de l'inscription prise à son profit, le........., vol.   , n° .

Pour :

1° Capital de la créance (énonciation du titre), ci..   »

2° Intérêts (à arrêter au jour de la clôture de l'ordre), ci..   »

3° Frais accessoires de la créance, ci...... ....   »

4° Frais de production (y compris, s'il y a lieu, un droit de correspondance), laquelle somme sera distraite au profit de M•........ avoué (s'il a requis la distraction), ci... .. ..   »

Total.. ....   »

Pour laquelle somme nous ordonnons qu'il sera délivré audit sieur.... . .., un bordereau de collocation sur l'adjudicataire ou acquéreur sus-nommé.

3ᵉ, 4ᵉ, 5ᵉ COLLOCATIONS, ETC.

On continue ainsi, pour chaque collocation, jusqu'à épuisement de la somme à distribuer. — (Voir, pour la collocation du dernier créancier sur lequel les fonds manquent, n° 219, et s'il y a un reliquat disponible, n° 391.)

On fait la récapitulation, si on la croit utile, n° 390.

Puis, on termine par l'ordonnance de clôture, dont nous donnons la formule sous le n° 395.

65. DÉNONCIATION DE LA CLÔTURE DE L'ORDRE. — « Dans les trois jours de l'ordonnance de clôture (dit l'art. 767 procéd., 1ᵉʳ alin.) l'avoué poursuivant la dénonce par un simple acte d'avoué à avoué. »

Le délai de trois jours n'est pas prescrit à peine de nullité.

La dénonciation est faite par acte d'avoué à avoué :

1° Aux créanciers qui ont produit : car ils ont tous intérêt à vérifier si le juge, en établissant le règlement définitif s'est conformé au règlement provisoire et aux décisions qui ont pu le modifier (n° 63), ou bien s'il a outrepassé ses droits. (Voir en ce sens : Houyvet, n° 316.)

MM. Séligman, n° 503, et Dalloz, v° Ordre, n° 1064, pensent, au contraire, que la dénonciation ne doit être faite qu'aux créanciers qui figurent dans le règlement définitif, c'est-à-dire qui ont été utilement colloqués. Mais leur opinion nous paraît erronée.

2° A l'adjudicataire ou acquéreur, qu'il est utile d'avertir de la clôture de l'ordre, pour qu'il tienne ses fonds prêts.

3° A la partie saisie ou venderesse, qui a intérêt à savoir comment ses fonds sont distribués.

Si le saisi ou vendeur n'a pas d'avoué constitué, la dénonciation doit lui être faite à personne ou domicile. (Dalloz, v° Ordre, n° 1065 ; Chauveau, n° 2599, 2°. En sens contraire, Séligman, n° 504.)

La dénonciation dont il s'agit a pour but de mettre les parties intéressées à même de prendre connaissance du règlement définitif et d'y former opposition, si elles croient devoir l'attaquer.

Cette opposition doit être formée, à peine de nullité, dans la huitaine de la dénonciation (art. 767). Voir nᵒˢ 86.

Dans les dix jours, à partir de celui où l'ordonnance de clôture ne peut plus être attaquée, le greffier délivre un extrait de l'ordonnance du juge pour être déposé par l'avoué poursuivant au bureau des hypothèques. Le conservateur, sur la présentation de cet extrait, fait la radiation des inscriptions des créanciers non-colloqués (art. 769). Voir nᵒ 387.

Dans ce même délai, le greffier délivre à chaque créancier colloqué un bordereau de collocation exécutoire contre l'adjudicataire ou contre la caisse des consignations (art. 770). Voir nᵒ 402.

RÈGLEMENT PARTIEL.

66. — Quelquefois, il peut y avoir lieu de faire un règlement partiel : c'est lorsqu'il y a renvoi à l'audience par suite de contredits.

Dans ce cas, le juge, dit l'article 758 procédure, « arrête l'ordre et ordonne la délivrance des bordereaux de collocation pour les créances antérieures à celles contestées ; il peut même arrêter l'ordre pour les créances postérieures, en réservant somme suffisante pour désintéresser les créanciers contestés. »

Il est à remarquer que, d'après les termes de cet article, la situation est différente, suivant qu'il s'agit des créances antérieures ou bien des créances postérieures à celles qui sont contestées.

S'agit-il des créances postérieures, le règlement partiel n'est pas une obligation, mais simplement une faculté, dont le juge-commissaire usera avec prudence et lorsque la mesure lui paraîtra sans inconvénients.

S'agit-il des créances antérieures, l'article précité, si on le prend à la lettre, rend le réglement partiel obligatoire dès l'instant où les autres créanciers sont renvoyés à l'audience. Mais cette règle doit être entendue avec quelque tempérament; l'obligation n'est imposée qu'en principe, et il peut se présenter des circonstances (M. Séligman en cite un exemple , où un tel règlement aurait des inconvénients; les parties elles-mêmes se montrent parfois peu désireuses d'avoir un règlement partiel. Dans cette situation, le juge appréciera ce qu'il conviendra le mieux de faire. (Voir Séligman, n 377 et la note de M. Pont. Voir aussi *suprà*, n° 41.)

Pour le règlement partiel définitif, le juge-commissaire devra procéder comme s'il s'agissait d'un réglement total, si ce n'est qu'il réservera les droits des créanciers en litige, et que, comme de raison, il s'abstiendra d'ordonner la radiation des inscriptions afférentes à leurs créances.

Ce règlement partiel doit être dénoncé dans les trois jours de l'ordonnance de clôture, et il peut être attaqué par voie d'opposition dans la huitaine de la dénonciation. — Voir n° 86. (Séligman, n° 378.)

La délivrance des bordereaux de collocation ne peut avoir lieu qu'à partir de l'expiration du délai accordé pour l'opposition (art. 770 procéd.); ces bordereaux ont, vis-à-vis de l'adjudicataire, la même force exécutoire que les bordereaux délivrés après un règlement définitif total. (Séligman, ibid. Chauveau, n° 2574, 3°.)

ENREGISTREMENT DU PROCÈS-VERBAL D'ORDRE.

67. — Le procès-verbal d'ordre n'est point sujet à l'enregistrement dans les vingt jours de sa date; il suffit qu'il soit présenté à cette formalité avant la délivrance des bordereaux de collocation. (Dalloz, v° Ordre, n° 1046. Instr. de la régie de l'enreg. du 5 févr. 1844, n° 1704. D. 45, 3, 33.)

Les diverses parties de ce procès-verbal, telles que l'ouverture de l'ordre (à moins qu'elle ne contienne l'ordonnance du juge-commissaire à l'effet de sommer les créanciers, voir n° 429, 6° *infrà*), la mention des titres produits par les créanciers, le réglement provisoire de collocation, le renvoi à l'audience en cas de contestation, les déchéances, les radiations d'inscriptions, et enfin la clôture de l'ordre, ne donnent ouverture à aucun droit d'enregistrement. (Dalloz, v° Ordre, n° 1044. Instr. de la régie de l'enreg. du 5 févr. 1844 précitées.)

Voir, d'ailleurs, le tarif n°° 427-433 et les observations sous le n° 429 *infrà*.

SECTION III.

PROCÉDURES EXCEPTIONNELLES DE L'ORDRE.

68. — Sous ce titre, nous comprenons :

1° L'instance sur contredits.

2° L'instance en attribution de prix.

3° La procédure de ventilation.

4° La procédure du sous-ordre.

5° La procédure de consignation.

6° La procédure de l'ordre, au cas de folle enchère.

7° La procédure, au cas de déchéance de l'avoué poursuivant.

8° Les voies de recours.

§ 1er. *Instance sur contredits.*

69. — La procédure, au cas de contredits, est réglée, tant en première instance qu'en appel, par les articles 758 et 760 à 768 du code de procédure civile, que nous allons reproduire successivement, en les faisant suivre, au besoin, de quelques explications.

ART. 758. — « Tout contestant doit motiver son dire et produire toutes pièces à l'appui ; le juge renvoie les contestants à l'audience qu'il désigne et commet en même temps l'avoué chargé de suivre l'audience. Néanmoins, il arrête l'ordre et ordonne la délivrance des bordereaux de collocation pour les créances antérieures à celles contestées ; il peut même arrêter l'ordre pour les créances postérieures, en réservant somme suffisante pour désintéresser les créanciers contestés. »

Nous nous sommes déjà occupé de cette dernière disposition « néanmoins il arrête l'ordre, etc. », qui concerne le réglement partiel, sous les nᵒˢ 41 et 66 ; nous n'y reviendrons pas.

Quant à la première partie de l'article 758, elle donne lieu aux observations suivantes :

70. CONTREDITS. — Nous rappelons que les contredits doivent, à peine de nullité, être faits dans les trente jours à partir de la dénonciation du règlement provisoire. (Voir nᵒ 61.)

Ils sont insérés à la suite du procès-verbal d'ordre, et peuvent être faits, en l'absence du juge-commissaire et du greffier. (Séligman, nᵒ 358. Chauveau, nᵒ 2566.)

Mais ils doivent être signés par un avoué, à peine de nullité. (Séligman, nᵒˢ 365-366 et note de M. Pont. Chauveau, nᵒ 2572. Voir toutefois, Cass., 2 août 1827, S., 27, 1, 121.)

Ils doivent, d'ailleurs, être motivés et accompagnés des pièces justificatives (art. 758 précité), mais non pas à peine de nullité. Voir, en ce sens, un article de M. Martin de Neufville, dans la *France Judiciaire*, I, 1, p. 155 et suiv.

71. DÉSISTEMENT D'UN CONTREDIT. — Toute partie est libre de se désister du contredit qu'elle a formé.

Dans la pratique, le désistement en matière d'ordre a lieu par un diré sur le procès-verbal.

Il a été jugé qu'il peut être fait par l'avoué, sans un pouvoir spécial du créancier pour lequel il avait contredit. (Toulouse, 8 Mars 1850. D., 50, 2, 147. S. 50, 2, 276.

Sic Séligman, nᵒ 370.) Nous engageons toutefois les avoués, pour dégager leur responsabilité, à se munir d'un pouvoir spécial, ou mieux encore à faire signer le dire de désistement par la partie qu'ils représentent. (En ce sens : Audier, sur l'art. 758, nᵉ 45.)

Il est à noter aussi que la femme mariée ne peut, sans autorisation de son mari ou de la justice, se désister d'un contredit par elle formé dans une instance d'ordre. (Grenoble, 10 mars 1848. S., 48, 2, 749. *Sic* Séligman, nᵉ 371.)

QUESTION. — Le contredit, qui a fait l'objet du désistement, peut-il être repris par un autre créancier?

Oui, d'après un premier système. Le contredit, une fois formé, appartient à tous ceux qui peuvent avoir intérêt à en tirer avantage, et si le contredisant vient à s'en désister, ce désistement ne peut avoir d'effet qu'autant qu'il a été accepté par l'avoué qui représente la masse (art. 760). On invoque, par analogie, l'art. 693 C. procéd., aux termes duquel, dès que la notification aux créanciers a été mentionnée en marge de la transcription d'une saisie immobilière, ces créanciers deviennent parties dans la poursuite, de telle sorte que la saisie ne saurait plus être rayée que de leur consentement. Il a été jugé, conformément à cette opinion (en matière de contribution), que les contredits élevés par un créancier, dans le délai, profitent à tous les autres ; qu'en conséquence, les créanciers, qui ne sont plus dans le délai pour contredire, ont le droit, nonobstant le désistement du créancier, de le reprendre et de le faire valoir en leur nom. (Paris, 15 déc. 1853. D., 54, 2, 11.) Voir, en ce sens Chauveau, nᵒ 2577.

Non, suivant un deuxième système, qui invoque le droit commun et d'après lequel le contredit, suivi de désistement, doit être considéré comme non avenu. (Houyvet, nᵒˢ 239 et 240.)

Enfin, dans un troisième système qui nous paraît préférable et que nous adoptons, on fait la distinction suivante :

Jusqu'à l'expiration du délai pour contredire, le contredit n'appartient qu'au créancier qui l'a formé. D'où la conséquence que, si ce créancier le retire avant l'expiration de ce délai, personne ne peut plus tard l'invoquer et prétendre s'en servir, à moins d'adhésion donnée en temps utile.

Après l'expiration du délai, le contredit appartient à la masse des créanciers postérieurs (art. 760); d'où la conséquence que chacun de ces créanciers pourrait, à partir de cette époque, le reprendre et le faire valoir, malgré le désistement de celui qui l'a fait. (Dans le sens de cette distinction, Audier sur l'art. 758, n⁰ˢ 50 et suiv ; Comparer Grenoble, 5 juin 1865. S., 65, 2, 300. Metz, 11 juillet 1867. S., 68, 2, 188.)

Sur l'ensemble de cette question, voir Dalloz, v⁰ Ordre, n⁰ˢ 767 et suiv., et un article de M. Martin de Neufville, vice-président du Trib. d'Alençon, dans la *France Judiciaire*, année 1876-77, 1ʳᵉ partie, p. 155 et suiv.

Quelle que soit la solution que l'on adopte, il est un point constant, c'est que l'avoué qui entend reprendre le contredit, objet du désistement, doit en faire la déclaration formelle sur le procès-verbal d'ordre, avant qu'il soit procédé au règlement définitif.

72. Avoué commis pour suivre l'audience. — Le juge ne doit pas commettre l'avoué poursuivant, à moins que celui-ci ne soit en même temps l'avoué d'une des parties contestantes ou contestées. C'est là ce qu'indique l'article 760, dans sa disposition finale, en ces termes : « L'avoué poursuivant ne peut, en cette qualité, être appelé dans la contestation. » (Séligman, n⁰ 375.)

« Le choix du juge-commissaire, dit M. Chauveau, ne peut pas se porter indifféremment sur l'un des avoués constitués dans la procédure d'ordre; ce choix est limité à l'un des avoués des contestants, des contestés ou représentant la masse. Bien que l'option du juge, dans ces limites, ne soit assujettie à aucun contrôle, il est logique que l'avoué commis soit celui de la partie qui a le plus d'intérêt dans la contestation ; en cas d'égalité d'intérêt, l'avoué du contestant semble devoir être préféré, comme demandeur, à l'avoué du contesté. » (Chauveau, n° 2573, 4°). Ajoutons que, si l'avoué poursuivant est en même temps, comme nous venons de le dire, l'avoué d'une des parties contestantes ou contestées, il y aurait lieu de le désigner, avant tout autre.

73. ORDONNANCE DE RENVOI A L'AUDIENCE. — Elle est insérée à la suite du procès-verbal d'ordre, et peut être libellée ainsi :

« Nous, juge-commissaire, — Vu les contredits qui précèdent, — Renvoyons les parties contestantes et contestées à l'audience du.... ...., à laquelle nous ferons notre rapport sur les difficultés soulevées, et commettons M°.......... avoué de l'une des parties en cause (voir n° 72, ci-dessus), à l'effet de suivre l'audience et de donner avenir pour le jour sus-indiqué.

« Fait au palais de justice à........, le........ »

(Signature.)

Nota. — Cette ordonnance n'est pas soumise à la formalité de l'enregistrement. (Instr. de la régie de l'enregistrement du 5 février 1854 ; n° 1704 ; Dalloz, v° Ordre, n° 769 et recueil périod. 45, 3, 33.)

74. ART. 760. — « Les créanciers postérieurs en ordre d'hypothèque aux collocations contestées sont tenus, dans la huitaine après les 30 jours accordés pour contredire, de s'entendre entre eux sur le choix d'un avoué ; sinon, ils sont représentés par l'avoué du dernier créancier colloqué. L'avoué poursuivant ne peut, en cette qualité, être appelé à la contestation. »

OBSERVATION. — Le dernier créancier dont il est question dans cet article, ce n'est pas le dernier colloqué utilement ; ce n'est pas non plus le créancier dernier en rang parmi ceux dont la collocation est contestée. Mais c'est le créancier qui se trouve *au dernier rang hypothécaire* dans le règlement provisoire, soit qu'il vienne, soit qu'il ne vienne pas en ordre utile. (Dalloz, vᵒ Ordre, nᵒ 773. *Contrà* Houyvet, nᵒ 253.)

75. ART. 761. — « L'audience est poursuivie, à la diligence de l'avoué commis, sur un simple acte contenant avenir pour l'audience fixée conformément à l'article 758. L'affaire est jugée comme sommaire, sans autre procédure que des conclusions motivées de la part des contestés, et le jugement contiendra liquidation des frais. — S'il est produit de nouvelles pièces, toute partie contestante ou contestée est tenue de les remettre au greffe trois jours au moins avant cette audience ; il en est fait mention sur le procès-verbal. Le tribunal statue sur les pièces produites ; néanmoins il peut, mais seulement pour causes graves et dûment justifiées, accorder un délai pour en produire d'autres ; le jugement qui prononce la remise fixe le jour de l'audience ; il n'est ni levé, ni signifié. La disposition du jugement qui accorde ou refuse un délai n'est susceptible d'aucun recours. »

ART. 762. — « Les jugements sur les incidents et sur le fond sont rendus sur le rapport du juge et sur les conclusions du ministère public. Le jugement sur le fond est signifié dans les trente jours de sa date à avoué seulement ; il n'est pas susceptible d'opposition. — La signification à avoué fait courir le délai d'appel contre toutes les parties à l'égard les unes des autres. » (Voir la suite de cet article, *infrà* nᵒ 76.)

OBSERVATIONS SUR CES DEUX ARTICLES. — Le saisi ne doit pas être appelé à l'audience pour le jugement des contredits, à moins qu'il n'ait élevé lui-même quelque contestation. (Séligman, nᵒ 412 et la note de M. Pont. Chauveau, nᵒ 2573, 5°.)

L'avenir est une formalité prescrite à peine de nullité. En conséquence, le jugement rendu sur le renvoi à l'audience est nul, si l'audience n'a pas été poursuivie par acte d'avoué à avoué. (Paris, 25 novembre 1835 ; S., 36, 2, 140 ; *Sic*, Séligman, n° 410.)

Sont pareillement obligatoires et prescrits à peine de nullité :

Le rapport du juge-commissaire et la participation de ce magistrat à l'audience, (Séligman, n° 421. Chauveau, n° 2582, 2°) ;

Ainsi que les conclusions du ministère public. (Séligman, n° 423, Chauveau, n° 2582, 3°.)

La signification sans aucunes réserves fait perdre à la partie le droit de se pourvoir contre le jugement par voie d'appel. (Montpellier, 31 janvier 1844 ; S., 45, 2, 413 ; D., 45, 2, 143. Audier, sur l'art. 762, n° 72.) Cette décision est critiquée par Dalloz, v° Ordre, n° 869. Quoiqu'il en soit, on agira prudemment en indiquant, dans la signification, qu'elle n'est faite que sous la réserve expresse d'interjeter appel. (Dalloz, *ibid.*)

La signification doit seulement être faite aux avoués des parties qui ont figuré dans le jugement. (Art. 762 précité.)

Lorsque plusieurs parties sont représentées par un seul avoué, est-il nécessaire que la signification du jugement soit faite en autant de copies qu'il y a de parties auxquelles elle est destinée ?

L'affirmative est généralement admise. En ce sens : Cass., 12 juillet 1843, S , 43, 1, 792. Bourges, 8 mai 1855. S., 55, 2, 624. Séligman, n° 435 ; Grosse et Rameau, n° 412.

Mais une seule copie suffit, lorsque les créanciers sont représentés par l'avoué commun dont il est parlé en l'article 760. Voir n° 74. (En ce sens : Cass., 10 mai 1836, S., 36, 1, 763. Séligman, n° 436. Chauveau, n° 2583.)

APPEL.

76. ART. 762 (*suite*). — « L'appel est interjeté dans les dix jours de la signification du jugement à avoué, outre un jour par cinq myriamètres de distance entre le siége du tribunal et le domicile réel de l'appelant ; l'acte d'appel est signifié au domicile de l'avoué et au domicile réel du saisi, s'il n'a pas d'avoué. Il contient assignation et l'énonciation des griefs, à peine de nullité. — L'appel n'est recevable que si la somme contestée excède celle de 1,500 fr., quel que soit d'ailleurs le montant des créances des contestants et des sommes à distribuer. »

OBSERVATIONS. — On voit, par cet article, que le délai pour interjeter appel n'est que de dix jours.

Ce délai n'est pas franc ; l'article 1033 n'est pas applicable au cas présent. (Séligman, n° 440. Dalloz, v° Ordre, n° 897. Chauveau, n° 2586.) On y comprend le jour de l'échéance, mais on n'y comprend pas le jour de la signification, ce qui revient à dire que l'appel peut être interjeté valablement dans les dix jours qui suivent la signification. (Mêmes autorités.)

Quid, si le dernier jour du délai est un jour férié ? Le délai d'appel, dans ce cas, doit-il être prorogé d'un jour ?

Oui, en vertu du dernier alinéa de l'article 1033 Code procédure, qui porte que « si le dernier jour du délai est un jour férié, le délai sera prorogé au lendemain » ; car cette disposition, comme l'a déclaré M. Josseau, le rapporteur de la loi au corps législatif, est une disposition générale, désormais indistinctement applicable à tous les cas. » (D., 62, 4, 46, note 7. En ce sens : Dalloz, v° Ordre, n°° 906 et 1069.) Voir aussi n° 53 ci-dessus.

Aux termes de l'article 762 précité, le délai de dix jours doit être augmenté d'un jour par cinq myriamètres de distance entre le siége du tribunal qui a rendu le jugement, et le domicile réel de l'appelant. La fraction de myriamètres, au-dessus de cinq, donne-t-elle lieu à un jour de plus?

La négative est généralement admise. Ainsi, pour une distance de six à neuf myriamètres, l'augmentation ne sera que d'un seul jour, comme s'il n'y avait que cinq myriamètres. (En ce sens : Dalloz, vᵒ Ordre, nᵒ 904. Séligman, nᵒ 441. Dijon, 20 mai 1862, D., 62, 2,165.)

77. Art. 763. — « L'avoué du créancier dernier colloqué peut être intimé, s'il y a lieu. — L'audience est poursuivie et l'affaire instruite conformément à l'article 761, sans autre procédure que des conclusions motivées de la part des intimés. »

Art. 764. — « La cour statue sur les conclusions du ministère public. L'arrêt contient liquidation des frais ; il est signifié dans les quinze jours de sa date à avoué seulement, et n'est pas susceptible d'opposition. La signification à avoué fait courir les délais du pourvoi en cassation. »

Observations. — Nous avons vu, sous le nᵒ 75, qu'il devait être fait par le juge, à l'audience, un rapport sur les difficultés qui donnaient lieu à l'instance engagée. En appel, le rapport n'est pas exigé. (Séligman, nᵒ 473. Chauveau, nᵒ 2595.)

Il est de principe fondamental qu'en matière civile, le pourvoi en cassation ne peut suspendre l'exécution de l'arrêt. Il en est ainsi en matière d'ordre. C'est pourquoi, le juge peut désormais procéder au règlement définitif de l'ordre, sans avoir à s'inquiéter du point de savoir s'il y a ou non pourvoi formé contre les décisions rendues. « Dans les huit jours qui suivent l'expiration du délai d'appel, dit l'article 765, et, en cas d'appel, dans les huit jours de la signification de l'arrêt, le juge arrête définitivement l'ordre des créances contestées et des créances postérieures, conformément à l'article 759. » Voir ci-dessus nᵒ 63.

DISPOSITIONS COMMUNES AUX DEUX INSTANCES.
PREMIÈRE INSTANCE ET APPEL.

78. ART. 766. — « Les dépens des contestations ne peuvent être pris sur les deniers provenant de l'adjudication. — Toutefois, le créancier dont la collocation rejetée d'office, malgré une production suffisante, a été admise par le tribunal sans être contestée par aucun créancier, peut employer ses dépens sur le prix au rang de sa créance. — Les frais de l'avoué qui a représenté les créanciers postérieurs en ordre d'hypothèque aux collocations contestées, peuvent être prélevés sur ce qui reste de deniers à distribuer, déduction faite de ceux qui ont été employés à payer les créanciers antérieurs. — Le jugement qui autorise l'emploi des frais, prononce la subrogation au profit du créancier sur lequel les fonds manquent ou de la partie saisie. L'exécutoire énoncera cette disposition et indiquera la partie qui doit en profiter. — Le contestant, ou le contesté qui a mis de la négligence dans la production des pièces peut être condamné aux dépens, même en obtenant gain de cause. — Lorsqu'un créancier, condamné aux dépens des contestations, a été colloqué en rang utile, les frais mis à sa charge sont, par une disposition spéciale du règlement d'ordre, prélevés sur le montant de sa collocation au profit de la partie, qui a obtenu la condamnation. »

ART. 768. — « Le créancier sur lequel les fonds manquent et la partie saisie ont leurs recours contre ceux qui ont succombé, pour les intérêts et arrérages qui ont couru pendant les contestations. »

OBSERVATIONS SUR L'ARTICLE 766 PRÉCITÉ. — La première disposition de cet article, aux termes de laquelle « les dépens des contestations ne peuvent être pris sur les deniers provenant de l'adjudication, » est une de celles qui, en matière d'ordre, embarrassent le plus les tribunaux.

Il est, en effet, des cas fréquents où son application textuelle conduirait à des résultats contraires à l'équité. Aussi arrive-t-il souvent que l'on statue à l'égard des frais de la manière suivante :

L'avoué chargé de la poursuite de l'audience est autorisé à employer ses frais en frais privilégiés de poursuite d'ordre, y compris les frais de timbre et d'enregistrement de la minute du jugement, ceux de levée et de signification, qui sont employés de la même manière.

L'avoué qui représente la masse des créanciers emploie pareillement ses frais en frais priviligiés de poursuite d'ordre.

La partie qui a gain de cause emploie ses propres frais en augmentation de sa créance et au rang de sa collocation.

Quant à la partie condamnée, ses frais sont laissés à sa charge.

INSTANCE EN ATTRIBUTION DE PRIX.

79. ART. 773. — « Quel que soit le mode d'aliénation, l'ordre ne peut être provoqué s'il y a moins de quatre créanciers inscrits. — Après l'expiration des délais établis par les articles 750 et 772, la partie qui veut poursuivre l'ordre, présente requête au juge spécial, et, s'il n'y en a pas, au président du tribunal, à l'effet de faire procéder au préliminaire de règlement amiable dans les formes et délais établis en l'article 751. — A défaut de règlement amiable, la distribution du prix est réglée par le tribunal jugeant comme en matière sommaire, sur assignation signifiée à personne ou à domicile, à la requête de la partie la plus diligente, sans autre procédure que des conclusions motivées. Le jugement est signifié à avoué seulement, s'il y a avoué constitué. — En cas d'appel, il est procédé comme aux articles 763 et 764. »

OBSERVATIONS. — Cette procédure spéciale n'a lieu,

comme on le voit, que s'il y a moins de quatre créanciers inscrits.

Par ces mots « quatre créanciers inscrits, » l'article précité a entendu parler du nombre des créanciers pouvant prendre part à la distribution, et non pas du nombre des inscriptions hypothécaires grevant les immeubles dont le prix est à distribuer. (Caen, 23 juin 1860. S. 61, 2, 97. Seligman, n° 564. Chauveau, n° 2614. Audier sur l'article 773, n° 2.)

Par conséquent, dit M. Séligman, il ne faut pas s'attacher au nombre des créances inscrites, lequel pourrait être supérieur à quatre, mais uniquement à celui des créanciers ; et, s'il est inférieur à quatre, quoique chaque créancier puisse être propriétaire de plusieurs créances, on ne doit pas suivre les formalités de la procédure d'ordre, mais se conformer à l'article 776.

C'est, d'ailleurs, à l'époque de l'ouverture de l'ordre judiciaire que l'on doit se placer pour déterminer la procédure à suivre d'après le nombre des créanciers existant à ce moment. (Caen, 12 mai 1860, S. 61, 2, 97. Douai, 15 janvier 1876 ; S. 76, 2, 213. *Sic*, Séligman, n° 571.)

L'ordre, dans le cas de l'article 773, doit être précédé de la tentative de règlement amiable.

Nous avons admis qu'il en est ainsi, bien que l'état des inscriptions ne présente qu'un seul créancier inscrit. (Voir n° 25.)

Si la tentative de règlement amiable n'aboutit pas lors de la réunion, le juge peut-il renvoyer immédiatement les parties à l'audience, ou ne le peut-il qu'après l'expiration du délai d'un mois, conformément à l'article 752 ? — Voir n° 47 ; la solution doit être la même, qu'il s'agisse de l'ouverture de l'ordre judiciaire ou de l'instance en attribution de prix.

L'instance devant le tribunal est réglée par l'article 773 précité, sauf en quelques points, sur lesquels cet article ne s'explique pas.

Ainsi : 1⁰ le jugement par défaut sera-t-il, dans cette instance, susceptible d'opposition? — Oui, dirons-nous, car le recours par voie d'opposition est de droit commun ; il n'existe pas pour les jugements rendus par défaut dans l'ordre judiciaire, parce qu'il est prohibé, en termes exprès par l'article 762 (voir nᵒ 75) ; or ce dernier article n'est pas au nombre de ceux que mentionne l'article 773 ; d'où la conséquence, que c'est le droit commun que nous devons appliquer au cas présent. (Séligman, nᵒ 587. Chauveau, nᵒ 2615, 8ᵉ.)

2⁰ Quel est le délai d'appel ? — Il est de deux mois et non pas de dix jours, dirons-nous encore, conformément au droit commun auquel, sur ce point, l'article 773 n'a apporté aucune dérogation. (Cass., 16 Juillet 1866; S. 66, 1, 428. Nancy, 23 mars 1874 ; S. 75, 2, 262. Chambéry, 19 novembre 1877 ; S. 78, 2, 5. Séligman, nᵒ 588, et la note de M. Pont.)

VENTILATION (PROCÉDURE DE LA).

80. Art. 757. « Lorsqu'il y a lieu à ventilation du prix de plusieurs immeubles vendus collectivement, le juge, sur la réquisition des parties ou d'office, par ordonnance inscrite sur le procès-verbal, nomme un ou trois experts, fixe le jour où il recevra leur serment et le délai dans lequel ils devront déposer leur rapport. — Cette ordonnance est dénoncée aux experts par le poursuivant, la prestation de serment est mentionnée sur le procès-verbal d'ordre auquel est annexé le rapport des experts, qui ne peut être levé ni signifié. — En établissant l'état de collocation provisoire, le juge prononce sur la ventilation. »

Observations. — La ventilation, comme nous l'expliquerons plus loin, nᵒˢ 248 et suiv., est l'opération qui consiste à chercher la valeur de chacun des immeubles compris dans une même adjudication faite en bloc et pour un seul et même prix, lorsque ces immeubles sont grevés d'hypothèques particulières et séparées.

Elle peut être prescrite dans trois hypothèses différentes : 1° d'office par le juge avant la rédaction du règlement provisoire ; 2° sur la provocation d'un créancier dans l'acte de produit ou par un dire spécial avant le règlement provisoire; 3° à la requête d'un créancier par voie de contredit après le règlement provisoire. (Grosse et Rameau, n°° 377, 378. Chauveau, n° 2567, 2° et 4°. Séligman, n°° 346 et 350, ainsi que la note de M. Pont.)

Il est à remarquer que l'article précité ne concerne que les deux premières hypothèses, celle où il s'agit d'une ventilation prescrite ou requise avant le règlement provisoire.

Mais il ne s'applique pas au cas où elle serait requise seulement après la dénonciation du règlement provisoire et par voie de contredit consigné au procès-verbal, car alors le juge ne peut plus modifier l'état de collocation ; il renvoie les parties à l'audience, et la ventilation est ordonnée, s'il y a lieu, par le tribunal. (Cir. minist. du 2 mai 1859, n° 61. *Sic* Séligman, n° 350 et la note de M. Pont.)

Le juge-commissaire peut, d'ailleurs, faire lui-même la ventilation, sans ordonner d'expertise, lorsqu'il a des renseignements suffisants. (Audier, sur l'article 757, n° 19. Chauveau, n° 2567, 4°.)

Comme bien entendu, la décision des experts ou du juge peut être attaquée, par voie de contredit, comme toutes les autres parties du règlement provisoire. (Audier, sur l'article 757, n° 20. Chauveau, n° 2570. Séligman, n° 355 et la note de M. Pont.)

Voir *infrà* le chap. VIII, qui est consacré à la ventilation d'office, n°° 248 à 250. — Voir aussi pour la taxe, n° 444.

SOUS-ORDRE (PROCÉDURE DU).

81. ART. 775. « Tout créancier peut prendre inscription pour conserver les droits de son débiteur, mais le montant de la collocation du débiteur est distribué, comme chose mobilière, entre tous les créanciers inscrits ou opposants avant la clôture de l'ordre. »

Voir le chap. XI, n°s 324 à 341, *infrà*.

CONSIGNATION (PROCÉDURE DE LA).

82. ART. 777. — « L'adjudicataire sur expropriation forcée, qui veut faire prononcer la radiation des inscriptions avant la clôture de l'ordre, doit consigner son prix et les intérêts échus, sans offres réelles préalables. Si l'ordre n'est pas ouvert, il doit en requérir l'ouverture après l'expiration du délai fixé par l'article 750. Il dépose à l'appui de sa réquisition le récépissé de la caisse des consignations, et déclare qu'il entend faire prononcer la validité de la consignation et la radiation des inscriptions. — Dans les huit jours qui suivent l'expiration du délai pour produire fixé par l'article 754, il fait sommation, par acte d'avoué à avoué, et par exploit à la partie saisie, si elle n'a pas avoué constitué, de prendre communication de sa déclaration et de la contester dans les quinze jours, s'il y a lieu. A défaut de contestation dans ce délai, le juge, par ordonnance sur le procès-verbal, déclare la consignation valable et prononce la radiation de toutes les inscriptions existantes, avec maintien de leur effet sur le prix. En cas de contestation, il est statué par le tribunal, sans retard des opérations de l'ordre. »

« Si l'ordre est ouvert, l'adjudicataire, après la consignation, fait sa déclaration sur le procès-verbal par un dire signé de son avoué, en y joignant le récépissé de la caisse des consignations. Il est procédé, comme il est dit ci-dessus, après l'échéance du délai des productions. »

« En cas d'aliénation autre que celle sur expropriation forcée, l'acquéreur qui, après avoir rempli les formalités de la purge, veut obtenir la libération définitive de tous priviléges et hypothèques par la voie de la consignation, opère cette consignation sans offres réelles préalables. A cet effet, il somme le vendeur de lui rapporter dans la quinzaine main-levée des inscriptions existantes, et lui fait connaitre le montant des sommes en capital et intérêts qu'il se propose de consigner. Ce délai expiré, la consignation est réalisée, et, dans les trois jours suivants, l'acquéreur ou adjudicataire requiert l'ouverture de l'ordre, en déposant le récépissé de la caisse des consignations. Il est procédé sur sa réquisition conformément aux dispositions ci-dessus. »

ART. 778. — « Toute contestation relative à la consignation du prix est formée sur le procès-verbal par un dire motivé, à peine de nullité ; le juge renvoie les contestants devant le tribunal. L'audience est poursuivie sur un simple acte d'avoué à avoué, sans autre procédure que des conclusions motivées ; il est procédé ainsi qu'il est dit aux articles 761, 763 et 764. Le prélèvement des frais sur le prix peut être prononcé en faveur de l'adjudicataire ou acquéreur. »

Voir *infrà* le chap. XV, qui est consacré à la consignation, nᵒˢ 404 à 417, et pour la taxe, nᵒˢ 439-440.

FOLLE-ENCHÈRE (PROCÉDURE DE L'ORDRE PAR SUITE DE).

83. ART. 779. — « L'adjudication sur folle-enchère intervenant dans le cours de l'ordre et même après le règlement définitif et la délivrance des bordereaux, ne donne pas lieu à une nouvelle procédure. Le juge modifie l'état de collocation suivant les résultats de l'adjudication et rend les bordereaux exécutoires contre le nouvel adjudicataire. »

Voir le chapitre 16, n°ˢ 418 à 424 ; et pour la taxe, le n° 445.

DÉCHÉANCE DE L'AVOUÉ POURSUIVANT
(PROCÉDURE AU CAS DE),

84. ART. 776. — « En cas d'inobservation des formalités et délais prescrits par les articles 753, 755 § 2 et 769, l'avoué poursuivant est déchu de la poursuite sans sommation ni jugement. Le juge pourvoit à son remplacement d'office ou sur la réquisition d'une partie, par ordonnance inscrite sur le procès-verbal ; cette ordonnance n'est susceptible d'aucun recours. — Il en est de même à l'égard de l'avoué commis qui n'a pas rempli les obligations à lui imposées par les articles 758 et 761. — L'avoué déchu de la poursuite est tenu de remettre immédiatement les pièces sur le récépissé de l'avoué qui le remplace, et n'est payé de ses frais qu'après la clôture de l'ordre. »

OBSERVATION. — L'avoué désigné pour remplacer son confrère ne pourra refuser la mission de poursuivant ; autrement la disposition de l'article précité serait aisément paralysée par la coalition des avoués du siège. (Rapport de la commission du Corps législatif. Sic, Séligman, n° 634 ; Chauveau, n° 2618, 9°.)

L'article 776 est limitatif (Séligman, n° 629 ; Chauveau, n° 2618). — Les seuls cas de déchéance sont donc :

En ce qui concerne l'avoué poursuivant,

1° La négligence à signifier aux créanciers, dans les huit jours de l'ouverture de l'ordre, la sommation de produire, et à dénoncer à l'adjudicataire, dans le même délai, l'ouverture de l'ordre (art. 753).

2° La négligence à remettre au juge, l'original de la sommation, dans les huit jours de sa signification (art. 753).

3° Le défaut de dénonciation du règlement provisoire dans les dix jours de la confection de ce règlement (art. 755, § 2).

4° Le retard dans le dépôt, au bureau du conservateur des hypothèques, de l'extrait de l'ordonnance de radiation (art. 769).

En ce qui concerne l'avoué commis,

La négligence à donner avenir aux parties contestantes et contestées, et à suivre l'audience (art. 758 et 761).

L'ordonnance du juge ne doit pas être signifiée. C'est le greffier qui doit faire connaître officieusement l'ordonnance à l'avoué déchu et à celui qui a été commis pour le remplacer (Séligman, n° 631 ; *Contrà*, Chauveau, n° 2618, 7°.)

VOIES DE RECOURS.

85. — La règle générale pour les voies de recours en matière d'ordre, c'est que toute ordonnance du juge doit être déférée au Tribunal, par voie d'opposition, et non pas à la cour, par voie d'appel.

La doctrine et la jurisprudence sont maintenant unanimes sur ce point. (Voir note de Dalloz, sur un arrêt d'Angers du 19 août 1875. — D., 76, 2, 185.)

Il a été jugé en ce sens : que l'ordonnance d'un juge-commissaire, qui refuse d'ouvrir un ordre à raison de l'insuffisance des états d'inscriptions produits, ne peut être attaquée directement devant la cour par la voie de l'appel (arrêt précité).

Il y a exception à cette règle, en ce qui concerne l'ordonnance du président, chargé de désigner le juge aux ordres (voir n° 19). Cette ordonnance, dans le cas où le président refuserait de nommer un juge-commissaire, devrait être déférée à la Cour. (Séligman, n° 127 ; Bordeaux, 14 août 1845 ; S., 47, 2, 223, et Dalloz, v° Ordre, n° 111, 1°.) La différence dans les deux cas, provient de ce que, dans le dernier, le président tient son pouvoir directement de la loi, tandis que, dans le premier, le juge agit comme simple délégué du tribunal. (Dalloz, 76,

2, 185, précité. Voir aussi, en ce sens, un article de M. Martin de Neufville, vice-président du Trib. d'Alençon, dans la *France Judiciaire*, année 1876-77, 1ʳᵉ partie, p. 155.)

86. Opposition a l'ordonnance de clôture. — La règle que nous venons de rappeler est appliquée par la loi elle-même, au recours formé contre le règlement définitif d'un ordre judiciaire.

Ce recours a lieu par voie d'opposition à l'ordonnance de clôture. .

« En cas d'opposition à cette ordonnance, dit l'article 767 du Code de procédure, par un créancier, par l'adjudicataire ou la partie saisie, cette opposition est formée, à peine de nullité, dans la huitaine de la dénonciation, et portée dans la huitaine suivante à l'audience du tribunal, même en vacation, par un simple acte d'avoué contenant moyens et conclusions ; et, à l'égard de la partie saisie n'ayant pas d'avoué en cause, par exploit d'ajournement à huit jours. La cause est instruite et jugée conformément aux articles 761, 762 et 764, même en ce qui concerne l'appel du jugement. »

Il nous paraît utile d'entrer, à ce sujet, dans quelques explications.

Il y a lieu à opposition, lorsque l'ordonnance de clôture, par erreur ou par excès de pouvoir, ne se trouve pas entièrement conforme à l'état provisoire non contesté, et qu'elle applique ou interprète mal le jugement ou arrêt qui a statué sur les contredits. (Rapport de la commission du Corps législatif.)

L'opposition doit être formée, à peine de nullité, dans la huitaine de la dénonciation du règlement définitif, de telle sorte que l'expiration de ce délai sans opposition emporte déchéance, et que l'ordonnance de clôture est réputée à l'abri de tout reproche. (Chauveau, nᵒ 2604 ; Audier, sur l'art. 767, nᵒ 20.)

Elle est faite par acte d'avoué à avoué contenant avenir à l'audience et les moyens et conclusions de l'opposant. (Séligman, n° 505.)

C'est là le mode qui nous paraît le plus conforme aux prescriptions de l'article 767.

Suivant une autre opinion, l'opposition devrait être faite au greffe par un dire consigné sur le procès-verbal (circ. min., 2 mai 1859, n° 9); puis, dans la huitaine de cette opposition, l'opposant signifierait, par acte d'avoué à avoué, ses moyens et conclusions. (Grosse et Rameau, n° 451 ; Chauveau, n° 2599, 3°).

Elle doit être dénoncée à tous les avoués des créanciers qui figurent dans l'ordre, et même à l'avoué de l'adjudicataire. (Séligman, n° 509, 513.)

Quant au débiteur discuté, elle lui est signifiée par exploit d'ajournement s'il n'a pas d'avoué en cause, sauf l'augmentation à raison des distances (1 jour par 5 myriamètres). Cet acte doit, du reste, contenir les formalités ordinaires de l'article 61 du Code de procédure et les moyens et conclusions. (Audier, sur l'art. 767, n° 43 ; Grosse et Rameau, n° 451 ; Chauveau, n° 2601.)

Le jugement est rendu sur rapport du juge et conclusions du ministère public. — Il est signifié à avoué seulement. (Mêmes autorités.)

L'appel a lieu dans les formes et délais prescrits par les articles 762 et 764 du Code de procédure. (Mêmes autorités.)

Question. — A qui appartient le droit de faire exécuter l'ordre après opposition à l'ordonnance de clôture ?

Pour répondre à cette question, il faut remarquer, avant tout, que, par suite de la clôture de l'ordre, le juge se trouve complètement dessaisi de l'ordre : *latâ sententiâ, desinit esse judex.* C'est le tribunal qui a maintenant pleine juridiction, et à qui il appartient, en statuant sur l'opposition, de prendre les mesures propres à assurer l'exécution de sa sentence.

L'opposition sera-t-elle déclarée mal fondée, le jugement déclarera simplement que le règlement définitif est maintenu en son entier et sera exécuté suivant sa forme et teneur. Et alors l'expédition des bordereaux pourra être faite onze jours après la signification du jugement sans appel, et, en cas d'appel, aussitôt après la signification de l'arrêt.

Au contraire, la rectification du règlement définitif est-elle ordonnée ? le tribunal, croyons-nous, ne pourrait pas facilement, si ce n'est dans quelques cas spéciaux qu'il appréciera, se charger lui-même de l'opérer.

Il commettra plutôt l'un de ses membres pour refaire le règlement conformément aux bases nouvelles qui seront fixées par le jugement. Il sera libre de désigner le précédent juge-commissaire, s'il ne s'agit que d'une rectification peu considérable. Mais, à coup sûr, il devra en désigner un autre, si le remaniement du règlement est nécessité par l'impéritie ou par une négligence blâmable de celui qui en avait été chargé. (Comparer les solutions proposées par MM. Séligman, Pont, n° 525 et note ; Chauveau, n° 2607 ; Grosse et Rameau, n° 457.)

87. ORDRE AMIABLE. — Quelles sont les voies de recours contre un règlement amiable ?

Nous trouvons la réponse à cette question dans une note du recueil périodique de Dalloz sur un arrêt de Douai, du 12 août 1869. (D., 72, 2, 31.) « Le règlement amiable, dit l'arrêtiste, n'est susceptible ni d'opposition, ni d'appel. La voie de l'opposition n'est pas ouverte, parce que l'opposition n'est recevable que de la part de celui qui est resté étranger à l'acte attaqué, et que le règlement amiable implique la présence et l'adhésion de tous les intéressés ; l'appel n'est pas davantage admis, parce qu'il ne peut être interjeté que contre des jugements ou arrêts, et le règlement amiable n'est qu'une convention privée. Mais le règlement d'ordre dont il s'agit est soumis à toutes les actions en nullité ou en rescision établies par le droit commun, et, par conséquent, il peut être attaqué par action principale, pour violence, dol, fraude ou erreur, ces vices du consentement devant nécessairement faire tomber un accord qui repose sur le consentement lui-même. » (D., 72, 2, 31.)

C'est donc par voie de demande en nullité ou en rescision, c'est-à-dire par action principale, que le règlement amiable doit être attaqué. Cette demande est déférée au tribunal.

Il a été jugé, en ce sens, que le règlement amiable peut être rectifié par le tribunal pour cause d'erreur matérielle, notamment pour cause d'interversion de rang résultant des inscriptions de deux créanciers, alors qu'il est reconnu qu'aucun consentement n'a été donné à cette interversion. (Trib. Seine, 16 février 1861. D., 61, 3, 87. — *Sic*, Cass., 12 novemb. 1872. S., 73, 1, 161.)

On se demande parfois si le juge-commissaire ne pourrait pas, par une ordonnance postérieure rendue sur la demande des intéressés, rectifier lui-même les erreurs qui se seraient glissées dans le règlement primitif.

Nous ne pensons pas qu'il ait ce droit. D'une part, il n'est plus compétent ; son pouvoir a cessé avec le règlement lui-même. D'autre part, ce règlement, du moment où il a été clos et signé, est devenu la loi des parties et a acquis l'autorité de la chose jugée ; il ne pourrait être modifié que par les voies légales, que nous venons d'indiquer. (Voir toutefois Boulanger, Traité des radiations, t. 2, n⁰ˢ 770 et 777.)

87 *bis*. CRÉANCIER OMIS. — Quel recours peut avoir le créancier omis dans le règlement de l'ordre ?

Il a été jugé que, lorsqu'un créancier a été omis dans le règlement d'un ordre où il aurait pu produire utilement, il a une action en rapport contre les derniers créanciers colloqués, qui doivent restituer le montant de leurs collocations jusqu'à concurrence du paiement intégral de sa créance. (Aix, 21 juillet 1874. — D., 76, 2, 10 et la note. — Voir, en ce sens, un article de M. Martin de Neufville, dans la *France Judiciaire*, année 1876, 1877. 1re partie, p. 155 et suiv. — En sens contraire, Séligman, n° 165.)

87 *ter.* — ACQUÉREUR NON RESTITUABLE CONTRE UN RÈGLEMENT AMIABLE. — Il a été jugé que l'acquéreur d'un immeuble qui, après avoir payé sur son prix une somme due au créancier premier inscrit, a négligé de mentionner ce paiement dans les notifications aux créanciers et d'en réclamer le remboursement dans l'ordre amiable où il a produit et a été colloqué pour ses frais de transcription et de notification, n'en peut ultérieurement obtenir la restitution au préjudice des créanciers utilement et régulièrement colloqués dans l'ordre. (Cass., 9 avril 1878. — D., 78, 1, 372 ; S., 78, 1, 319.) — Cet arrêt se fonde surtout sur cette considération de fait que le demandeur ne pouvait être restitué contre les suites de sa propre négligence.

(Voir, dans la *France Judiciaire*, année 1877-78 ; 2e partie, p. 463, à propos de l'arrêt précité, qui s'y trouve rapporté, une note de l'arrêtiste concernant le caractère et les effets d'un règlement d'ordre.)

CHAPITRE II.

Dossier d'ordre. — Méthode
de classement.

88. — Nous venons de parcourir les diverses phases de la procédure de l'ordre.

Nous devons maintenant aborder la pratique, et nous mettre en présence d'un dossier d'ordre, comprenant le dossier de poursuite et les divers dossiers de productions.

« La matière des hypothèques et la procédure d'ordre qui en est la mise en œuvre, disait M. Delangle dans son rapport au Sénat, sont au nombre des plus compliquées et des plus difficiles qu'offrent nos lois civiles. Pour s'y mouvoir avec rapidité et certitude, il est nécessaire de joindre à une science vraie des idées d'application que donnent seules l'habitude et l'expérience. »

« Ce n'est pas chose facile, disent aussi MM. Grosse et Rameau, dans leur traité de la procédure d'ordre, ce n'est pas chose facile même pour un homme versé dans la connaissance du droit civil et dans la pratique des choses judiciaires, que de composer ce que l'on appelle un état de collocation, à l'aide de tous les éléments épars dans les divers actes de produits ou dossiers de production. » (Grosse et Rameau, n° 354, *in fine*.)

Pour reçonnaître combien cette proposition est vraie,

il suffit, en effet, d'avoir à compulser un dossier d'ordre.

La première question qui se présente à l'esprit du juge-commissaire, c'est de savoir comment il procèdera ; sa préoccupation constante doit être d'établir le règlement de l'ordre avec la plus grande clarté possible et de telle sorte que chaque créancier reconnaisse facilement sur quel prix, à quel rang et pour quelles sommes il est colloqué ; c'est là une condition essentielle dans tout règlement, provisoire ou définitif, amiable ou judiciaire.

Dans leur traité de la procédure d'ordre, que nous venons de citer, MM. Grosse et Rameau indiquent avec beaucoup de précision quelle est la méthode à employer pour arriver à ce résultat. Nous allons leur emprunter sur ce sujet quelques passages que nous modifierons toutefois en plusieurs points, pour les adapter à l'ordre des matières qui feront l'objet des chapitres suivants.

« Le travail du juge-commissaire, disent MM. Grosse et Rameau, comporte généralement les quatre divisions suivantes : 1° tout ce qui concerne les sommes ou prix en distribution ; 2° les questions de privilèges ; 3° les collocations au rang hypothécaire ; 4° les opérations qui accompagnent la clôture de l'ordre.

« A l'occasion de la première division, il examinera avec soin toutes les pièces du dossier, produites par l'adjudicataire ou l'acquéreur. Y a-t-il à déduire des frais? (n° 95 *infrà*).— Quel est le point de départ des intérêts? (n°ˢ 98 à 107). — Les prix en distributions proviennent-ils d'immeubles fractionnés et ayant des origines différentes ; auquel cas, il serait peut-être nécessaire de procéder à une ventilation et d'établir des catégories différentes pour les collocations à faire ultérieurement? (n°ˢ 248 à 250.) — Voilà, entre autres, des questions qui se présenteront de prime-abord à son esprit.

« Cette première assise de son travail une fois posée, il faut qu'il lise attentivement chacune des requêtes de production, et surtout chacun des titres produits à l'appui. Puis, il formera deux parts des productions, celles auxquelles il reconnaîtra un caractère privilégié et celles qui ne l'auront pas. — Parmi les premières, figure en première ligne le dossier du poursuivant, pour raison des frais de poursuite d'ordre (n° 115), qui sont prélevés sur chacun des prix à distribuer au marc le franc de son importance (n° 116 à 121) ; puis les prélèvements à opérer, par chaque adjudicataire ou acquéreur, sur son prix, spécialement pour les frais de notification aux créanciers inscrits (n° 122 et suiv.), ou pour les frais de consignation (n° 130 à 132); enfin, les privilèges de l'article 2101, qui sont prélevés sur chacun des prix à distribuer, au marc le franc de son importance (n° 134 à 145); les privilèges du Trésor public, qui s'exercent dans des conditions particulières (n° 146 à 151) ; et les privilèges de l'article 2103, s'exerçant sur les immeubles spéciaux qui s'y trouvent soumis (n° 152 à 187).

« La troisième partie de son travail est ordinairement la plus longue. Elle comporte l'examen de chaque titre à un double point de vue ; d'abord, comme s'il était seul en face de la partie saisie, pour la régularité et la validité du titre en-lui-même : titre, caractère authentique, questions de prescription et de péremption, quotité de la créance due, intérêts ou arrérages arriérés, frais accessoires ; et ensuite, par rapport aux autres créanciers, pour la nature et l'étendue du droit de l'hypothèque conférée ; la date de l'inscription ou des renouvellements, ainsi que la régularité des bordereaux qui les constatent; enfin, les questions de solidarité et de subrogation dans l'effet des hypothèques légales ou hypothèques générales (chap. 5 et suiv. *infrà*) ; — toutes questions pour la solution desquelles il y aura, d'ailleurs, lieu de rechercher si l'ordre est ouvert sur le prix d'immeubles appartenant à un débiteur ordinaire (chap. 5 et suiv. *infrà*), ou provenant, soit d'une succession bénéficiaire ou vacante (chap. 12 *infrà*), soit d'une faillite (chap. 13 *infrà*).

« Après avoir classé à son rang chaque créancier hypothécaire, jusqu'à ce ce qu'il ait statué sur toutes les demandes en collocation (n° 58 *in fine*), le juge arrive, quand il s'agit d'un règlement définitif (après règlement provisoire non contesté, n° 63-64), à la quatrième partie de son travail qui est la plus minutieuse, celle par laquelle il prononce la clôture de l'ordre (n° 382 et suiv.) et qui comprend le calcul des intérêts (n° 386) ; la liquidation des frais (n° 387) ; la délivrance des bordereaux (n° 392 et suiv.); les mesures propres à assurer le paiement des collocations (n° 398 et suiv.) etc., etc. » — (Voir Grosse et Rameau, ouvrage précité, n° 355.)

Nous allons, dans les chapitres suivants, reprendre successivement chacun de ces points, en nous occupant d'abord de la somme à distribuer, puis des collocations à faire dans les divers cas qui peuvent se présenter.

CHAPITRE III.

Somme à distribuer.

89. — Dans un ordre, la somme à distribuer est toujours un prix d'immeubles.

Le prix est la somme que le nouveau propriétaire doit pour l'immeuble par lui acquis, ce qui doit s'entendre dans un sens général et n'être pas restreint au seul cas de la vente. Ainsi la somme offerte par un donataire, dans ses notifications aux créanciers inscrits, constitue également le prix. (Houyvet, traité de l'ordre, n° 63.)

Au contraire l'indemnité due par une compagnie d'assurances ne représente pas le prix de l'immeuble incendié ; elle ne constitue qu'une simple créance, et ne peut, par conséquent, faire l'objet d'un ordre ; elle se répartit, comme valeur purement mobilière, au marc le franc entre tous les créanciers tant hypothécaires que chirographaires. (Pont, n° 698 ; Aubry-Rau, t. 3, p. 407 et 490. Cass., 20 décembre 1859 ; D., 60, 1, 68 ; Cass., 26 janvier 1875 ; D., 75, 1, 53 ; Cass., 12 mars 1877 ; D., 77, 1, 97.)

Il en est de même des sommes allouées par jugement au débiteur exproprié, à titre de réparations et de dommages-intérêts pour le préjudice que lui a causé l'adjudicataire, à raison de manœuvres entachées de fraude et d'entraves à la liberté des enchères ; car « on ne peut pas dire que ces sommes constituent une partie du prix et représentent pour autant l'immeuble. » (Aubry-Rau , t. 3, p. 407. *Sic*, Cass., 22 août 1842 ; S., 42, 1, 820 ; D., 42, 1, 393.)

90. — DE QUELS ÉLÉMENTS SE COMPOSE LA SOMME A DISTRIBUER. — La somme à distribuer se compose : 1° du prix principal ; 2° des intérêts ; 3° quelquefois des fruits immobilisés.

§ 1ᵉʳ. *Prix principal.*

9. — Le prix principal est fixé :

Soit par la notification du contrat, en cas d'aliénation volontaire, qui n'a pas été suivie de surenchère ;

Soit, en cas d'expropriation forcée, par l'adjudication non suivie de surenchère ;

Soit, lorsqu'il y a surenchère ou folle-enchère, par l'adjudication définitive ;

Soit, enfin par la consignation bien et dûment validée.

92. I. ALIÉNATION VOLONTAIRE. — Lorsqu'il y a eu aliénation volontaire, sans surenchère, le prix principal est fourni par la notification du contrat faite en conformité de l'article 2183 Code civil ; car c'est la notification qui fixe le prix dont l'acquéreur se reconnaît débiteur (n° 11, *suprà*.)

Le juge lira avec soin les conditions de prix et autres insérées dans le contrat lui-même ; mais il devra prendre le prix tel qu'il est indiqué dans la notification.

Il a, en effet, été jugé :

Que l'acquéreur d'un immeuble, qui a fait aux créanciers inscrits les notifications prescrites par les articles 2183 et suivants du Code civil, se trouve, par l'effet de ces notifications non suivies de surenchère, personnellement et irrévocablement obligé envers les créanciers privilégiés ou hypothécaires, au paiement du prix qu'il a déclaré être prêt à acquitter conformément à la prescrip-

tion de l'article 2184. (Cass., 9 avril 1878 ; D., 78, 1, 372 ;
Cass., 4 février 1857 ; D., 57, 1, 83 ; Paris, 8 décembre
1874 ; D., 76, 2, 219 ; Aubry-Rau, § 294, notes 34 à 38.
Pont, n°° 1187 et 1320.)

MM. Aubry et Rau sont même d'avis que, si, l'acquéreur avait indiqué dans la notification un prix supérieur
au prix stipulé, il serait tenu envers les créanciers pour
la totalité de la somme par lui offerte, sans pouvoir se
libérer au moyen de la somme portée au contrat. (Aubry-
Rau, t. 3, p. 517, note 27.)

Nota. — L'arrêt de cassation précité du 9 avril 1878,
contient deux décisions également importantes au point
de vue de la situation de l'acquéreur dans le règlement
de l'ordre. Il en résulte :

1° Que l'acquéreur qui notifie son contrat aux créanciers inscrits et leur fait offre d'une somme déterminée
se trouve personnellement lié par ces offres non suivies
de surenchère. (C'est ce qui vient d'être dit.)

2° Que, dès lors, si cet acquéreur paie à l'un des créanciers une partie de sa créance non indiquée dans le
tableau de notification, et si néanmoins il laisse mettre
en distribution la totalité de son prix sans produire à
raison du paiement qu'il a fait, et s'il laisse clore l'ordre
amiable, il se rend irrecevable à demander, lors de
l'acquittement des bordereaux, le prélèvement sur son
prix de la somme payée au créancier remboursé, et le
retranchement d'une somme égale sur celle que doit
recevoir le dernier créancier colloqué. (Voir sur cet
arrêt, la *France judiciaire* II, 1, p. 233. Voir aussi ci-
dessus, n°° 87 ter.)

93. — II. Adjudication par suite d'expropriation
forcée, de surenchère ou de folle-enchère. — Lorsqu'il y a eu adjudication par suite d'expropriation, de
surenchère ou de folle-enchère, le prix principal est
constaté par le jugement même d'adjudication ; c'est là
que le juge doit le prendre.

9.2. — III. CONSIGNATION. — Lorsqu'il y a eu consignation du prix, la somme consignée forme le prix principal à distribuer. Elle est indiquée par le récépissé ou par le certificat de versement délivré par le préposé de la caisse des consignations, qui a reçu le dépôt. (Voir le chapitre 15, n°° 404 et suiv.)

§ 2. *Frais à déduire.*

9S. — Souvent il y a des frais à déduire du prix principal, lorsque, par exemple, il a été stipulé par le cahier des charges que les frais de poursuite de vente ou de saisie viendraient en diminution du prix.

On trouve le montant de ces frais dans la quittance des avoués, mise à la suite de la grosse du jugement.

Dans le cas d'adjudication, soit forcée (art. 703 et suiv. procéd. civ.), soit volontaire (art. 904, 953 et suiv. du même code), les frais à déduire sont ceux de poursuite de saisie ou de vente, annoncés publiquement avant l'adjudication et relatés dans le jugement d'adjudication (art. 711 procéd.) et auxquels il faut ajouter la remise proportionnelle. Mais on ne doit pas y comprendre les frais d'enregistrement, de transcription et de signification du jugement d'adjudication, qui restent à la charge de l'adjudicataire.

Dans le cas de surenchère après adjudication forcée ou après adjudication volontaire, les frais à déduire sont ceux de la première adjudication ; car les frais faits sur la surenchère viennent ordinairement en augmentation du prix et restent à la charge de l'adjudicataire définitif.

Il a été jugé que, dans le cas de surenchère après aliénation volontaire, l'adjudicataire est tenu personnellement et en sus de son prix, de rembourser à l'acquéreur dépossédé, 1° les frais et loyaux coûts du contrat ; 2° les frais de transcription et de notification ; 3° les frais que ledit acquéreur dépossédé aurait faits pour parvenir à la revente (art. 2188 C. civ.) ; qu'on ne doit donc pas porter ces frais en diminution du prix. (Paris, 17 avril 1874 ; D., 76, 2, 11. Aubry-Rau, t. 3, p. 537. Pont, n° 1396; Chauveau, 2616 bis. Voir aussi la note de Dalloz, sur un jugement du tribunal d'Alençon ; D., 75, 3, 79.)

Les créanciers hypothécaires ont le droit de contester dans l'ordre ouvert après une vente judiciaire d'immeubles, le montant des frais taxés que l'adjudicataire a payés en diminution de son prix. Cette critique se fait par voie de contredit; elle n'est pas soumise aux délais du deuxième décret de 1807. (Chauveau, 2572 bis.)

§ 3. *Intérêts.*

96. — Les intérêts du prix principal sont de plein droit délégués aux créanciers inscrits, par la puissance du principal sur l'accessoire. Et il a été jugé qu'ils doivent être attribués aux créanciers inscrits de préférence aux créanciers chirographaires, nonobstant la saisie-arrêt que ceux-ci auraient pu faire entre les mains de l'acquéreur. (Cass., 15 février 1847 ; D., 47, 1, 136; S., 47, 1, 511. Aubry-Rau, t. 3, p. 521.) Sauf toutefois une restriction importante que nous expliquerons en parlant du point de départ des intérêts, n° 98, *infrà.*

Les intérêts à comprendre dans la masse à distribuer sont ceux du principal, soit pris en son entier, s'il n'y a point de déduction à opérer, soit, dans le cas contraire, diminué des frais de poursuite de vente ou autres, comme nous venons de l'expliquer (n° 95).

97. TAUX. — Les intérêts doivent être calculés au taux qui a été stipulé par les parties et qui se trouve indiqué dans le cahier des charges de l'adjudication ou dans le contrat.

A défaut d'indication spéciale, ils seront calculés au taux de cinq pour cent, sauf ce qui sera dit plus loin pour le cas de consignation (*infrà,* n° 107).

POINT DE DÉPART DES INTÉRÊTS.

98. — Le point de départ des intérêts varie suivant qu'il s'agit : 1° d'une aliénation volontaire; 2° d'une adjudication par suite d'expropriation, de surenchère ou de folle-enchère; 3° d'une consignation

99. I. ALIÉNATION VOLONTAIRE. — En principe, l'acquéreur ne doit compte aux créanciers hypothécaires que des intérêts courus depuis le jour même, soit de la sommation de payer ou délaisser, si elle lui a été signifiée, article 2176, C. civ. (Cass., 9 août 1859. S. 59, 1, 785. D. 59, 1, 346. Cass., 23 juin 1862. D. 63, 1, 243. Aubry-Rau, t. 3, p. 450); soit de la notification du contrat qu'il a faite conformément à l'article 2183 du Code civil. (Aubry-Rau, t. 3, p. 521, texte et note 42. Cass., 1er mars 1870. S. 70, 1, 193.)

Les intérêts antérieurs, s'il en est encore dû par l'acquéreur, devraient être distribués, au marc le franc, à la masse des créanciers, tant hypothécaires que chirographaires. (Cass., 23 juin 1862, D. 63, 1, 243. Cass. 25 février 1863. S. 63, 1, 65 et 205. Aubry-Rau, t. 3, p. 450, texte et note 54, et p. 521, note 42.)

« Mais, disent MM. Aubry et Rau, en l'absence de toute opposition de la part des créanciers chirographaires, à ce que les intérêts qui ont couru depuis le jour de la vente jusqu'à celui de la notification (ou de la sommation de payer ou délaisser), soient distribués avec le prix de l'immeuble par ordre d'hypothèques, l'acquéreur qui en serait encore débiteur, et le vendeur n'auraient, de leur côté, aucun intérêt légitime à s'y opposer. C'est ainsi que les choses se passent d'ordinaire dans la pratique, lorsque la purge a lieu peu de temps après l'acquisition. » (Aubry-Rau, t. 3, p. 521, note 42.)

En conséquence, nous ferons la distinction suivante :

100. — Les intérêts ne devront être calculés qu'à partir des sommations de payer ou délaisser, ou des notifications, lorsque les circonstances feront connaître qu'il existe des créanciers ayant droit aux intérêts antérieurs. Il en sera ainsi, notamment lorsque l'immeuble dont le prix est en distribution, dépend d'une faillite ou d'une succession bénéficiaire ; car les créanciers mentionnés dans le procès-verbal de vérification des créances ou dans l'inventaire, doivent être de droit présumés opposants à toute distribution de deniers, qui serait faite à leur préjudice. (Dalloz, *Jurisprudence générale*, vᵒ Distribution nᵒ 327.) Voir nᵒ 358 *infrà*.

Il en sera de même, à plus forte raison, lorsque l'opposition aura été nettement formulée sur le procès-verbal d'ordre, ou signifiée par acte extra-judiciaire à l'acquéreur.

101. — Au contraire, lorsqu'il n'y aura point d'opposants, les intérêts devront être calculés à partir de la date stipulée dans le contrat pourvu que l'acquéreur en soit encore débiteur.

Il a été jugé : 1ᵒ que l'acquéreur a le droit de faire retrancher de la somme mise en distribution, les intérêts courus jusqu'aux notifications, lorsqu'il justifie qu'il n'en est point débiteur envers son vendeur, parce qu'il les a payés ou à raison des stipulations. (Cass., 9 août 1859. D. 59, 1, 346.)

2ᵒ Que les intérêts du prix courus depuis l'aliénation ne sont pas compris dans les charges, qui, aux termes de l'article 2183 C. civ. augmentent et complètent ce prix sur lequel s'établit la surenchère, qu'ils appartiennent au vendeur, et que l'acquéreur ne peut se dispenser de lui en verser le montant s'il l'exige. (Jugement du Tribunal de Tours, du 9 novembre 1876, rapporté dans la *France judiciaire*, 1, 2, p. 159, avec une note résumant la jurisprudence.)

3ᵒ Enfin, que le point de départ des intérêts doit être

fixé à la date de la notification, lors même qu'il a été stipulé que le prix de vente ne serait pas productif d'intérêts, avant une époque déterminée, qui n'est pas encore arrivée ; car la notification a eu précisément pour effet de faire courir les intérêts. (Cass., 23 déc. 1806 ; Armand Dalloz, t. 11, v° surenchère p. 774. Montpellier, 13 mai 1841, S. 41, 2, 447. Pont, n° 1337. Aubry-Rau. t. 3, p. 521, texte et note 43.)

102. PRESCRIPTION. — L'acquéreur pourrait-il opposer la prescription quinquennale en ce qui concerne les intérêts de son prix (article 2277 C. civ.)?

Oui ; car les intérêts d'un prix de vente se prescrivent par cinq ans, qu'ils soient dus par suite d'une convention spéciale ou en vertu de la loi, et que la vente ait ou non pour objet une chose productive de fruits. (Aubry-Rau, t. 8, p. 435, note 21. — *Sic* Cass., 16 août 1853, S. 55, 1, 575. D. 54, 1, 390. — Voir *infrà* n°° 161 et 162.)

Mais l'acquéreur ne peut se prévaloir de cette prescription que jusqu'aux sommations de payer ou délaisser, ou jusqu'aux notifications, auquel cas il devrait seulement les intérêts des cinq années antérieures à ces actes. — A partir de ces actes, les intérêts du prix de vente cessent d'être soumis à la prescription de cinq ans jusqu'à la clôture de l'ordre.

Il a été jugé : 1° que l'acquéreur ne peut plus opposer la prescription quinquennale des intérêts, soit à partir de la sommation de payer ou délaisser qui lui a été faite, soit à partir de la notification de son contrat d'acquisition. (Cass., 27 avril 1864. D. 64, 1, 433. S. 64, 1, 399. *Sic* Aubry-Rau, t. 8, § 774, p. 439, et t. 3, § 285, p. 424.)

2° Qu'il en est ainsi, encore bien que l'ouverture de l'ordre n'ait été provoquée que plus de cinq ans après la notification du contrat de l'acquéreur. (Grenoble, 30 août 1833. S. 34, 2, 529. D. 34, 2, 3.)

II. — ADJUDICATION PAR SUITE D'EXPROPRIATION, DE SURENCHÈRE OU DE FOLLE-ENCHÈRE.

103. EXPROPRIATION FORCÉE. — Les intérêts sont dus par l'adjudicataire, à partir du jour de l'adjudication, à moins de clauses contraires du cahier des charges auxquelles on devra se conformer.

104. FOLLE-ENCHÈRE. — Il en est de même dans le cas d'adjudication sur folle-enchère.

Il est de jurisprudence que le fol-enchérisseur est tenu du paiement des intérêts du prix courus pendant le temps écoulé entre les deux adjudications. (Cass., 24 juin 1846. D. 46, 1, 257. Alger, 4 novembre 1852. D. 56, 2, 18. Bourges, 25 mars 1872. D. 73, 2, 151.)

Mais quelquefois le cahier des charges de l'adjudication sur folle-enchère porte que l'adjudicataire sera tenu au paiement des intérêts de son prix à partir de la première adjudication, sauf son recours contre le fol-enchérisseur pour en obtenir le remboursement. Une telle clause est licite et fait la loi des parties. (Chauveau, n° 2432, 6°. Cass., 12 novembre 1838. S. 39, 1, 200.)

105. SURENCHÈRE. — Suivant une opinion, l'adjudicataire sur surenchère ne doit, sauf clause contraire insérée au cahier des charges, les intérêts de son prix qu'à dater de l'adjudication prononcée à son profit, et non à partir du contrat d'aliénation primitif. (Aubry-Rau, t. 3, p. 538, texte et note 17. Cass., 14 août 1833. S. 33, 1, 609. D. 33, 1, 311. Paris, 3 août 1844. S. 45, 2, 563. D. 52, 5, 520.)

C'est l'opinion que nous adoptons.

Il en est ainsi, soit qu'il s'agisse d'une surenchère sur adjudication forcée,

Soit qu'il s'agisse d'une surenchère sur vente judiciaire,

Soit enfin qu'il s'agisse d'une surenchère sur aliénation purement volontaire. Il est même à remarquer que, dans ce dernier cas, les intérêts seront toujours dus à partir de l'adjudication sur surenchère, parce que l'acte d'aliénation tient lieu de minute d'enchère (article 837 procéd.), et qu'il n'y a pas de cahier de charges où l'on ait pu établir une clause particulière pour fixer le point de départ des intérêts.

Suivant une autre opinion, l'adjudicataire sur surenchère devrait les intérêts à partir de l'adjudication primitive, sauf son recours contre le premier adjudicataire ou acquéreur. (Paris, 1ᵉʳ juillet 1852. S. 52, 2, 350. D. 52, 2, 235.)

Quid, lorsque c'est le tiers détenteur qui reste adjudicataire définitif.

Il devra d'abord, ainsi que nous venons de le dire, les intérêts à partir de l'adjudication sur surenchère. Mais il devra, en outre, les intérêts dont il serait resté comptable, s'il n'y avait pas eu de surenchère, c'est-à-dire ceux courus depuis l'adjudication primitive, s'il s'agit d'expropriation forcée, et ceux courus, s'il s'agit d'aliénation volontaire, soit à partir de la notification ou de la sommation de payer ou délaisser, soit même à partir du contrat d'aliénation, suivant les distinctions que nous avons faites plus haut, nᵒˢ 99 à 102.

106. Prescription. — Nous avons vu ci-dessus, nº 102, que, dans le cas d'aliénation volontaire, l'adjudicataire ou acquéreur peut opposer la prescription quinquennale. En sera-t-il de même dans le cas d'adjudication forcée, ou à la suite de surenchère ou de folle-enchère ?

Non, la prescription quinquennale ne peut pas être opposée par l'adjudicataire ; car à partir de l'adjudication primitive, dans le cas d'aliénation forcée, et à partir de la notification du contrat, dans le cas d'aliénation volontaire, les intérêts ne peuvent être exigés séparément du prix et autrement que par un état d'ordre, et l'article 2277 ne leur est pas applicable. (Voir n° 14.)

Ni la surenchère, ni la folle-enchère n'ont pu changer cette situation. Dans l'un et l'autre cas, le nouvel adjudicataire se trouve, au regard et dans l'intérêt des créanciers, substitué aux obligations du premier adjudicataire ou acquéreur.

107. — III. CONSIGNATIONS. — Dans le cas de consignation, le taux et le point de départ des intérêts dus par la Caisse des consignations, sont règlementés par une ordonnance du 13 juillet 1816. Aux termes de l'article 14 de cette ordonnance, les intérêts ne doivent être calculés qu'au taux de trois pour cent et ne courent qu'à partir du soixante unième jour qui a suivi la consignation.

De plus, la Caisse des consignations est autorisée à ne compter l'année que pour trois cent soixante jours, et les mois que pour trente jours. Les centimes énoncés dans les sommes productives d'intérêt ne doivent pas être compris dans les calculs. Si la somme, sur laquelle la liquidation d'intérêts a lieu, est de cinquante-un centimes et au-dessus, cette somme est augmentée d'un franc ; si elle est au-dessous de cinquante-un centimes, les centimes sont négligés. (Art. 119 à 122 de l'Instruction générale de la Caisse des consignations.)

On voit combien ce mode s'écarte de celui qui est suivi pour calculer les intérêts dus par les particuliers.

Aussi le calcul des intérêts dus par la Caisse des consignations n'est pas fait par le juge-commissaire. « Les préposés de la Caisse sont obligés de délivrer, avant le règlement définitif des certificats destinés à faire connaître d'une manière exacte la quotité des intérêts dus au jour présumé du paiement du bordereau ». (Instruc. gén., n° 43.) — « Les juges-commissaires doivent s'en tenir rigoureusement aux sommes énoncées en ces certificats, afin d'éviter des rejets de dépenses ou des rectifications que l'omission de ces précautions rend très-fréquents. » (Circul. minis. du 2 janv. 1832.)

Lorsque la date de la clôture de l'ordre sera fixée, le juge-commissaire agira donc prudemment en demandant au préposé de la Caisse des consignations le décompte des intérêts calculés, non pas jusqu'au jour présumé du paiement des bordereaux, comme le dit l'Instruction générale précitée, mais jusqu'à ce jour de clôture inclusivement, comme nous allons le voir.

108. JUSQU'A QUELLE ÉPOQUE LES INTÉRÊTS DOIVENT ÊTRE CALCULÉS DANS L'ORDRE. — Dans le règlement provisoire, les intérêts ne sont portés que pour mémoire. (n° 58.)

Dans le règlement définitif, soit amiable, soit judiciaire, ils doivent être calculés jusqu'au jour de la clôture de l'ordre. En effet, à partir de la clôture de l'ordre, ils cessent à l'égard de la partie saisie (art. 765, procéd.) et sont exclusivement à la charge de l'adjudicataire sur lequel le bordereau est délivré. (Voir *infrà*, n°⁸ 386, 399 et 400.)

109. — Le calcul des intérêts se fait en prenant l'année de 365 jours, et les mois pour le nombre exact de leurs jours, excepté, comme nous venons de le voir, le cas où il s'agit des intérêts dus par la Caisse des consignations. (Voir Cass., 4 janv. 1876. — D., 76, 1, 357. — Angers, 5 fév. 1874 ; D., 76, 2, 212.)

§ 4 — *Fruits immobilisés.*

110. — La somme à distribuer peut comprendre aussi les fruits qui ont été immobilisés à partir de la transcription du procès-verbal de saisie (art . 682, C. procéd.)

C'est ce qui a lieu, lorsque, les immeubles du débiteur ayant été saisis, ses créanciers hypothécaires ont pris, conformément aux articles 681 et 685 du Code de procédure civile, des mesures propres à empêcher qu'il ne perçoive lui-même les fruits de ses immeubles, par exemple, s'ils ont provoqué la nomination d'un séquestre judiciaire, s'ils se sont fait autoriser à procéder à la coupe et à la vente des fruits pendants par branches ou par racines ; ou bien encore, si les immeubles étant loués, ils ont formé entre les mains du fermier ou locataire une opposition au paiement des fermages ou loyers. (Aubry-Rau, t. 3, p. 411.)

Dans tous ces cas qui, du reste, ne se rencontrent pas fréquemment dans les ordres, les sommes perçues par le séquestre ou provenant de la vente des fruits ou des fermages, doivent être distribuées, avec le prix de l'immeuble, entre les créanciers hypothécaires, d'après l'ordre et le rang de leurs hypothèques. (Aubry-Rau, t. 3, p. 411. — Voir Dalloz, v° Ordre, n° 530.)

§. 5. — Formule.

111. — Le règlement d'ordre, en ce qui concerne la somme à distribuer, peut être libellé de la manière suivante :

Somme à distribuer.

La somme à distribuer se compose :

1° De celle de 3,500 fr., prix principal moyennant lequel le sieur........ .. (nom de l'adjudicataire), s'est rendu adjudicataire, suivant jugement de l'audience des criées du tribunal civil de..... ..., en date du 24 juin 1878, intervenu à la suite d'expropriation forcée (ou de surenchère ou de folle-enchère), de divers immeubles situés à........, ayant appartenu à...... (nom de la partie saisie) ; ci .... 3.500 »

Sur quoi il y a lieu de déduire 291 fr., montant des frais payés par ledit adjudicataire en diminution du prix, suivant quittance mise à la suite dudit jugement ; ci. ... . 291 »

Ce qui réduit le prix à....... 3 209 »

2° De celle de 179 fr. 80, pour les intérêts de cette somme à 5 0/0, taux stipulé, depuis ledit jour 24 juin 1878, date de l'adjudication, jusqu'au 7 août 1879, date du présent réglement ; ci...................... 179 80

Total dû par le sieur........... adjudicataire... 3.388 80

3° De celle de 1,225 fr., prix principal moyenant lequel le sieur........., (nom de l'acquéreur), a acquis du sieur........ (nom du vendeur discuté à l'ordre), suivant acte de M°........ notaire à........., en date du 31 mars 1877, tel immeuble situé au territoire de la commune de....; ci. 1.225 »

4° De celle de 21 fr. 65, pour les intérêts de cette somme calculés à 5 0/0, taux stipulé, depuis le 31 mars 1877 jusqu'au 7 août 1879, date du présent réglement ; ci.. 144 15

Total dû par le sieur........., acquéreur.... 1.369 15

Total des prix réunis, en principal et intérêts... 4.757 95

Sur ce total, il convient de déduire encore une somme de... pour frais de radiation des inscriptions afférentes aux créanciers qui seront ci-après colloqués, avec explication que cette somme sera prélevée sur le prix dû par le sieur........ adjudicataire sus-nommé, qui demeurera chargé du soin de faire radier lesdites inscriptions (Voir n°° 388 et 389).. .. Mémoire

Ce qui réduit, en définitive, le prix net à distribuer à la somme de... ....   »   »

Et sur cette dernière somme ainsi déterminée, sont établies les collocations suivantes : 1°° collocation, etc., »

112. AUTRE FORMULE. (SOMME CONSIGNÉE.)

La somme à distribuer se compose :

1° De la somme de 12,625 fr. 30, qui a été versée le......... à la caisse de M. le Trésorier-Payeur général du département de......... préposé à la Caisse des consignations, par le sieur........., comme adjudicataire, suivant jugement de l'audience des criées de ce tribunal, en date du........., de divers immeubles situés à........., qui dépendaient de la succession du sieur..... ...; ladite somme comprenant : celle

de........., montant du prix de l'adjudication, déduction faite
des frais de poursuite de vente, payés par ledit adjudicataire
en diminution de son prix, et celle de......... pour les intérêts par lui dus à partir de l'adjudication, jusqu'au jour de la
consignation ; ci.............................. 12.625 30

2° De la somme de........., pour les intérêts dus
par la Caisse des Consignations à partir du 61° jour
qui a suivi la consignation, c'est-à-dire à partir
du........ jusqu'au........... date du présent réglement; ci...   »   »

Total...........   »   »

Sur laquelle somme totale, sont établies les collocations
suivantes: etc., etc.

CHAPITRE IV.

Collocations privilégiées.

113. — Nous allons brièvement et successivement passer en revue :

Dans une première section, les frais généraux d'ordre.

Dans une deuxième, les privilèges énumérés en l'article 2101 du code civil.

Dans une troisième, les privilèges du Trésor public.

Dans une quatrième, les privilèges du vendeur, de l'échangiste, du co-partageant, de l'architecte et des bailleurs de fonds.

Nous ne nous occuperons que de ces privilèges, parce qu'ils se présentent le plus fréquemment dans les règlements d'ordres.

PREMIÈRE SECTION.

FRAIS GÉNÉRAUX D'ORDRE.

114. — Les frais généraux d'ordre comprennent les frais de poursuite de l'ordre, ceux de notification et ceux de consignation.

(Voir, n° 133, leur classement.)

§ 1er.

118. FRAIS DE POURSUITE D'ORDRE. — Nous colloquons, en vertu des articles 751 et 759 du code de procédure civile,

L'avoué chargé de la poursuite de l'ordre, comme
ayant fait et devant faire l'avance des frais ci-après :

1° Pour les frais de poursuite de l'ordre, suivant état
taxé ; ci..   »

2° Pour les frais de timbre et d'enregistrement du
procès-verbal d'ordre, coût de l'expédition de l'ordonnance de radiation des inscriptions ; coût des bordereaux
(n⁽ˢ 388 et 392) et tous autres droits revenant au greffier;
ci..   »

3° Pour les frais de radiation des inscriptions afférentes aux créanciers qui n'ont pas produit à l'ordre ou
qui ne peuvent être utilement colloqués; ci.......   »

TOTAL.......   »

A quoi, il y a quelquefois lieu d'ajouter :

4° Les frais d'instance sur contredits, dans le cas où
le jugement intervenu dans cette instance aurait autorisé
l'emploi de ces frais en frais privilégiés de poursuite
d'ordre ; ci..   »

5° Une somme de.....pour vacations dues à M⁽ˢ.....
avoués, comme ayant assisté des créanciers, leurs
clients, qui ne doivent pas venir en rang utile dans le
présent règlement, à charge par ledit avoué poursuivant
de leur en tenir compte (Dans certains tribunaux, on
alloue, en effet, dans les ordres amiables, une vacation
aux avoués qui représentent ou même qui assistent les
parties, lorsque celles-ci ne doivent pas être colloquées
utilement; c'est une mesure juste, qui, suivant nous,
devrait être officiellement adoptée et généralisée): ci   »

TOTAL.........   »

Voir le chapitre 17, pour la taxe de ces frais.

116. Observations. — Comme bien entendu, les frais ci-dessus seront laissés en blanc dans le règlement provisoire et n'y seront portés que pour mémoire. Ils ne seront même remplis dans le règlement définitif, qu'après que les actes qu'ils concernent auront été formalisés. (Voir *infrà* n° 384).

117. — L'avoué poursuivant ne doit point faire de production pour les frais de poursuite d'ordre. (Séligman, n° 594.)

118. — Le bordereau des frais de poursuite d'ordre ne doit pas être délivré par le greffier, avant que l'avoué qui poursuit l'ordre, ait fourni les certificats de radiation des inscriptions afférentes aux créanciers non-colloqués. (art. 770 C. procéd.)

119. — Quand tous les priviléges ou hypothèques frappent sur la totalité des immeubles, on peut sans inconvénient comprendre, parmi les frais portés ci-dessus sous le n° 115, 2°, le coût de tous les bordereaux à délivrer.

Dans le cas contraire, le coût de chaque bordereau doit être compris, en augmentation de créance, dans la collocation à laquelle il se réfère. (Voir *infrà* n°° 388 et 389.)

120. — Lorsqu'un ordre a été ouvert pour la distribution du prix de plusieurs immeubles hypothéqués au profit de créanciers différents, les frais généraux de cet ordre doivent être prélevés proportionnellement sur chacun des prix en distribution, et non sur l'un de ces prix seulement. (Lyon, 27 décembre 1858. Journal des avoués 60, 255, cité par Audier, p. 174, n° 36.)

Exemple : L'ordre a été ouvert pour la distribution des prix indiqués dans la formule 1 (n° 111), supposons que les immeubles compris dans l'adjudication du 24 juin 1878, et ceux compris dans la vente du 31 mars 1877 soient grevés de privilèges ou d'hypothèques au profit de créanciers différents, et que les frais généraux de l'ordre se sont élevés à 351 fr. Il s'agit de faire la répartition de ces frais entre chacun des prix.

Nous opérerons conformément à la règle suivante, qui est la règle des partages proportionnels : On additionne les nombres auxquels les parts doivent être proportionnelles. Pour obtenir chaque part, on multiplie le nombre à partager, par le nombre auquel la part cherchée doit être proportionnelle, et on divise le produit par la somme des nombres proportionnels.

Ce qui donnera : Addition, 3.388 fr., 80 + 1.369 fr. 15 = 4.757 fr. 95.

$$1^{re} \text{ part } \frac{3.388,80 \times 351}{4.757,95.} = 250^f. \quad 2^e \text{ part } \frac{1.369,15 \times 351}{4.757,95} = 101^f.$$

Ainsi, la part à prélever sur le prix de l'adjudication du 24 juin 1878 sera de 250 fr. et la part à prélever sur le prix de la vente du 31 mars 1877 sera de 101 fr.

On parviendrait au même résultat par la méthode dite. des proportions, à l'aide de la formule suivante : « La somme des nombres proportionnels est à la somme à partager, comme un nombre proportionnel est à la part (qui est l'inconnue cherchée), correspondante à ce nombre. »

121. QUESTION. — Doit-on allouer les intérêts des frais généraux d'ordre ?

Nous examinerons cette question plus loin, sous le n° 129.

§ 2. — *Frais de notification.*

122. — Il est de jurisprudence que les frais de purge des hypothèques inscrites sont à la charge du vendeur et non de l'acquéreur. (Cass., 22 avril 1856. D., 56, 1, 210 ; S., 56, 1, 849 ; *Sic*, Aubry-Rau, t. III, p. 508.)

En conséquence, nous colloquons, en vertu de l'article 774 du Code de procédure civile,

L'acquéreur ou adjudicataire qui, conformément à l'artiel 2183 du Code civil, a fait notifier son contrat aux créanciers inscrits :

1° Pour les frais de notification, suivant état taxé, (en ce non compris les frais de transcription qui restent à la charge de l'acquéreur. — n° 127 *infrà*); ci. » »

2° Pour les intérêts de ces frais, calculés à 5 0/0 depuis la date du dernier acte de notification (ou mieux à partir de la date de la taxe), jusqu'à la clôture de l'ordre. (Voir n° 129 ci-après); ci .... » »

3° Pour les frais de purge des hypothèques légales (mais seulement dans le cas où par une clause spéciale de l'acte de vente, ces frais auraient été mis à la charge exclusive du vendeur. Voir n° 126 ci-après); ci........ » »

4° Dans ce dernier cas, pour les intérêts de cette dernière somme, à partir de la date du dernier acte de cette purge, jusqu'à la clôture de l'ordre; ci............................... » »

5° Pour les frais de production, à distraire au profit de l'avoué; ci...................... » »

Total........... » »

Voir le chapitre 17, pour la taxe de ces frais.

123. — Il y a quelquefois lieu de comprendre, dans la collocation faite au profit de l'acquéreur ou adjudicataire, d'autres sommes dont celui-ci a pu faire l'avance, et qu'il est en droit de réclamer, savoir :

1° La somme qu'il aurait payée, à la libération du débiteur discuté à l'ordre, pour les impositions arréragées au moment de l'adjudication. (Voir n° 146 ci-après *in fine*); ci........................ » »

2° Les intérêts de cette somme à partir du

jour du paiement jusqu'à la clôture de l'ordre ; ci.. »   »

3° La somme qu'il a payée, en diminution du prix, pour frais de poursuite de vente et de remise proportionnelle (n° 95), lorsque ces frais n'ont pas été déduits du prix à distribuer ; ci.. »   »

4° Les intérêts de cette dernière somme à partir du jour du paiement, jusqu'à la clôture de l'ordre ; ci................................ »   »

TOTAL............ »   »

124. OBSERVATIONS. — Le montant de la collocation des frais de purge ne peut être prélevé que sur le prix afférent aux immeubles qui ont fait l'objet de la purge. Ainsi, dans la formule 1 (n° 111), il ne sera prélevé que sur les 1,369 fr. 15, prix de la vente du 31 mars 1877.

On voit que ce prix aura donc à subir deux prélèvements : celui des frais de purge, dont nous venons de parler, et celui d'une part proportionnelle dans les frais généraux de l'ordre, dont nous nous sommes occupé dans le paragraphe précédent. (Voir 120 et 250.)

125. — Quelquefois la collocation des frais de notification frappe sur des immeubles qui sont grévés de privilèges ou d'hypothèques au profit de créanciers d'origine différente. C'est ce qui arrive notamment lorsque les immeubles, bien que vendus par des actes distincts, ont été compris dans une même notification.

Dans ce cas, il y a lieu de répartir le montant de la collocation proportionnellement entre chaque catégorie d'immeubles, c'est-à-dire entre chaque prix de vente. Cette répartition se fait conformément à la règle rappelée ci-dessus sous le n° 120. Voir aussi 250 *infrà*.

126. FRAIS DE PURGE DES HYPOTHÈQUES LÉGALES.

On admet généralement qu'en l'absence de toute stipulation contraire, l'acquéreur n'a point de privilège pour les frais de purge des hypothèques légales, ces frais étant faits exclusivement dans son intérêt. (Séligman, n° 592 ; Chauveau, 2616, p. 345 ; Clerc, formul. du notariat, édit. 1872, p. 348, n° 263. — Nîmes, 19 août 1841. D. 42, 2, 8?. — Grenoble, 7 janvier 1857. S., 58, 2, 560 ; D., 58, 5, 304.)

127. FRAIS DE TRANSCRIPTION. — De même, les frais de transcription du contrat de vente restent à la charge exclusive de l'acquéreur. (Colmar, 3 août 1849. D., 50, 2, 54 ; Chauveau, 2616, p. 344 ; Clerc, formul. précité p. 347, n° 246.)

128. FRAIS DE SURENCHÈRE DU 10°. — L'adjudicataire d'un immeuble sur surenchère du dixième, qui, conformément à l'article 2188 du Code civil, rembourse au premier adjudicataire les frais et loyaux coûts du contrat, de la transcription et des notifications, est tenu de supporter personnellement ces frais, pour le montant desquels il ne peut demander à être colloqué, ni par préférence, ni au marc le franc, dans l'ordre ouvert sur le prix. Il invoquerait vainement l'article 774 procédure, qui est uniquement applicable au premier adjudicataire. (Paris, 17 décembre 1874. D., 76, 2, 11. — Voir n° 95 ci-dessus.)

§ 3. — *Intérêts des frais privilégiés.*

129. 1° *Frais de notification.* — Dans beaucoup de tribunaux, on n'alloue pas les intérêts des frais de notification.

Nous croyons devoir les allouer, soit à partir de la date du dernier acte de notification, soit à partir de la date de la taxe qui en est faite.

En effet, ces frais viennent en déduction du prix ; l'acquéreur pourrait s'en rembourser en moins-payant, lors même que ces frais ne seraient pas colloqués dans l'ordre. (Dalloz, v° Ordre, 624 et 1131). Il y a donc balance de compte à faire, dès l'instant où il les avance, et comme le prix par lui dû produit des intérêts, ces frais eux-mêmes doivent en produire, sans quoi il y aurait préjudice pour ledit acquéreur.

2° *Frais de Consignation.* — Par application du même principe, nous devrons allouer les intérêts des frais de consignation, dont il va être parlé n° 130 ci-après.

3· *Frais de poursuite d'ordre.* — Toujours par application du même principe, nous devrions allouer pareillement les frais de poursuite d'ordre ; nous ne le faisons pas habituellement, parce que ces frais ne peuvent être définitivement liquidés et taxés qu'au moment de la clôture de l'ordre. Mais il peut se présenter tel cas où il serait de toute équité de les allouer. Par exemple, l'acquéreur peut être peu pressé d'ouvrir l'ordre et un créancier se voit obligé d'agir en son lieu et place, mais son avoué, prévoyant des difficultés qui feront traîner l'ordre en longueur, exige une provision ; nous pensons que le créancier serait au moins fondé à réclamer, dans l'ordre, les intérêts de cette provision, puisqu'il en aurait fait l'avance.

Nous sommes même d'avis qu'il y aurait lieu de généraliser cette mesure et d'allouer, dans tous les ordres, à partir de l'ouverture de l'ordre judiciaire, les intérêts des frais de poursuite de l'ordre, en les calculant sur une somme qui serait fixée par le juge-commissaire dans le règlement provisoire.

§ 4. — *Frais de consignation.*

130. — Nous colloquons, en vertu de l'article 777 du Code de procédure civile,

L'adjudicataire ou acquéreur,

Pour les frais nécessités par la consignation du prix.

Ces frais comprennent :

1° Les frais de la sommation préalable, qui est prescrite par ledit article 777, et la vacation de l'avoué à opérer la consignation ;

2° Les frais de la copie de l'état des inscriptions, dans le cas où cette copie aurait été exigée par la Caisse des consignations ;

3° Le coût du timbre et de l'enregistrement du récépissé délivré par le préposé de la Caisse des consignations;

4° La vacation de l'avoué pour obtenir le visa de la Préfecture ;

5° La vacation de l'avoué pour formuler le dire de consignation sur le procès-verbal d'ordre ;

6° Le droit fixe d'enregistrement perçu sur l'ordonnance qui a validé la consignation. (Nous verrons ci-après n° 132, que les droits proportionnels sur la somme consignée doivent rester à la charge du consignant);

7° Les frais de l'extrait à produire au Conservateur des hypothèques pour faire radier les inscriptions ;

8° Le coût du certificat de radiation des inscriptions ;

9° La vacation de l'avoué pour faire opérer la radiation ;

10° Les frais de production, à distraire au profit de l'avoué.

Voir, pour la taxe de tous ces frais, les n°' 439-440.

131. INTÉRÊTS DE CES FRAIS. — Nous avons vu plus haut, que, suivant nous, il y a lieu de les allouer à partir du dernier acte ou de la taxe. (Voir n° 129, 2°.)

132. OBSERVATION. — Doivent rester à la charge exclusive de l'adjudicataire ou acquéreur consignant, les frais suivants qui sont inhérents à sa libération (art. 1248 du Code civil), savoir :

1° Le coût de la radiation de l'inscription d'office.

2° Les droits proportionnels qui sont perçus sur la somme consignée, lors de l'enregistrement de l'ordonnance validant la consignation. — Quelquefois le rece-

veur d'enregistrement comprend ces droits proportionnels dans la perception faite sur l'ordre, de telle sorte
qu'ils sont payés par le poursuivant : dans ce cas, il faut
avoir soin de les dégager, afin de les faire supporter en définitive par le consignant.

(Voir sur cette question de frais, Cass. 4 avril 1854.
D. 54, 1, 190. Dalloz, Jurisprudence générale, vᵒ ordre,
nᵒ 618. Séligman, nᵒˢ 688 et suiv. Chauveau, 2619-12ᵒ.)

§ 5. — *Classement des frais privilégiés.*

133. — L'ordre d'après lequel nous venons de clas-
ser ces frais (1ᵒ frais de poursuite d'ordre ; 2ᵒ frais de notification ; 3ᵉ frais de consignation), est celui qui est le
plus habituellement suivi.

Mais à supposer qu'il y ait insuffisance de fonds, et
qu'il soit absolument nécessaire d'établir, d'une manière
rigoureusement exacte, le rang de collocation de ces
diverses catégories de frais, nous pensons qu'on devrait
le régler ainsi qu'il suit :

Au premier rang, les frais de la purge des hypothèques inscrites. En effet, l'ordre ne peut être ouvert, sans
que l'acquéreur fasse d'abord les notifications pour purger ; donc ces frais profitent à la masse des créanciers
et servent à rendre la procédure d'ordre possible. D'ailleurs, l'acquéreur n'a pas besoin d'une collocation pour
se faire payer ses avances pour le coût de l'extrait des
inscriptions et des notifications : il peut les retenir sur
le prix, en déduction, quoique ces frais n'aient pas été
colloqués dans l'ordre. Par conséquent, il doit être colloqué avant les frais de poursuite, s'il se présente à l'ordre pour les dépens dont il s'agit. (Séligman, nᵒ 390.
Sic Dalloz, vᵒ ordre, nᵒˢ 624 et 1131. Audier, p. 174,
nᵒ 44.)

Au deuxième rang, les frais de consignation. — Les
frais de poursuite d'ordre ne peuvent être classés avant
eux, car l'adjudicataire ou l'acquéreur doit être désinté-

ressé par préférence aux créanciers, qui seuls ont donné lieu à ces frais par le refus de donner main-levée de leurs inscriptions, refus qui peut être légitime de la part des créanciers, mais qui ne peut toucher le consignant.

Au troisième rang, les frais de poursuite d'ordre.

Il est, d'ailleurs, superflu de dire que la collocation de ces divers frais, qui sont privilégiés au premier chef, doit se faire avant toute autre collocation. (N° 185 *infrà*.)

DEUXIÈME SECTION.

PRIVILÈGES DE L'ARTICLE 2101.

134. — En principe, lés créanciers privilégiés en vertu de l'article 2101 du Code civil ne devraient être admis à l'ordre qu'après avoir épuisé la valeur du mobilier de leur débiteur. (Art. 2105 C. civ.)

Mais lorsqu'ils se présentent à un ordre pour exercer leur privilége, ce n'est pas à eux à prouver qu'il n'existe pas de meubles ; c'est, au contraire, à ceux des créanciers qui leur refusent l'exercice du privilége, à établir soit qu'il y a un mobilier suffisant pour garantir le paiement de la dette privilégiée, soit que les produisants ont omis, par collusion ou même par simple négligence, de se présenter à la distribution du mobilier. Si donc cette preuve n'est pas rapportée contre eux, ils doivent être colloqués. (*Sic* Aubry-Rau, t. 3, p. 165. Lyon, 14 décembre 1832. S. 32, 2, 169.)

135. — Les créanciers privilégiés dont il s'agit, ne sont pas obligés, pour faire valoir leur privilége dans l'ordre, de s'inscrire avant la transcription de l'adjudication ou du contrat de vente (art. 2107 C. civ.). S'ils ont pris inscription, leur production, comme celles des autres créanciers inscrits, est provoquée, soit par la lettre de convocation pour l'ordre amiable, soit par la sommation prescrite par l'article 753 du Code de procédure civile.

S'ils ont négligé de s'inscrire avant la transcription, ils ne reçoivent aucun avertissement et doivent produire spontanément avant l'expiration du délai de déchéance, c'est-à-dire, avant la clôture de l'ordre amiable, ou bien dans le cas où l'ordre se règle judiciairement, avant l'expiration du délai fixé par l'article 754 du Code de procédure. (*Sic* Séligman, p. 216. Chauveau, quest. 2555, 7°, et formulaire p. 276. Aubry-Rau, t. 3, p. 300. Pont, n° 288.)

136. — L'article 2101 est ainsi conçu : « Les créances « privilégiées sur la généralité des meubles sont celles « ci-après exprimées, et s'exercent dans l'ordre sui-« vant :

« 1° Les frais de justice ; 2° les frais funéraires ; 3° les « frais quelconques de la dernière maladie, concurrem-« ment entre ceux à qui ils sont dus ; 4° les salaires des « gens de service pour l'année échue et ce qui est dû sur « l'année courante ; 5° les fournitures de subsistances « faites au débiteur et à sa famille, savoir : pendant les « six derniers mois, par les marchands en détail, tels « que boulangers, bouchers et autres, et pendant la der-« nière année, par les maîtres de pension et marchands « en gros. »

§ 1ᵉʳ. — *Frais de justice.*

137. — « On doit considérer comme frais de justice, disent MM. Aubry et Rau, tous les frais faits dans l'intérêt commun des créanciers, pour la conservation, la liquidation, la réalisation des biens du débiteur, et pour la distribution du prix en provenant, peu importe qu'ils aient été exposés à l'occasion ou dans le cours d'une instance judiciaire, ou qu'ils soient relatifs à des actes ou à des opérations extra-judiciaires. » (Aubry-Rau, t. 3, p. 128.)

138. — Le privilège des frais de justice diffère beaucoup des autres privilèges. Ceux-ci donnent au créancier une préférence absolue à l'égard de tous ceux qui concourent sur les biens du débiteur. Les frais de justice, au contraire, ne donnent au créancier privilégié qu'une préférence relative à l'égard de ceux dans l'intérêt desquels ils ont été faits. (Laurent, t. 29, p. 371, n° 328. — *Sic*, Pont, n° 68. Cass., 20 août 1821, rapporté dans Dalloz, v° Privilèges, n° 603; Rouen, 30 janvier 1851. D. 52, 2, 37. Cass., 28 juillet 1848. D. 49, 1, 328.)

En conséquence, dans un ordre, pour savoir si l'on doit admettre des frais comme frais de justice privilégiés, il faut se demander : — 1° s'ils ont été faits dans l'intérêt commun des créanciers hypothécaires; auquel cas ils seront prélevés sur la masse; — 2° s'ils n'ont été faits que dans l'intérêt de quelques-uns de ces créanciers, auquel cas ces frais ne pourront primer que les créanciers hypothécaires qu'ils concernent. — 3° s'ils n'ont été faits dans l'intérêt d'aucun des créanciers hypothécaires, auquel cas ces frais ne pourront pas être alloués par privilège dans l'ordre. (Voir Cass., 29 juin 1875, D. 75, 1, 471 ; ainsi qu'un arrêt de cassation du 26 juin 1878, rapporté dans la *France Judiciaire*, II, 2, p. 583, avec une annotation, qui résume la jurisprudence.)

139. — Il y a des frais que, dans tout ordre, on admet généralement comme étant privilégiés, d'une manière absolue, à l'égard des créanciers hypothécaires. — Tels sont :

1° Les frais de saisie et de poursuite de vente des immeubles qui font l'objet de l'ordre.

2° Les frais d'ordre.

3° Les frais de purge des hypothèques inscrites.

4° Les frais de la consignation, ainsi que ceux de

l'instance en validité de la consignation. (Cass., 4 avril 1854, D. 54, 1, 190. Dijon, 5 janvier 1855. D. 55, 2, 131. S. 55, 2, 767.)

Nous avons déjà classé tous ces frais (n°° 114 à 133), comme privilégiés en vertu des articles 751, 759 et 774 du Code de procédure. Nous voyons qu'ils sont pareillement privilégiés en vertu de l'article 2101 précité.

5° Les frais de la sommation de payer ou délaisser, signifiée au tiers-détenteur, lorsque cet acte a amené ce dernier à faire les notifications prescrites par l'article 2183 du Code civil; car, dans ce cas, ils doivent être considérés comme ayant été exposés dans l'intérêt de la masse des créanciers. (En ce sens, Riom, 5 février 1821, rapporté dans Dalloz, v° Privilèges, n°° 135 et 2449. Voir aussi les motifs d'un arrêt de la Cour d'Orléans, du 7 février 1845, rapporté dans Rogron, sur l'article 2169, et dans Dalloz, Périodique, 49, 1, 328.)

6° *Faillite.* — Les frais de scellés, de garde et d'inventaire, faits par le syndic d'une faillite. « Ces frais sont opposables aux créanciers hypothécaires ; car l'apposition des scellés et l'inventaire, qui peuvent avoir pour effet de prévenir le divertissement des titres de propriété, concernent également l'intérêt de ces créanciers ». (Aubry-Rau, t. 3, p. 129, texte et note 8 ; *Sic*, Riom, 24 août 1863. D., 63, 2, 161 ; S., 64, 2, 65.)

Quid des frais de gestion de la faillite dus au syndic ? — Cette question se résout en un point de fait : Les frais faits par le syndic ont-ils profité, directement ou indirectement aux créanciers hypothécaires? Dans ce cas, ils seront prélevés sur le prix des immeubles hypothéqués. Dans le cas contraire, les créanciers hypothécaires ne peuvent pas être primés par ces frais. (Laurent, t. 29, p. 386. — Cass., 8 mars 1848 ; D. 48, 1, 304 et 13 avril 1859 ; D. 59, 1, 417.)

Sous la réserve d'une solution contraire, qui résulterait nettement du point de fait, on considère, en général, les frais faits pour l'ouverture de la faillite et la convocation des assemblées des créanciers, les droits de greffe et les honoraires des syndics, comme ne pouvant pas être opposés aux créanciers hypothécaires. (Aubry-Rau, t 3, p. 129. *Sic*, Riom, 24 août 1863. S. 64, 2, 65 ; D., 63, 2, 161.)

7º *Succession bénéficiaire.* — Les frais de scellés, de garde et d'inventaire, par les raisons qui viennent d'être indiquées pour la faillite, et, en outre, en vertu de l'article 810 du Code civil.

Nous y ajouterons les frais de gestion ou de compte (même article), en remarquant qu'il ne peut pas être question d'honoraires, l'héritier n'étant point salarié.

Quid des frais de procès soutenus par l'héritier bénéficiaire, dans l'intérêt de la succession, soit en demandant, soit en défendant ? — Ces frais rentrent dans les frais d'administration ; ils doivent être privilégiés, même à l'égard des créanciers hypothécaires. — Il en serait autrement pour les frais auxquels l'héritier bénéficiaire aurait été condamné dans un procès soutenu contre un créancier hypothécaire de la succession ; le privilège, dans ce cas, ne serait pas opposable à ce créancier. (Voir Aubry-Rau, t. 3, p. 128, texte et notes 5 et 9. — Pont., 67.)

8º *Succession vacante.* — Tous les frais ci-dessus alloués dans le cas de succession bénéficiaire (art. 814, C. civil), en y comprenant en plus les honoraires du curateur, qui sont aussi privilégiés comme frais de gestion.

Rappelons, en terminant, que le meilleur moyen de se guider en cette matière c'est, comme le fait remarquer M. Laurent, « de maintenir le principe de caractère relatif des frais de justice : privilégiés à l'égard de ceux dans l'intérêt desquels ils ont été faits, ils ne jouissent d'aucune préférence à l'égard des créanciers qui n'y ont aucun intérêt. » (Laurent, t. 29, p. 384.)

Voir *infrà*, nᵒˢ 144 et 185, pour le classement des frais de justice, et nᵒ 145, pour leur collocation.

§ 2. — *Frais funéraires.*

140. — Les frais funéraires comprennent : les frais de garde, d'ensevelissement et de sépulture, les émoluments de la fabrique, les honoraires du ministre du culte et autres frais se rattachant à la cérémonie de l'inhumation. (Pont, n° 273 ; Aubry-Rau, t. 3, p. 130.)

On ne doit pas y comprendre : ni les sommes dues pour l'érection d'un monument sur la tombe du défunt (Aubry-Rau, t. 3, p. 130, et Trib. de la Seine, 6 mai 1873. D. 76, 3, 8. *Contrà*, Pont, n° 73) ; ni les sommes dues pour le deuil de la veuve et des domestiques. (Aubry-Rau, t. 3, p. 130. *Contrà*, Pont, n° 73.)

Le privilège n'est pas limité aux frais funéraires du débiteur lui-même ; il s'étend à ceux de ses enfants mineurs, et même de ses enfants majeurs, ou d'autres proches parents, qui vivaient avec lui comme membres de sa famille, pourvu toutefois que ces personnes soient décédées sans fortune. (Aubry-Rau, t. 3, p. 130.)

Voir *infrà*, n° 144 et 185, pour le classement des frais funéraires, et n° 145, pour leur collocation.

§ 3. — *Frais de la dernière maladie.*

141. — Que doit-on entendre par ces expressions « la dernière maladie » ?

Suivant une opinion, la dernière maladie ne peut s'entendre que de celle qui a été suivie du décès du débiteur. (Cass., 21 novembre 1864 ; D., 64, 1, 467 ; S., 65, 1, 25 ; Pal., 65, 38. — *Sic*, Aubry-Rau, t. 3, p. 132.)

Au contraire, suivant une autre opinion, que nous adoptons et qui paraît généralement suivie par les tribunaux, la dernière maladie, dans le sens de l'article 2101, doit s'entendre non-seulement de celle dont est mort le débiteur, mais encore de celle qui a précédé sa faillite ou sa déconfiture. (Pont, n° 76. — Comparer le rapport de la Commission Belge, cité par Laurent, t. 29, p. 395.)

On sait que la déconfiture, c'est l'état d'une personne non commerçante qui a cessé ses paiements. (Larombière, Traité des obligations, t. 2, art. 1168, n° 5.)

Elle se révèle et devient notoire par la saisie ou la vente du mobilier, et, à défaut de mobilier, par la saisie ou la vente des immeubles. (Voir et comparer Pont, n° 91, et Aubry-Rau, t. 3, p. 136, note 32.)

Les frais dont il s'agit comprennent : les honoraires des médecins, les médicaments fournis par le pharmacien, le salaire du garde-malade, et même toutes les dépenses faites pour le traitement de la maladie.

Voir *infrà*, n°ˢ 144 et 185, pour le classement des frais de la dernière maladie, et n° 145, pour leur collocation.

§ 4. — *Salaires des gens de service.*

142. — Sous la dénomination de gens de service, sont compris ceux qui engagent leur travail ou leur industrie, pour un temps déterminé et moyennant des gages fixes, au service, soit d'une personne, soit d'un ménage, ou d'une exploitation rurale, c'est-à-dire les domestiques proprement dits, les portiers, les valets de ferme, les pâtres, etc. (Aubry-Rau, t. 3, p. 132. — Cass., 9 juin 1873 ; D., 73, 1, 338 ; et Cass., 26 juin 1878. Voir dans la *France judiciaire*, II, 2, p. 583, la note sur ce dernier arrêt.)

N'y sont pas compris : les ouvriers ou gens de travail à la journée et sans gages fixes, bien qu'ils soient employés habituellement dans la même maison et qu'ils ne reçoivent leur salaire qu'à la fin du mois ou même de l'année. (Aubry-Rau, t. 3, p. 133.)

Le privilège dont il s'agit est restreint aux gages de l'année échue et à ceux de l'année courante, c'est-à-dire de l'année dans laquelle a lieu le décès, la déclaration de faillite ou la déconfiture du débiteur. (*Ibid.*, p. 134.) —

Nous avons vu plus haut, nº 141, ce qu'est la déconfiture et comment elle se révèle.

Faillite. — Il est à noter qu'aux termes de l'article 549 du Code de commerce, sont privilégiés, au même rang que les gages des gens de service, les salaires dus aux ouvriers de fabrique ou autres, employés directement par le failli, pour le mois qui a précédé la déclaration de faillite, ainsi que les appointements dus aux commis, pour les six mois qui ont précédé cette déclaration. (Aubry-Rau, t. 3, p. 134.)

Voir *infrà*, nºˢ 144 et 185, pour le classement du privilège des salaires, et nº 145, pour leur collocation.

§ 5.— *Fournitures de subsistances.*

143. — Par subsistances, il faut entendre tout ce qui est nécessaire pour la consommation journalière du ménage en denrées, soit alimentaires, soit même non-alimentaires, telles que les fournitures faites pour l'éclairage, le chauffage, et même, suivant M. Pont, le blanchissage. (Voir Pont, nº 92. — Aubry-Rau, t. 3, p. 135.)

Le privilége ne s'étend, ni aux vêtements livrés au débiteur ou aux membres de sa famille, ni bien moins encore aux livres, papiers, plumes et autres objets de cette nature, fournis par les maîtres de pension à leurs élèves. (Aubry-Rau, t. 3, p. 135.)

Les fournitures de subsistances faites par des individus non-commerçants, ne jouissent d'aucun privilége. (Aubry-Rau, dº.)

Le privilége ne peut s'exercer que pour les fournitures de la dernière année, s'il s'agit d'un maître de pension ou d'un marchand en gros, et des derniers six mois, s'il s'agit des marchands en détail, tels que boulangers, bouchers et autres. (Art. 2101, nº 5.)

La période de six mois ou d'un an est celle qui a précédé immédiatement la mort du débiteur, la déclaration

de sa faillite ou sa déconfiture devenue notoire.
(Aubry-Rau, t. 3, p. 135; Rouen, 31 août 1867; S., 68, 2,
230.) Nous avons vu plus haut nᵒ 141, ce qu'est la déconfiture, et comment elle se révèle.

Nota. — Il arrive souvent que, dans leurs demandes
en collocation, les fournisseurs dont il s'agit comprennent
en bloc, avec les fournitures faites pendant la période
privilégiée, d'autres fournitures antérieures. Le juge-
commissaire devra distraire ces dernières, qui ne peuvent
à aucun titre profiter du privilège et qui ne donnent lieu
qu'à une créance chirographaire.

Voir *infrà* nᵒˢ 144 et 185, pour le classement du privilège des subsistances et nᵒ 145, pour leur collocation.

§ 6. — *Classement des privilèges de l'article 2101.*

144. — Aux termes mêmes de l'article 2101, les
privilèges énumérés en cet article se classent entre eux,
suivant leur ordre numérique.

Ceux désignés dans le même numéro concourent
entre eux.

Ainsi les différents créanciers pour frais de justice
viennent à rang égal ; il ne doit pas être fait entre eux
de classification particulière.

De même viennent au même rang entre eux, les différents créanciers pour frais funéraires.

De même encore, le privilège pour les frais de la dernière maladie s'exerce concurremment entre ceux à qui
ils sont dus. (Voir Aubry-Rau, t. 3, p. 483. Pont nᵒ 183.)

Nous verrons plus loin, nᵒ 185, quel est le classement
des créances privilégiées de l'article 2101, par rapport
aux autres privilèges.

§ 7. — *Leur collocation.*

145. — Le créancier, en vertu de l'un des privilèges
énumérés en l'article 2101, est colloqué, au rang déterminé par son privilège,

1° Pour le capital de sa créance : ci............   »

2° Pour les intérêts à partir, — soit du jour de la demande, si la créance résulte d'un jugement ; — soit du jour de la production, s'il n'y a pas eu de jugement ; ci...   »

3° Pour les frais accessoires de la créance (frais de jugement, commandement, inscription, etc) ; ci...   »

4° Pour les frais de production (à distraire, s'il y a lieu, ainsi que ceux portés sous le n° 3 ci-dessus, au profit de M°.....avoué) ; ci.....................   »

TOTAL........   »

Pour laquelle somme, il est ordonné qu'il lui sera délivré un bordereau de collocation sur l'acquéreur ou adjudicataire des immeubles dont le prix est en distribution à l'ordre.

TROISIÈME SECTION.

PRIVILÈGES DU TRÉSOR PUBLIC.

I. — PRIVILÈGE POUR LE RECOUVREMENT DES CONTRIBUTIONS FONCIÈRES.

146. — Ce privilège n'est pas soumis à la nécessité d'une inscription. (Voir 135 *suprà*.)

La demande en collocation est faite, au nom du Trésor public, par le percepteur des contributions directes.

Le privilège dont il s'agit est régi par l'article 1ᵉʳ de la loi du 12 novembre 1808, qui est ainsi conçu : « Le privilège du Trésor public pour le recouvrement des contributions directes est réglé ainsi qu'il suit, et s'exerce avant tout autre : 1° Pour la contribution foncière de l'année échue et de l'année courante, sur les récoltes, fruits, loyers et revenus des biens immeubles sujets à la contribution ; 2° Pour l'année échue et l'année courante des contributions mobilières, des portes et fenêtres, des patentes, et toute autre contribution directe et personnelle, sur tous les meubles et autres effets mobiliers appartenant aux redevables, en quelque lieu qu'ils se trouvent. »

Il résulte des termes mêmes de cet article :

1° Que, dans l'ordre, le Trésor ne peut réclamer par privilège, que la cote foncière afférente aux immeubles vendus, pour l'année échue et pour l'année courante jusqu'au jour de la vente ; — 2° que sa collocation ne peut être établie que sur les intérêts du prix de ces immeubles, c'est-à-dire du prix en distribution.

Souvent le percepteur comprend, dans sa réclamation, toutes les cotes foncières portées au nom du propriétaire, discuté à l'ordre ; souvent aussi il y comprend d'autres sommes afférentes, soit aux patentes, soit aux prestations, soit à d'autres impôts, et qui ne sont pas garanties dans l'ordre, par le privilége dont il s'agit ; — Dans ce cas, il faut avoir soin de réduire la collocation à la somme qui est due uniquement pour l'impôt foncier de l'immeuble dont le prix fait l'objet de l'ordre.

Nous pensons que le Trésor n'a pas le droit de réclamer les intérêts des contributions restées dues, aucun impôt, soit direct, soit indirect, ne pouvant être augmenté ni diminué ou modifié qu'en vertu d'une loi. (Voir les motifs d'un arrêt de Cassation du 12 mai 1862 ; S., 62, 1, 540 ; D., 62, 1, 216. Voir aussi n° 148, *in fine*.)

Si l'adjudicataire ou l'acquéreur a payé lui-même les contributions foncières, il demande et obtient collocation privilégiée, au lieu et place du Trésor public, aux droits duquel il se trouve subrogé. Dans ce cas, les intérêts lui sont alloués à partir du jour du paiement. (Voir n° 123-2°.)

Nota. — Le privilège des contributions foncières s'exerce *avant tout autre* ; ce sont les termes employés par la loi du 12 novembre 1807. Par conséquent, il prime les créances énoncées en l'article 2101, à l'exception toutefois des frais faits pour la réalisation du gage et la distribution du prix en provenant, frais qui forment l'objet d'un véritable prélèvement. (Aubry-Rau, t. 3, p. 186 ; Pont, n° 53.)

147. — FORMULE DE COLLOCATION.

« Nous colloquons :

A tel rang des créances privilégiées, et en vertu de l'article 1er de la loi du 12 novembre 1808, qui accorde au Trésor un privilège sur les fruits et revenus des immeubles, pour l'année échue et l'année courante,

M........., percepteur des contributions directes, pour la réunion de........, demeurant à........., agissant comme représentant le Trésor Public,

Pour :

1° La somme de........, restée due au Trésor, pour les impositions de l'année échue et de l'année courante au jour de la vente des immeubles dont le prix est en distribution au présent ordre, ci.....................................   »   »

(Il n'est pas dû d'intérêts de cette somme. Voir ci-dessus n° 146, et Cass., 12 mai 1862. S. 62, 1, 540 ; D., 62, 1, 216, motifs de l'arrêt.)

2° Celle de......... pour frais accessoires ; ci..   »   »

3° Celle de......... pour frais de production, à distraire au profit de M°........., avoué; ci......   »   ▪

Total ....   »   ▪

S'il y a lieu, on ajoutera :

« Il est expliqué que la présente collocation ne frappe que sur les intérêts du prix en distribution. »

Nota. — Comme bien entendu, le Trésor peut être colloqué à titre chirographaire pour ses créances privilégiées qui ne viendraient pas en rang utile.

II. — PRIVILÈGE POUR DROITS DE MUTATION PAR DÉCÈS.

148. Le privilège du Trésor public pour les droits

de mutation par décès, n'est pas soumis à la nécessité de l'inscription.

C'est l'administration de l'enregistrement qui est chargée de la perception de ces droits.

Elle n'a, pour les recouvrer, aucun privilège sur les valeurs mobilières ou immobilières de la succession. (Cass., 2 décembre 1862. S., 63, 1, 97 ; D., 62, 1, 519.)

Elle ne peut agir qu'en vertu de l'article 32 de la loi du 22 frimaire, an VII, qui est ainsi conçu : « Les « droits de déclaration des mutations par décès seront « payés par les héritiers, légataires ou donataires. Les « cohéritiers seront solidaires. L'état aura action sur « les revenus des biens à déclarer, en quelques mains « qu'ils se trouvent, pour le paiement des droits dont il « faudrait poursuivre le recouvrement. »

La Cour de Cassation a conclu des termes de cet article que, puisque l'Etat a action sur les revenus des biens à déclarer, il a, par cela même, un droit de préférence sur ces revenus, mais qu'il n'a qu'une simple créance sur le capital. (Voir l'arrêt du 2 décembre 1862 précité, et, en outre, Cass., 2 juin 1869. D., 69, 1, 428. Cass., 24 novembre 1869 ; S., 70, 1, 89 ; Aubry-Rau, t. 3, p. 179.)

Dans l'ordre, conformément à cette jurisprudence, le privilège ne doit s'exercer que sur les revenus et sur les intérêts du prix à distribuer, avec cette restriction notable que, ne devant pas préjudicier aux droits antérieurement acquis par des tiers (art. 2098 Code civ.), il ne peut atteindre la portion des revenus ou intérêts qui se trouvent immobilisés au profit des créanciers de la succession. « Pour que le Trésor puisse être colloqué par privilège sur les revenus ou sur les intérêts du prix mis en distribution, il faut, » dit la cour de Toulouse, « que ces intérêts aient conservé leur caractère de revenus distincts du capital, c'est-à-dire qu'ils n'aient pas été immobilisés. » (Toulouse, 29 juin 1872. D., 74, 1, 17 ; S., 73, 2, 9.)

Or, on sait que l'immobilisation des intérêts a lieu, au profit exclusif des créanciers, savoir :

Dans le cas de vente sur saisie, à partir de la transcription de la saisie (art. 682 procédure. — Voir n° 110.)

Dans le cas de vente volontaire, soit à partir de la sommation par des créanciers inscrits au tiers-détenteur de payer ou délaisser, soit à partir de la notification par l'acquéreur de son contrat aux créanciers inscrits. (Voir n° 99 et suiv.).

Quelquefois, dans le cas de vente volontaire, il n'y a eu ni sommation de payer ou délaisser, ni notification du contrat. A quel moment devra-t-on fixer l'immobilisation ?

Par exemple, il n'y a pas eu de notification, parce que les créanciers inscrits ont déclaré dispenser l'acquéreur des formalités de la purge, c'est-à-dire de la notification de son contrat d'acquisition (n° 15 et 191, 5°).

Nous pensons que, dans ce cas, les intérêts seront immobilisés par le réglement de l'ordre, s'il se règle à l'amiable, puisque c'est alors seulement que le prix est définitivement fixé, en principal et intérêts, à l'égard des créanciers hypothécaires, et si l'ordre est judiciaire, l'immobilisation n'aura lieu qu'à partir de la sommation de produire. (Voir Toulouse, 29 juin 1872. D., 74, 2, 17; S., 73, 2, 9. — Nîmes, 9 février 1876 ; D. 76, 2, 217, et la note.)

Dans tous ces cas, la régie de l'enregistrement ne pourrait donc être colloquée que sur les intérêts qui seraient restés dus par l'adjudicataire ou l'acquéreur, antérieurement à l'immobilisation fixée comme il vient d'être dit.

Mais, comme bien entendu, elle obtiendrait collocation, pour le surplus de sa créance, comme simple chirographaire et au marc le franc avec les autres créanciers, sur le reliquat qui serait disponible après le paiement des collocations hypothécaires.

Il est à noter que la régie de l'enregistrement ne peut pas réclamer d'intérêts à raison des sommes dont la perception est ordonnée contre les redevables. (Cass., 6 novembre 1827. S., 28, 1, 145. — Cass., 21 mars 1842, motifs. S., 41, 1, 313; D., 42, 1, 159. — Cass., 26 août 1844. S., 44, 1, 704; 12 mai 1862. S., 62, 1, 540; D., 62, 1, 216, motifs.)

149. — FORMULE DE COLLOCATION.

« Nous colloquons :

A tel rang des créances privilégiées, et en vertu de l'article 32 de la loi du 22 frimaire an VII, qui accorde au Trésor, pour les droits de mutation par décès, un privilège sur les revenus des immeubles, c'est-à-dire sur les intérêts du prix en distribution,

M........ Directeur ou Receveur de l'enregistrement et des domaines demeurant à........ .., agissant en sadite qualité au nom du Trésor Public,

Pour la somme de 5,148 fr. 75, montant des intérêts de 276,365 fr. 25, prix net de l'adjudication du 27 août 1872, calculés à 5 0/0, depuis le jour de cette adjudication jusqu'au 10 janvier 1873, date du présent réglement amiable (ou date de la notification, ou date de la sommation de payer ou délaisser), laquelle somme sera imputée aux formes de droit, sur la créance du Trésor, qui se compose :

1° De la somme de 29,938 fr. 60, montant des droits de mutation dus par la succession de M........; ci...... 29.938 60

(Nous avons vu plus haut n° 148 *in fine,* qu'il n'y a pas lieu d'allouer d'intérêts.)

2° De celle de 385 fr. 68 pour frais d'une délégation et d'un commandement ; ci................... 385 68

Total...... .... 30.324 28

En conséquence, nous ordonnons qu'il sera délivré à M ..... ès-dites qualités un bordereau de collocation de ladite somme de 5,148 fr. 75, étant d'ailleurs expliqué que l'administration de l'enregistrement sera colloquée ci-après, comme créancière chirographaire, pour le surplus de sa créance liquidée comme il vient d'être dit.

III. — PRIVILÈGE POUR FRAIS DE JUSTICE CRIMINELLE.

150. — Ce privilège est soumis à la nécessité de l'inscription.

Le recouvrement des frais de justice criminelle est maintenant confié au Receveur des Finances de chaque arrondissement. (Circul. du Ministre de la Justice du 2 janvier 1875; voir aussi une décision du Ministère de la Justice du 4 octobre 1876, rapportée dans la *France Judiciaire*, année 1876-77, 2ᵉ partie, p. 256.)

Le privilége du Trésor pour ces frais est régi par la loi du 5 septembre 1807.

Délai d'inscription. — Il doit être inscrit dans les deux mois à dater du jugement de condamnation ; faute de quoi, il dégénère en simple hypothèque, conformément à l'article 2113 du Code civil (art. 2 de cette loi).

Au cas où des immeubles ont été aliénés par le condamné, même postérieurement au mandat d'arrêt ou au jugement de condamnation (voir art. 4 de cette loi du 5 septembre 1807), si les actes d'aliénation ont été transcrits, le privilège du Trésor ne peut plus être utilement inscrit, alors même que l'on serait encore dans le délai de deux mois à dater du jugement de condamnation. (Sirey, sur l'art. 2098.)

« L'inscription prise seulement après la transcription des actes d'aliénation, disent MM. Aubry et Rau, serait inefficace, non-seulement en ce qui concerne le droit de suite, mais même quant au droit de préférence, de telle sorte que le Trésor ne pourrait, dans l'ordre ouvert pour la distribution des prix de vente, réclamer une collocation au préjudice des créanciers hypothécaires régulièrement inscrits. » (Aubry-Rau, t. III, p. 185, texte et notes 31 et 32. — *Sic*, Poitiers, 9 février 1849. D., 52, 1, 209. — Cass., 12 juillet 1852. S , 52, 1, 529; Dalloz, Jurisp. G., V. Transcription, n° 582.)

Il en serait autrement, s'il s'agissait d'actes d'aliénation non transcrits ; le privilège peut toujours être inscrit, que ces actes soient postérieurs ou antérieurs au mandat d'arrêt ou au jugement de condamnation. (Aubry-Rau, t. 3, p. 184, note 31, et p. 370 texte et note 43.)

La faillite du condamné ne dispense pas le Trésor de prendre inscription dans le délai de deux mois. (Aubry-Rau, t. 3, p. 185 ; *Sic*, Metz, 28 février 1856 S., 56, 2, 321 ; D., 57, 2, 49. — Besançon, 30 avril 1856. S., 56, 2, 698).

Créances qui priment le privilège. — D'après l'article 4 de la loi précitée du 5 septembre 1807, le privilège est primé, savoir :

1° Par les privilèges désignés en l'article 2101 Code civil.

2° Par les privilèges désignés en l'article 2103 du Code civil, pourvu que les conditions prescrites pour leur conservation aient été accomplies.

3° Par les hypothèques légales existant indépendamment de l'inscription, pourvu toutefois qu'elles soient antérieures au mandat d'arrêt, dans le cas où il aurait été décerné contre le condamné, et, dans les autres cas, au jugement de condamnation. (Voir le nota ci-après.)

4° Par les autres hypothèques résultant d'actes antérieurs au mandat d'arrêt ou au jugement de condamnation. (Voir le nota ci-après.)

5° Par les sommes dues pour la défense personnelle du condamné.

Nota. — Le mandat de dépôt ne produit pas le même effet que le mandat d'arrêt. « Les hypothèques résultant d'actes postérieurs à un mandat de dépôt, même suivi d'incarcération, priment le privilège du Trésor, à supposer, bien entendu, qu'elles aient été inscrites avant ce dernier. » (Aubry-Rau, t. 3, p. 183, note 28. — En ce sens, Faustin Hélie, Instr. crim., 5ᵉ vol., p. 181. Duverger, Manuel du Juge d'instr., t. 2, nº 428. — Nancy, 8 avril 1865 ; S., 65, 2, 92. Cass. 7 janvier 1868 ; S., 68, 1, 63 ; D., 68, 1, 51. — Alger, 18 février 1870 ; D., 74, 1, 169.

— *Contrà*, Pont, n° 47. Poitiers, 9 janvier 1849. S., 52, 1, 529 ; D., 52, 1, 209.)

Il a été jugé que le privilège des frais de justice criminelle n'est primé par les hypothèques inscrites antérieurement à lui et résultant de créances qui ont une date certaine antérieure aux mandats d'arrêt ou jugements de condamnation, qu'autant que ces hypothèques garantissent des droits individuels. En conséquence, il n'est point primé par l'inscription prise, au nom des créanciers de la faillite, par le syndic. (Cass., 13 février 1874 ; D., 75, 1, 169.)

Créances non garanties par le privilège. — Le privilège dont il s'agit ne s'applique :

Ni aux amendes, pour lesquelles le Trésor ne jouit que de l'hypothèque judiciaire (Aubry-Rau, t. 3, p. 184. — Pont, n° 45) ;

Ni aux frais de poursuite pour banqueroute simple ou frauduleuse (art. 587 et 592, C. com.). — Ces frais, aux termes de ces articles, ne peuvent, en aucun cas, être mis à la charge de la masse. (Aubry-Rau, t. 3, p. 184, texte et note 30.)

181. — FORMULE DE COLLOCATION.

« Nous colloquons :

En vertu de la loi du 5 septembre 1807, qui donne au Trésor un privilège sur les immeubles du condamné, pour le recouvrement des frais de justice criminelle,

A tel rang et à la date de l'inscription prise le........,
vol.   , n° ,

M........, Receveur des Finances, demeurant à........
agissant en sadite qualité, au nom du Trésor Public,

Pour : — (établir la collocation comme nous l'avons fait ci-dessus, pour le recouvrement des impôts, avec explication qu'elle frappe sur la totalité du prix en distribution). »

QUATRIÈME SECTION.

PRIVILÈGES DE L'ARTICLE 2103, CODE CIVIL.

182. — Ces privilèges sont :

1° Le privilège du vendeur.

1° *bis* Et celui du bailleur de fonds pour l'acquisition d'un immeuble.

2° Le privilège de l'échangiste ou copermutant.

3° le privilège du copartageant.

4° Le privilège de l'architecte.

4° *bis* Et celui du prêteur de deniers pour payer les travaux.

I. — PRIVILÈGE DU VENDEUR.

183. — Ce privilège, s'il est dûment conservé, assure au créancier, à partir du jour où son droit a pris naissance, c'est-à-dire à la date de la vente, la préférence sur toutes les créances hypothécaires antérieurement inscrites du chef de l'acquéreur. (Aubry-Rau, t. 3, p. 360, texte et notes 14 et 15. — Cass., 6 mai 1868 ; S., 68, 1, 255.)

184. — COMMENT IL EST CONSERVÉ. — Le privilège du vendeur est conservé de deux manières : 1° soit par la transcription de l'acte de vente, constatant que la totalité ou seulement une partie du prix est encore dû au vendeur (art. 2108, C. civ.), — soit par une inscription prise directement par le vendeur, sans que l'acte ait été préalablement transcrit. (Aubry-Rau, t. 3, p. 317 et 355, Pont, n° 264 et suiv.)

L'omission ou l'irrégularité de l'inscription d'office ne porte aucune atteinte à l'efficacité du privilège, qui est dûment conservé par la transcription seule. (Pont, n° 270. Aubry-Rau, t. 3, p. 356.)

Il y a quatre évènements qui font obstacle, tant à la transcription de l'acte de vente qu'à l'inscription du privilège. Ce sont :

1° La revente régulièrement transcrite, lorsqu'il s'est écoulé plus de 45 jours à partir de la vente primitive, sans que le vendeur ait fait transcrire son contrat ou sans qu'il ait fait inscrire son privilège. (L., 23 mars 1855, art. 6, alin. 2. — Aubry-Rau, t. 3, p. 357.)

Exemple : — Paul a vendu un immeuble à Pierre, par acte du 1ᵉʳ mars 1877. Pierre, acquéreur, le revend à Jean, le 5 avril 1877, par acte qui est transcrit le 9 du même mois. Si Paul, vendeur primitif, fait transcrire sa vente au plus tard le 15 avril 1877, il conserve son privilège, puisqu'il se trouve dans le délai de 45 jours imparti par la loi précitée du 23 mars 1855 ; mais s'il ne fait transcrire que le 16 avril 1877 ou à une date postérieure, son privilège sera éteint.

Autre exemple. — Paul vend à Pierre une maison, moyennant 10,000 fr., en 1857 ; ni le vendeur, ni l'acquéreur ne font transcrire. Pierre fait de mauvaises affaires, emprunte 10,000 fr. en 1860, et donne hypothèque sur sa maison à Jacques. En 1863, ne pouvant payer ni son vendeur Paul, ni son créancier Jacques, Pierre revend sa maison à Michel, qui fait transcrire. Paul aura perdu son privilège et son action résolutoire, et Jacques aura le droit de toucher le prix de la vente comme créancier inscrit sur la maison vendue, quoique son obligation et son inscription soient postérieures à la vente faite par Paul. Il en est ainsi, précisément parce que ce dernier n'a pas fait transcrire son titre dans les quarante-cinq jours de la vente. (Voir Bonne, conseils aux vendeurs d'immeubles, p. 8, ouvrage que nous avons déjà cité plus haut, n° 15, et auquel nous avons emprunté ce dernier exemple.)

2° La faillite de l'acquéreur. Articles 2146 du Code civil et 448 du Code commerce. (Cass., 2 décembre 1863 ; D., 64, 1, 105 et la note. S., 64, 1, 57. Aubry-Rau, t. 3, p.

358. Demangeat sur Bravard, t. 5, p. 289 à 291. *Contrà* Pont n° 903.)

Voir *infrà* n° 370.

3° Le décès de l'acquéreur, lorsque sa succession a été acceptée bénéficiairement. Article 2146 Code civil. (Aubry-Rau, t. 3, p. 360. Demangeat sur Bravard, t. 5, p. 294 à la note. En sens contraire : Pont, n° 927. Besançon, 14 décembre 1861; S., 62, 2, 129, D., 62, 2, 104. Pal. 62, 621.)

Voir *infrà* n° 356.

4° Le décès de l'acquéreur, lorsque sa succession est devenue vacante. Article 2146 du Code civil. (Aubry-Rau, t. 3, p. 360.) Voir *infrà* n° 360 bis.

Jusqu'à l'un de ces événements, le vendeur peut toujours, à quelque époque que ce soit, faire transcrire son contrat, prendre inscription, remplacer par une nouvelle inscription celle qui serait périmée ; son privilège sera conservé et primera toutes les inscriptions hypothécaires, même celles qui seraient antérieures en date. (Cass., 6 mai 1868 ; D., 68, 1, 316. Paris, 17 août 1877. D., 78, 2, 36. Voir aussi Cass., 14 février 1865 ; D., 65, 1, 254.)

Mais, nous le répétons, il n'en sera ainsi que jusqu'à l'un des quatre événements que nous venons d'indiquer.

L'inscription de privilège que le vendeur prendrait après l'un de ces événements ne vaudrait que comme simple inscription hypothécaire, n'ayant rang qu'à sa date. Article 2113 Code civil. (Voir Aubry-Rau, t. 3, p. 357, texte et note 6.)

188. CRÉANCIER PORTEUR D'UN BORDEREAU DE COLLOCATION SUR UN IMMEUBLE QUI EST ENSUITE REVENDU. — Le créancier, auquel il a été délivré un bordereau de collocation, se trouve, en cas de non-paiement de ce bordereau, subrogé au privilège du vendeur. En conséquence, si les immeubles qui avaient été affectés à sa créance, sont revendus, ce créancier peut se présenter au nouvel ordre ouvert sur le prix de la revente, en vertu du privilège du vendeur, pourvu que ce privilège ait été conservé, soit par l'inscription primitive, soit par une inscription prise en temps utile. (Cass., 6 mai 1868 ; D., 68, 1, 316.)

Il a été jugé ainsi, que le porteur d'un bordereau de collocation délivré dans un ordre amiable ou judiciaire, perd tout droit sur le prix de l'immeuble, lorsque, en cas de revente par l'acquéreur, il a laissé périmer l'inscription d'office et a négligé de la reprendre dans la quinzaine de la transcription. (Paris, 1ᵉʳ août 1855, Journal des avoués 1856, 168.) — (Aujourd'hui par l'abrogation de l'art. 834 procéd. l'inscription ne pourrait plus être utilement renouvelée que jusqu'à la transcription.)

156. PRIVILÈGE DU VENDEUR PRIMÉ PAR DE SIMPLES HYPOTHÈQUES. — Voir *infrà* n° 186.

157. VENTILATION. — Quand et comment elle se fait. Voir *infrà* n° 248.

158. À QUELS IMMEUBLES S'APPLIQUE LE PRIVILÈGE DU VENDEUR. — Le privilège du vendeur ne porte que sur l'immeuble aliéné, et, lorsqu'une portion seulement de l'immeuble a fait l'objet de la vente, il est restreint à cette portion. (Aubry-Rau, t. 3, p. 168 ; Cass., 13 juillet 1841 ; S., 41, 1, 731.)

S'étend-il à des constructions ou améliorations qui proviennent du fait de l'acquéreur, par application de l'article 2133 du Code civil ? La cour de cassation a fait à cette question une réponse affirmative dans un arrêt du 15 juillet 1867, aux termes duquel « les privilèges sont des hypothèques privilégiées, conférées par la loi ; en conséquence, ils s'étendent, comme les hypothèques, en vertu de l'article 2133, à toutes les améliorations survenues aux immeubles qu'ils grèvent. Il en est ainsi spécialement du privilège du vendeur, qui porte sur les

constructions incorporées à l'immeuble par l'acquéreur.»
(En ce sens : Cass, 15 juillet 67 ; D., 68, 1, 269 ; S., 68, 1,
9 ; Colmar, 8 décembre 1868 ; S., 70, 2, 41 ; Bordeaux,
28 avril 1873. D., 74, 2, 57 et la note. Et un arrêt de
Chambéry du 22 janvier 1879, rapporté dans la *France
judiciaire*, III, 2, p. 298. *Sic*, Laurent, t. 30, p. 18 n° 17.
Contrà : Pont, n° 197 ; Aubry-Rau, t. 3, p. 410 ; Dalloz,
jurisp. g. v° privilèges n°ˢ 435 et suiv.)

S'étend-il aux meubles immobilisés par incorporation ?
Oui. (Aubry-Rau, t. 3, p. 410 ; Laurent, t. 30, p. 20.)

S'étend-il aux objets mobiliers qui sont placés sur
un fonds, pour son exploitation, sans y être incorporés,
par exemple, au cheptel attaché au fonds par l'acquéreur ?

Non, — suivant Aubry-Rau, t. 3, p. 410 ; Poitiers, 22
mars 1848 ; D., 50, 2, 46 ; S., 50, 2, 636 ; Pal, 50, 1, 433·

Oui, — suivant Laurent, t. 30. p. 20.

COLLOCATION.

180. CE QU'ELLE DOIT COMPRENDRE. — La collocation
du vendeur, quand son privilège a été dûment conservé,
doit comprendre : le capital, les intérêts, les frais.

§ 1ᵉʳ — *Capital.*

160. — Le capital à allouer, c'est le prix de la vente,
ou ce qui en reste dû, article 2103, n° 1. (Aubry-Rau, t.
3, p. 167.)

« Il importe peu, dit Dalloz (note sur un arrêt de
cassation du 20 mars 1872, D., 72, 1, 401), que, dans le
cas d'une inscription de privilège prise d'office pour le
vendeur, on ait énoncé par erreur une somme moindre
que celle qui reste due ; la seule transcription du contrat de vente, constatant que partie ou totalité du prix
est due au vendeur, suffit à conserver le privilège de ce

dernier pour la totalité. » (Voir aussi Dalloz, Jurisp. g., v° Privilèges n° 664.)

160 *bis.* — Si le prix avait été stipulé payable en effets de commerce, le privilège passerait, en vertu de l'endossement, aux porteurs de ces effets. (Aubry-Rau, t. 3, p. 168 et p 460-461 ; *Sic*, Troplong, de la Vente, n° 906 ; Cass., 15 mars 1825 ; S., 26, 1, 61 ; Metz, 26 janvier 1854 ; S ., 54, 2, 743 ; D ., 54, 2, 259.) — Dans ce cas, les porteurs des effets devront être colloqués, comme subrogés, s'ils produisent à l'ordre.

Mais *quid*, si le vendeur se présente seul à l'ordre, ce qui peut arriver, car l'inscription sera prise en son nom, la subrogation ne pouvant être mentionnée en marge en vertu d'un endossement sous-seing privé ; et les tiers-porteurs, n'étant pas inscrits, ne seront pas avertis d'avoir à produire. — Il y aurait lieu, dans ce cas, de colloquer le vendeur, mais en expliquant qu'il ne pourrait toucher le montant de son bordereau, qu'à charge de représenter et de faire annuler les effets de commerce dont il s'agit. (Voir *infrà*, n° 225.)

§ 2. — *Intérêts.*

161. — Quoique l'article 2103 ne parle pas des intérêts, on doit néanmoins les allouer au même rang que le capital, d'après le principe que l'accessoire suit toujours le sort du principal. (Aubry-Rau, t. 3, p. 167, note 3.)

La jurisprudence a admis que l'article 2151 C. civ., qui limite à deux années et à l'année courante la quotité des intérêts à allouer pour les créances hypothécaires inscrites, n'est pas applicable aux intérêts d'un prix de vente. (Cass., 11 mai 1863. D. 64, 1, 191. S. 64, 1, 357. Bordeaux, 26 août 1868. D. 74, 1, 106. S. 69, 2, 101. Aubry-Rau, t. 3, p. 422. Pont, n°ˢ 192 et 1030.)

D'un autre côté, il a été jugé qu'il importe peu que,

dans une inscription prise par le vendeur, il n'ait été parlé que de deux années et la courante, cette inscription spéciale ne pouvant nuire aux droits plus étendus que le vendeur tient de la loi elle-même. (Bourges, 23 mai 1829. S. 30, 2, 73. D. 30, 2, 32. *Sic* Troplong, t. 1er, n° 219);

Et que les intérêts d'un prix de vente sont soumis à la prescription quinquennale, par application de l'article 2277 du Code civil; qu'ils soient dus par suite d'une convention spéciale ou en vertu de la loi, et que la vente ait ou non pour objet une chose productive de fruits. (Aubry-Rau, t. 8, p. 435, texte et note 21. Voir notamment, en ce sens, Cass., 16 août 1853. S. 55, 1, 575. D. 54, 1, 390.)

En conséquence, nous allouerons, au rang du privilège, tous les intérêts non prescrits, quand bien même ils ne seraient pas émargés dans l'inscription.

162. INTÉRÊTS NON PRESCRITS. — INTERRUPTION DE PRESCRIPTION. — Les intérêts non-prescrits sont ceux qui sont sauvegardés par un acte interruptif de la prescription.

La prescription quinquennale se trouve interrompue de plein droit: — soit par la saisie immobilière, à partir de la mention opérée sur les registres de la conservation des hypothèques, conformément à l'article 693 du Code de procédure ; dès cette époque, la saisie immobilière devient commune et profite à tous les créanciers inscrits (Aubry-Rau, t. 2, p. 362) ; — Soit par la notification du contrat de vente; car, à partir de la notification, le créancier est dans l'impossibilité de se faire payer les intérêts à des époques périodiques. (Aubry-Rau, t. 8, p. 439. Cass., 27 avril 1864. S. 64, 1, 399. D. 64, 1, 433). — Voir n° 14 *suprà*.

Elle est interrompue, en outre, par tous les actes, qui, aux termes des articles 2244 et 2245 du Code civil, sont interruptifs de la prescription.

Tels sont :

1° Les citations en justice, pourvu que, dans ces actes, il ait été formellement conclu au paiement des intérêts.

Sous cette dénomination sont comprises toutes les demandes régulièrement faites en justice, même les demandes incidentes, reconventionnelles, ou en intervention, formées par requête ou par acte d'avoué à avoué ; celles en admission au passif d'une faillite, etc. (Aubry-Rau, t. 2, p. 347.)

On y comprend aussi les demandes en collocation qui ont été faites dans un ordre ou dans une distribution par contribution. (Rouen, 3 mars 1856. S. 57, 2, 742. Toulouse, 18 décembre 1874. S. 75, 2, 109. *Sic* Aubry-Rau, t. 2, p. 347.) — Si ces productions, bien que portées sur l'état provisoire, n'ont été suivies ni de contredits, ni de collocation définitive, et n'ont donné lieu à aucune décision judiciaire en ce qui concerne les intérêts, la prescription qui recommence à courir est la prescription de 5 ans et non la prescription de 30 ans. (Arrêt précité de Toulouse, 18 décembre 1874. S. 75, 2, 109.)

2° Les citations en conciliation, pourvu que, dans le mois à compter de la non-comparution ou de la non-conciliation, elles soient suivies d'une assignation en justice. — Art. 2245, C. civ. (Aubry-Rau, t. 2, p. 350.)

3° Un commandement fait au débiteur de payer les intérêts échus. (Aubry-Rau, t. 2, p. 351.)

Il en est autrement de la sommation de payer ou délaisser faite au tiers-détenteur par un créancier inscrit, conformément à l'article 2169 du Code civil ; car elle n'apporte aucun changement dans les rapports du créancier et du débiteur principal ; elle ne peut donc pas interrompre la prescription à l'égard de ce dernier ; elle ne l'interrompt qu'à l'égard du tiers-détenteur. (Toulouse, arrêt précité du 18 décembre 1874. S. 75, 2, 109. Cass., 7 novembre 1838. S. 39, 1, 428. Pont, n° 1253. Aubry-Rau, t. 2, p. 358, note 18.)

4° Toutes espèces de saisie dûment signifiées. (Art. 2244 C. civ.)

Il en est ainsi notamment d'une saisie-arrêt pratiquée par un créancier sur une somme due à son débiteur, pourvu toutefois qu'elle soit suivie d'une dénonciation au débiteur et d'une assignation en validité. (Cass., 25 mars 1874. D. 74, 1, 367. Aubry-Rau, t. 2, p. 353.)

5° La reconnaissance d'une dette d'intérêts, émanant du débiteur Art. 2248 C. civ. (Cass., 4 mars 1878. D. 78, 1, 168. S. 78, 1, 469.)

La reconnaissance peut résulter d'une lettre, d'une déclaration verbale, de tout ce qui constitue un aveu. (Aubry-Rau, t. 2, p. 354.)

L'interruption produite par les actes sus-indiqués, ne relève le créancier que de la déchéance encourue pour les sommes échues depuis moins de 5 années, lesquelles ne sont prescriptibles désormais qu'après un nouveau délai de 5 ans.

Et les cinq années d'intérêts ou d'arrérages auxquels se trouve restreinte l'action du créancier à qui est opposée la prescription édictée par l'article 2277, doivent se compter en remontant du jour où cette prescription a été interrompue, et non pas du jour de la dernière échéance annuelle ou de toute autre époque. (Cass., 4 mars 1878. D., 78, 1, 168. S., 78, 1, 469. Aubry-Rau, t. 8, p. 438.)

Exemple : Une obligation portant intérêts a été contractée le 21 février 1810 ; les poursuites du créancier ont eu lieu le 12 août 1835 ; ce sont les intérêts échus, non pas au 21 février 1835, mais ceux échus au 12 août 1835, qui seront dus, de telle sorte que le créancier ne pourra pas réclamer en outre les intérêts du 21 février au 12 août. (Bordeaux, 21 février 1838 ; S., 38, 2, 255.)

L'interruption, dont nous venons de parler, n'a pas pour effet de convertir la prescription quinquennale en prescription trentenaire. Par suite, si la prescription s'arrête quand il y a un acte interruptif, elle recommence à courir du jour de la date de cet acte pour s'accomplir selon les mêmes principes qu'auparavant. — Considérant, dit un arrêt de Caen, rapporté dans Dalloz, *Jurisprudence Générale*, v° Prescription civile, n° 676, que le commandement signifié les 5 et 6 janvier 1809, a bien empêché la prescription de 5 ans d'être acquise pour les arrérages échus lorsqu'il a été fait, mais qu'il n'a pu mettre obstacle à ce que la libération du débiteur s'obtienne par cinq nouvelles années écoulées sans poursuites ; que ces cinq années étaient plus qu'expirées lors du commandement du 21 août 1823; qu'aucun autre n'avait précédé dans le temps intermédiaire ; que dès lors le demandeur n'est fondé à réclamer que les cinq années d'arrérages encourues jusqu'au dit jour et celles échues postérieurement, etc. (*Sic*, Aubry-Rau, t. 2, p. 364 et t. 8, p. 438.)

Il est bien entendu qu'il en serait autrement si l'acte interruptif avait en même temps opéré novation, en substituant à l'ancien titre de créance un titre nouveau efficace par lui-même : par exemple, si la créance d'intérêts avait été reconnue par jugement ou constatée par un acte séparé, portant reconnaissance de la dette par le débiteur. Dans ce cas, elle ne serait plus soumise qu'à la prescription de 30 ans. (Aubry-Rau, t. 8, p. 446.)

163. INTÉRÊTS DES INTÉRÊTS. — Lorsqu'il a été stipulé dans l'acte de vente qu'à défaut de paiement du prix, l'acquéreur devrait payer les intérêts des intérêts, doit-on les allouer au rang du capital ?

Oui. — Il a été jugé que, dans ce cas, les intérêts d'intérêts, sont une suite et un accessoire des intérêts eux-mêmes, et doivent jouir du même privilège, qui est d'être colloqués pour la totalité au même rang que le prix de vente. (Bourges, 23 mai 1829, cité par Dalloz, Juris. G., v° Privilèges, n° 2392. — Voir en ce sens, Aubry-Rau, t. 3, p. 420, note 9.)

Suivant une opinion, qui paraît être celle de la Cour de Bourges, dans l'arrêt précité, il suffit que le vendeur ait conservé le privilège par la transcription de l'acte de vente, pour être admis à réclamer dans l'ordre les intérêts des intérêts, tels qu'ils sont stipulés, et cela, en vertu de la seule transcription, sans limitation de temps, sans mention spéciale dans l'inscription d'office Cette opinion se fonde sur ce que le vendeur n'a pas besoin d'une inscription pour conserver son privilège : la transcription lui suffit. (Voir note de Dalloz sur un arrêt de Cass. du 4 août 1873 ; D., 74, 1, 25.)

Suivant une autre opinion, les intérêts des intérêts ne peuvent être alloués qu'autant que la stipulation qui les concerne se trouve mentionnée dans l'inscription d'office. « Le privilège, dit l'arrêtiste précité, couvre les intérêts parce qu'ils sont légaux ; il ne couvre pas les intérêts des intérêts, parce que ceux-ci dérivent de la convention des parties. Il s'ensuit que la stipulation d'intérêts des intérêts, même faite par le vendeur dans le contrat de vente et portée à la connaissance des tiers par la transcription de l'acte, ne peut être garantie que par une inscription spéciale. Il est certain, d'ailleurs, que si les créanciers postérieurs étaient exposés à voir passer devant eux le vendeur, non seulement pour les intérêts de son prix, ce qui est déjà un sérieux inconvénient, mais encore pour les intérêts des intérêts, il y aurait pour eux un grave péril, qui serait de nature à enlever tout crédit au propriétaire. » (D. 74, 1, 25 à la note.)

Cette dernière opinion nous paraît préférable, et nous pensons qu'on ne doit allouer les intérêts des intérêts qu'autant qu'ils ont été émargés dans l'inscription.

§ 3. — *Frais accessoires*.

161. — Parmi les frais à allouer au même rang que le capital, nous comprenons :

1° Les frais et loyaux coûts de l'acte de vente.

La dénomination de « frais et loyaux coûts » s'étend au papier timbré, aux droits d'enregistrement, aux honoraires du notaire, et même au coût d'une grosse pour le vendeur. (Clerc, Formul. du Notariat, t. 1, p. 339, n° 131, 6° édit.)

Ces frais sont à la charge de l'acquéreur, s'il n'y a stipulation contraire (Art. 1593, C. civ.)

Ils sont privilégiés. (Cass. 1er avril 1863 ; D., 63, 1, 184 ; S., 63, 1, 239. — Cass., 1er décembre 1863 ; D., 63, 1, 450 ; S., 64, 1, 46. — Aubry-Rau, t. 3, p. 167 ; Pont, n° 194. — *Contrà*, Laurent, t. 30, p. 13.)

D'un autre côté, le notaire qui a reçu un acte de vente a une action solidaire contre le vendeur aussi bien que contre l'acquéreur ; la disposition de l'article 1593 n'y fait nul obstacle. (Cass., 20 mai 1829. Voir aussi Aix, 29 février 1876 ; S., 77, 2, 115. — Limoges, 27 décembre 1878 ; S., 80, 2, 287.)

En conséquence, les frais et loyaux coûts dont il s'agit, doivent être alloués : — Soit que le vendeur ait été obligé de les payer lui-même ; auquel cas, il a droit aux intérêts de la somme par lui déboursée pour ce fait, à compter du jour du paiement. (Lyon, 23 mars 1865. D., 66, 5, 489 ; S., 66, 2, 92.) — Soit que, faute de paiement par l'acheteur, le vendeur reste exposé à l'action du notaire. (Nîmes, 14 décembre 1872 ; D., 73, 5, 380. — Metz, 21 décembre 1859 ; D., 60, 2, 6.)

Si les frais de l'acte de vente sont encore dus au notaire et que ce dernier en demande lui-même la collocation à son profit, il y a lieu de colloquer le notaire par privilège, en vertu de l'inscription prise soit d'office, soit directement par le vendeur, et comme exerçant les droits de celui-ci, par application de l'article 1166 du Code civil. (Pont, n° 196.)

2° Les frais d'inscription et de renouvellement (art. 2155 C. civ.)

3° Les frais de transcription, s'ils sont avancés par le vendeur.

Ces frais sont, en effet, à la charge de l'acquéreur, s'il n'y a stipulation contraire, lorsque la transcription est requise par le vendeur (art. 2195, C. civ.), ce qui donne à ce dernier le droit de se faire rembourser. (Clerc, formul. du notariat, p. 347, n° 246, Aubry-Rau, t. 3, p. 167.)

4° Les frais que le vendeur est obligé de faire pour obtenir le paiement du prix. (Pont, n° 194. — En sens contraire : Laurent, t. 30, p 17, n° 14.)

Ce qui comprend les frais de saisie-arrêt, qui constituent un accessoire de la créance. (Cass., 9 mars 1870; S., 70, 1, 207; Pont, 991.)

165. *Nota*. — Les dommages-intérêts résultant de l'inexécution de la vente, ne donnent lieu qu'à une action personnelle qui n'est pas privilégiée. (Pont, n° 193; Aubry-Rau, t. 3, p. 167.)

166. Frais de transport-cession. (Voir n° 212.)

167. Intérêts des frais. — Il est de jurisprudence que la production faite dans un ordre, équivaut à une demande en justice, et qu'elle fait courir les intérêts, dans le cas où la créance n'en serait pas par elle-même productive, pourvu qu'ils soient formellement réclamés. (Aubry-Rau, t. 4, p. 98 et note 15. Cass., 2 avril 1833; S., 33, 1, 378.)

Aussi arrive-t-il souvent que le vendeur demande que les intérêts de tous ses frais lui soient alloués à partir de tel temps que de droit. Doit-on les allouer ? Et de quelle manière ?

Pour répondre à cette question, nous distinguerons :

S'agit-il des intérêts des frais que le vendeur a payés à la libération de l'acquéreur ? Il a droit aux intérêts à partir du jour du paiement, en vertu de l'article 2001 du Code civil; et ces intérêts seront privilégiés, parce qu'ils deviennent eux-mêmes des accessoires de la créance. C'est ainsi que nous allouons, au rang privilégié, les intérêts des frais et loyaux coûts du contrat, et ceux des frais de transcription à partir du jour où il en a fait l'avance. (Voir n° 123.)

S'agit-il des intérêts de tous autres frais, par exemple des frais qu'il a dû faire pour obtenir le paiement de son prix ? — Dans ce cas, suivant nous, ces intérêts ne constituent plus des accessoires faisant partie intégrante du prix, car il n'y a point ici d'avance forcée faite pour le compte de l'acquéreur. Les intérêts peuvent être alloués à partir de l'acte de produit, mais à titre simplement chirographaire, et non pas au rang privilégié.

Quid, s'il avait été stipulé, dans l'acte de vente, que tous les frais accessoires, sans exception, deviendraient eux-mêmes productifs d'intérêts ? — Nous pensons que, dans ce cas, il y aurait lieu de les allouer, au rang privilégié, pourvu toutefois que la stipulation ait été portée, par l'inscription, à la connaissance des tiers.

168. — FORMULE DE COLLOCATION.

« Nous colloquons :

A tel rang des collocations privilégiées, en vertu du privilége du vendeur conservé par l'inscription prise le........, vol.   , n°   .

Le sieur. ...., propriétaire, demeurant à ....

Pour :

1° La somme de. ....., prix principal de la vente par lui consentie au profit du sieur........, (débiteur discuté à l'ordre), suivant acte de M°. ....., notaire à........ en date du. ......, des immeubles ou de partie des immeubles, dont le prix est en distribution au présent ordre; ci...............   »   »

2° Celle de........, pour les intérêts de cette somme à partir du........ jusqu'au ...., date du présent réglement ; ci.........................   »   »

3° Celle de.......... pour frais accessoires , ci.   »   »

4° Celle de ...., pour frais de production, à distraire au profit de M° .... avoué ; ci.....   »   »

____

Total...., ,.... . .....   »   »

Pour laquelle somme, nous ordonnons qu'il lui sera délivré un bordereau de collocation sur le sieur........, adjudicataire ou acquéreur sus-nommé. »

Suivant les cas, on ajoutera :

« Avec explication que la présente collocation ne frappe que sur le prix des immeubles adjugés au sieur........   »

Nota. — Quelquefois, la collocation devra supporter une part proportionnelle dans les frais soit de poursuite de vente, soit de notification ainsi que dans les frais généraux d'ordre. (Voir, sur ce point, n°˙ 120 et 125 ci-dessus, et n° 250 *infrà*.)

§ 4. — *Cession de droits successifs.*

169. — Le cohéritier ou co-propriétaire qui a vendu sa part indivise à son communiste, jouit du privilège du vendeur, lorsque la cession n'a pas mis complètement fin à l'indivision. Dans ce cas, l'acte constitue bien une vente, et non pas un partage, et le privilège se conserve comme celui du vendeur. (Aubry-Rau, t. 3, p. 171, et t. 6, p. 557 à 560 ; Demolombe, t. 17, p. 282. — Cass., 10 novembre 1862 ; S., 63, 1, 129 ; Lyon, 29 juillet 1853 ; S., 53, 2, 581.)

Nous verrons plus loin, n° 173, qu'au contraire, lorsque la cession met complètement fin à l'indivision, elle équivaut à partage, et donne alors lieu, non plus au privilège du vendeur, mais au privilège du co-partageant qui doit être inscrit dans les soixante jours à partir de la date de l'acte de cession. (Voir les autorités qui viennent d'être citées.)

Lorsqu'il y a doute sur le point de savoir si l'indivision a réellement cessé, nous pensons qu'il vaut mieux admettre qu'il y a vente, sauf aux parties à contredire si elles le jugent convenable.

§ 5. — *Donateur.*

170. — Le donateur n'a pas de privilège sur l'immeuble donné, à raison des charges, même pécuniaires, qu'il a imposées au donataire ; il ne saurait être assimilé au vendeur. (Aubry-Rau., t. 3, p. 169. En ce sens : Demolombe, t. 20 n° 576 ; Agen, 4 janvier 1854. D., 55, 2, 42 ; S., 54. 2, 350. Colmar, 30 mai 1865 ; S., 65, 2, 348 ; Pal., 65, 1, 279. — *Contrà*, Pont. n° 188.)

Il ne peut être colloqué qu'au rang hypothécaire, si toutefois il a pris une inscription.

Mais il jouit de l'action révocatoire, ce qui parfois serait, pour les créanciers, une cause de sérieuses difficultés et pourrait même mettre en péril leurs droits hypothécaires.

S'il est incontestable, en théorie, que le donateur n'a point de privilège, « il n'est pas moins certain, dit M. Weber, qu'en pratique, il faut presque toujours traiter le donateur comme créancier privilégié et même lui accorder une situation plus favorable que celle du vendeur. En effet, l'action révocatoire du donateur n'est soumise, pour sa conservation, à aucune formalité spéciale ; elle n'est même pas purgée, comme l'action résolutoire du vendeur, par l'adjudication de l'immeuble prononcée à la suite de saisie ou de surenchère sur aliénation volontaire. (MM. Demolombe, t. 20, n° 603 ; Aubry-Rau, § 707, note 12. — Caen, 19 février 1856 ; S. 56, 2, 677.) Aussi, quand l'ordre s'ouvre sur le prix d'un immeuble dont le vendeur ou la partie saisie était devenu propriétaire par l'effet d'une donation, est-il nécessaire de colloquer le donateur pour tous les intérêts non prescrits qui peuvent lui être dus ; autrement, le donateur exercerait l'action révocatoire, et le prix à distribuer, par voie d'ordre, échapperait à l'action des créanciers privilégiés ou hypothécaires ayant des droits sur l'immeuble donné. » (Weber, Traité des intérêts des créances privilégiées et hypothécaires, n° 28.)

Nous partageons complètement à cet égard l'avis de M. Weber.

Dans la réunion des créanciers pour la tentative de réglement amiable, le juge-commissaire aura soin d'appeler l'attention des parties sur la nécessité de colloquer le donateur au rang privilégié. Mais s'il n'y a pas d'accord et que l'ordre soit ouvert judiciairement, le juge-commissaire sera obligé de revenir aux règles tracées par la jurisprudence, et que nous venons de rappeler en commençant ; il colloquera donc le donateur, non par privilège, mais seulement à son rang hypothécaire, si ce dernier a pris une inscription ; sinon, il rejettera sa demande.

Habituellement, pour prévenir toute difficulté, lorsqu'il est procédé à l'adjudication des immeubles provenant de la donation, on a soin d'insérer, dans le cahier des charges, une clause portant que le donateur sera autorisé à prélever sur le prix de l'adjudication, le montant des sommes qui lui sont dues comme charges de la donation. Nous en verrons un exemple plus loin (n°ˢ 242 et 246).

II. — PRIVILÉGE DU BAILLEUR DE FONDS POUR L'ACQUISITION D'UN IMMEUBLE.

171. — Article 2103, n° 2 du Code civil : « Les créan-« ciers privilégiés sur les immeubles sont.........;
« 2° ceux qui ont fourni les deniers pour l'acquisition
« d'un immeuble, pourvu qu'il soit authentiquement
« constaté par l'acte d'emprunt, que la somme était
« destinée à cet emploi, et par la quittance du vendeur,
« que ce paiement a été fait des deniers empruntés. »

Toutes les règles de l'article 1250, n° 2 du Code civil, sont applicables à ce cas.

Trois conditions essentielles :

1° L'acte d'emprunt et la quittance doivent être authentiques, c'est-à-dire passés devant un notaire ;

2° L'acte d'emprunt doit contenir la mention que les deniers prêtés sont destinés à payer le prix de la vente.

3· La quittance donnée par le vendeur doit contenir la mention que le prix a été payé avec les deniers empruntés.

Il n'est pas nécessaire que l'emprunt et le paiement soient constatés par un seul et même acte, ni qu'ils aient eu lieu simultanément.

Il a été jugé : 1° que la subrogation consentie par le débiteur n'est pas nulle, par cela seul que la somme prêtée n'a pas été remise au débiteur au moment de l'acte d'emprunt et que le versement, qui en a été effectué quelque temps après entre ses mains, n'a été constaté que par une quittance sous seing privé, si le créancier qu'elle a servi à payer en a donné lui-même ultérieurement une quittance authentique, et si les circonstances ne permettent pas de douter de l'origine des deniers et de la sincérité de l'opération. (Cass., 28 avril 1863 ; S., 63, 1, 289.)

2° Qu'il en est de même, bien que l'acte notarié, qui renferme la subrogation et qui contient l'obligation de la part de l'emprunteur, mentionne que l'emprunt a eu lieu à une date antérieure, s'il est d'ailleurs constant que l'emprunt et l'obligation ne forment qu'un seul et même contrat ; à cet égard, l'appréciation des juges du fond est souveraine. (Cass., 14 février 1865.)

Comment ce privilège est conservé. — Le privilège du bailleur de fonds est conservé de deux manières :

1° Soit par l'inscription prise en vertu de l'acte d'emprunt et de la quittance.

2° Soit par la transcription de l'acte même de vente, pourvu que cet acte établisse que le vendeur a été payé au moyen des deniers empruntés à cet effet par l'acquéreur et qu'il ait été passé, ainsi que l'acte d'emprunt, en la forme authentique.

(Voir Aubry-Rau, t. 3, p. 170 et 362 (privilège), et t. 4, p. 177 à 180 (subrogation). Pont, n°° 221 à 230.)

III. — PRIVILÈGE DE L'ÉCHANGISTE OU COPERMUTANT.

172. — Le privilège du vendeur s'applique, par analogie, à l'échangiste ou copermutant, mais seulement
en ce qui concerne la soulte. En effet, « la soulte n'est
pas autre chose que le prix de la transmission, à titre
onéreux, d'une portion de l'immeuble, donné en
échange. » (Aubry-Rau, t. 3, p. 169, note 2. *Sic* Pont,
n° 187. Cass., 11 mai 1863; S. 64, 1, 357.)

Il a été jugé que l'article 2151, qui limite à deux années et à l'année courante, la quotité des intérêts à allouer au rang du capital, n'est pas opposable à l'échangiste avec soulte, lequel jouit du même privilège que le
vendeur.(Cass., 11 mai 1853, précité. — Voir *suprà* n° 161.
Tout ce que nous y disons pour les intérêts à allouer au
vendeur, s'applique à l'échangiste.)

Mais l'échangiste n'a pas de privilège, pour la garantie qui lui est due : — Soit au cas d'éviction (Aubry-
Rau, t. 3, p. 169, note 13. Pont, n° 187. Cass., 26 juillet
1852. S. 52, 1, 693. Bordeaux, 6 avril 1865. S. 65, 2,
347.) ;

Soit au cas où, pour conserver l'immeuble qu'il a reçu
en échange, il a été obligé de payer les créanciers inscrits sur cet immeuble ; auquel cas, il est simplement
subrogé aux droits des créanciers. (Aubry-Rau, t. 3,
p. 169. — Cass., 14 novemb. 1859 ; S. 60, 1, 803.)

IV. — PRIVILÈGE DU COPARTAGEANT.

173. — Ce privilège, quand il est valablement conservé, assure au copartageant, à la date même des actes
de partage ou de licitation, la priorité sur les créanciers
hypothécaires de son débiteur, même antérieurement
inscrits. (Aubry-Rau, t. 3, p. 366.)

A qui il appartient. — Il appartient non-seulement
aux cohéritiers, mais à toute espèce de copartageants, qui
ont divisé un immeuble qu'ils possédaient par indivis.

Il a lieu en cas de licitation (article 2109 C. civ.), mais seulement quand c'est l'un des colicitants qui s'est rendu adjudicataire ; car, si les immeubles ont été adjugés à des étrangers, l'opération constitue une vente, qui donne naissance au privilège du vendeur.

Il a lieu même en matière de partage d'ascendants, fait conformément aux articles 1075 et 'suiv. du Code civil. (Aubry-Rau, t. 3, p. 171; Pont, n° 206. — Cass., 7 août 1860; S. 61, 1, 977; D. 60, 1, 490.)

Enfin, il a été jugé : 1° qu'il appartient à la femme mariée, pour sa part dans la communauté. (Voir n° 264, *infrà*.)

2° Que le cohéritier ou copropriétaire, qui a vendu sa part indivise à son communiste, jouit du privilège du copartageant, et ne peut invoquer celui du vendeur, lorsque cette vente, ayant fait cesser l'indivision d'une manière absolue, équivaut à partage. (Voir *suprà*, n° 169.)

174. Délai de l'inscription. — Ce privilège, pour être valablement conservé, doit être inscrit dans les 60 jours, à partir de l'acte de partage ou de licitation. (Art. 2109 C. civ.)

L'inscription est soumise au renouvellement décennal.

L'inscription originaire qui n'est prise qu'après les 60 jours ne vaut plus que comme simple inscription hypothécaire, et ne prend rang qu'à sa date (art. 2113 C. civ.)

Le cohéritier ou copartageant jouit du délai de 60 jours pour l'inscription de son privilège, bien que, dans cet intervalle de temps, l'ancien communiste auquel sont échus les immeubles grevés de ce privilège, soit tombé en faillite (n° 371), ou qu'étant décédé, sa succession n'ait été acceptée que sous bénéfice d'inventaire ou ait été déclarée vacante (n° 356 *infrà*). (Aubry-Rau, t. 3, p. 364. Pont, n°° 899 et 927. — *Contrà*, Demangeat sur Bravard, *Traité des faillites*, p. 289, à la note.)

Nota. — Le délai dont il s'agit a-t-il été réduit à 45

jours par l'art. 6 de la loi du 23 mars 1855 sur la transcription ?

Non. — Cette loi n'a pas abrogé la disposition finale de l'article 2109 du Code civil Le délai de 45 jours fixé par l'article 6 concerne le droit de suite, mais non le droit de préférence. (Pont, n° 318 ; Aubry-Rau, t. 3, p. 364, texte et note 28. Dalloz, *Jurisp. gén.*, v° Privil., n° 696.)

178. QUAND IL Y A PARTAGE FAISANT COURIR LE DÉLAI. — Le délai précité commence à courir du jour de tout acte ayant pour objet de faire cesser l'indivision entre les cohéritiers ou copartageants, lors même que cet acte ne comprendrait pas les immeubles et laisserait les meubles dans l'indivision. (Cass., 23 juillet 1839. S. 39, 1, 560.)

En cas de licitation, il court à partir du jugement d'adjudication (art. 2109 C. civ.).

En cas de partage en nature de tout ou partie des immeubles indivis, il court à partir de cette opération ellemême. (Aubry-Rau, t. 3, p. 363.)

Il en est ainsi pour tout partage fait en justice, bien que des mineurs ou interdits y étant intéressés, la liquidation définitive de la succession soit soumise à la nécessité d'une homologation judiciaire. (Aubry-Rau, t. 3, p. 363. — Cass., 18 juin 1849 ; S. 49, 1, 626. — Lyon, 23 janvier 1866 ; D. 66, 2, 225 ; S. 66, 2, 287. — Orléans, 18 janvier 1879 ; D. 79, 2, 243. — Voir Pont, n° 294.)

En cas de partage fait par un ascendant, le délai court à dater du partage, s'il a été opéré par donation entre vifs, et, s'il a eu lieu par testament, à partir du jour où le cohéritier, créancier privilégié, a obtenu, après le décès du testateur, connaissance du testament. (Aubry-Rau, t. 3, p. 363.) — D'après M. Pont, n° 294, le délai courrait, dans ce dernier cas, à partir du jour du décès du testateur.

176. PRIVILÈGE DU COPARTAGEANT PRIMÉ PAR DE SIMPLES HYPOTHÈQUES. — Voir n° 186, *infrà*.

177. CRÉANCES GARANTIES ET IMMEUBLES GREVÉS PAR LE PRIVILÈGE.

Le privilège a lieu :

1° Pour le paiement du prix de licitation (art. 2109 C. civ),

Auquel cas, il ne grève que l'immeuble licité. (Aubry-Rau, t. 3, p. 172.)

2° Pour la garantie du partage, ce qui comprend :

La garantie des soultes et retours de lots.

Celle de toutes les valeurs mobilières et immobilières mises dans le lot de chacun des copartageants.

Celle des rapports à faire entre cohéritiers.

Celle des restitutions de fruits dus par l'un des copartageants, quand il a joui des choses communes pendant l'indivision.

Celle du recours du copartageant, qui, par une cause quelconque, se voit obligé de payer une dette commune au-delà de la part pour laquelle il doit y contribuer, ou qui est recherché pour le paiement de dettes que le partage avait mises à la charge exclusive d'un autre copartageant.

(Voir Aubry-Rau, t. 3, p. 172).

Dans tous ces cas, le privilège grève tous les immeubles de la succession, avec cette restriction toutefois qu'il n'affecte les immeubles compris au lot de chaque copartageant, que dans la mesure de son obligation personnelle.

Exemple : Un partage a été fait entre quatre héritiers, A, B, C, D, qui succèdent par parts égales. — A est évincé d'un bien qui vaut 4000 fr. Cette part devant être supportée également par tous (art. 884 C. civ.), chacun de ses cohéritiers lui doit 1,000 fr., soit au total 3,000 francs. — Un ordre s'ouvre sur un immeuble de la succession, qui, par le partage, a été attribué à B ; et A se présente à l'ordre, en vertu de son privilège de copartageant. Quelle somme lui sera allouée? Lui allouera-t-on les 3,000 fr., montant total de sa créance? Non, car B qui paierait ces 3,000 fr. éprouverait à son tour une éviction, qui lui donnerait une action en garantie contre A, et delà naîtrait un circuit de recours réciproques que l'article 875 a eu pour but de prévenir. On ne lui allouera donc que 1,000 fr., c'est-à-dire la part pour laquelle B est obligé personnellement.

(Voir Cass., 10 févr. 1851 ; D. 55, 2, 5 ; S. 53, 2, 73. — Cass., 19 juillet 1864; S. 64, 1, 445 ; D. 64, 1, 470. — Aubry-Rau, t. 3, p. 173. — Pont, n° 202 et suiv.).

COLLOCATION.

178. — Quelquefois la collocaton ne devra être qu'éventuelle, par exemple, si elle est demandée par crainte d'éviction du lot attribué au créancier produisant. Dans ce cas, on devra, pour la collocation, se reporter aux n° 227 et suiv. *infrà*.

Quand la collocation sera actuelle, elle comprendra :

1° *Capital*. — La somme principale portée dans l'inscription.

2° *Intérêts*. — Les intérêts de cette somme, si toutefois ils sont dus en vertu de convention ou de jugement et pourvu qu'ils se trouvent mentionnés dans l'inscription.

On admet généralement que les intérêts d'une soulte de partage sont dus de plein droit, à partir du jour même du partage ou de l'entrée en jouissance des lots. (Laurent, t. 30, p. 29; Michaux, *Traité des Liquidations et partages*, n° 2660 et 2661. Rennes, 10 février 1818.) — Dans ce cas encore, ils ne seront alloués que s'ils se trouvent mentionnés dans l'inscription.

En tous cas, on n'allouera que les intérêts non prescrits (art. 2277 C. civ.).

L'article 2151 n'est pas applicable au privilège du copartageant, pas plus qu'aux autres privilèges. Mais il devrait être appliqué si le privilège était dégénéré en simple hypothèque.

4° *Frais accessoires.* — Les frais d'inscription et autres, qui forment l'accessoire de la créance, pourvu qu'ils soient mentionnés dans l'inscription, et seulement jusqu'à concurrence de la somme pour laquelle ils sont émargés.

Nota. — Il arrive souvent que, lorsqu'il s'agit d'une soulte, le privilège n'est inscrit que sur l'immeuble grevé de la soulte : c'est un point à vérifier attentivement.

V. — PRIVILÈGE DE L'ARCHITECTE.

179. — Ce privilège est réglé par les articles 2103 n° 4 et 2110 du Code civil.

Il appartient aux architectes, entrepreneurs, maçons et autres ouvriers qui ont été employés directement par le propriétaire lui-même pour édifier, reconstruire ou réparer des bâtiments, des canaux ou d'autres ouvrages.

Mais il n'est pas accordé aux sous-entrepreneurs et aux ouvriers, qui ont traité, non pas avec le propriétaire, mais avec l'entrepreneur. (Aubry-Rau, t. 3, p. 173, 174 ; Pont, n° 210.)

Il ne peut être invoqué que pour les travaux de construction et d'édification, et il ne s'étend pas aux simples travaux d'agriculture, tels que défrichement, semis et plantations. (Mêmes auteurs.)

180. COMMENT CE PRIVILÈGE EST ACQUIS OU CONSERVÉ. — L'exercice de ce privilège est subordonné à quatre conditions essentielles ; il faut :

1° Qu'un expert nommé d'office par le tribunal de la situation des immeubles, ait dressé un procès-verbal de l'état des lieux, relativement aux ouvrages que le propriétaire avait le dessein de faire (art. 2103 n° 4).

2º Que ce premier procès-verbal ait été inscrit (art. 2110).

Cette première inscription est indispensable pour avertir les tiers de l'existence du privilège.

Mais elle ne pourrait plus être utilement prise, savoir :

En cas d'aliénation volontaire ou forcée, à partir de la transcription de l'acte d'aliénation ;

En cas de faillite du propriétaire de l'immeuble, à partir du jugement déclaratif de la faillite ;

En cas de décès de ce même propriétaire, lorsque sa succession n'a été acceptée que sous bénéfice d'inventaire, ou qu'elle a été déclarée vacante à partir de l'ouverture de cette succession. (Aubry-Rau, t. 3, p. 368.)

3º Que, dans les six mois après leur achèvement, les travaux aient été reçus par un expert nommé d'office, et qu'un procès-verbal de réception des travaux ait été dressé par cet expert (art. 2103 nº 4 du C. civ.);

4º Que ce second procès-verbal ait été inscrit (art. 2110, C. civ.).

Cette seconde inscription a pour but de fixer, au regard des tiers, la quotité de la créance privilégiée.

Elle doit être faite, au cas même où l'immeuble n'est pas sorti des mains du débiteur, dans les six mois de l'achèvement des travaux, faute de quoi le privilège dégénère en simple hypothèque, article 2113 Code civil. (Aubry-Rau, t. 3, p. 368.)

Elle ne peut plus être valablement effectuée après la transcription de l'acte d'aliénation volontaire ou forcée de l'immeuble, lorsque cette transcription n'aura été faite qu'après l'expiration des six mois à partir de l'achèvement des travaux.

Au contraire, si l'aliénation ou l'expropriation de l'immeuble survenait dans le cours des travaux ou dans les six mois qui ont suivi leur achèvement, cette seconde inscription pourrait toujours être faite valablement dans ce délai de six mois, et ce, quand bien même la transcription de l'acte d'aliénation aurait eu lieu antérieurement. (Cass., 18 novembre 1868; D., 69, 1, 89.)

De même, la déclaration de faillite du débiteur, l'acceptation sous bénéfice d'inventaire ou la vacance de sa succession, n'empêcheraient pas que le second procès-verbal ne pût, même après ces évènements, être inscrit d'une manière effi·ace, au regard des créanciers de la faillite ou de la succession, pourvu que l'inscription fût requise dans les six mois de la cessation ou de l'achèvement des travaux. (Aubry-Rau, t. 3, p. 369.)

181. SUR QUEL IMMEUBLE ET POUR QUELLE CRÉANCE, CE PRIVILÈGE PEUT ÊTRE EXERCÉ. — Le privilége dont il s'agit grève l'immeuble tout entier sur lequel les travaux ont été exécutés.

Mais il ne le grève que jusqu'à concurrence de la plus-value qu'il a acquise.

Cette plus-value s'établit en comparant la valeur de l'immeuble, au moment de la vente, avec la valeur qu'il avait au moment où les travaux ont été commencés. (Aubry-Rau, t. 3, p. 174, 175 ; Pont, nᵒˢ 212 et suiv.)

182. A QUELLE ÉPOQUE IL REMONTE. — Ce privilège, quand il est valablement conservé (n° 180), rétroagit à la date de l'inscription du premier procès-verbal, article 2110 Code civil.

Faut-il conclure de là que le privilège primera seulement les créanciers postérieurs, tandis qu'il serait primé par les créanciers antérieurs?

Non, répond M. Laurent : « la loi accorde un privilége à l'architecte ou constructeur, à raison de la plus-value qu'il crée et jusqu'à concurrence de cette plus-value, par ce qu'il serait injuste que les autres créanciers profitassent de ses travaux, sans lui tenir compte de l'augmentation de valeur qu'ils ont procuré au patrimoine du débiteur commun. Ce motif s'applique aux créanciers antérieurs aussi bien qu'aux créanciers postérieurs. Il

est vrai que leur hypothèque s'étend aux améliorations
que l'immeuble hypothéqué reçoit (art. 2133 C. civ.);
mais cela suppose qu'il n'existe pas de créancier privilégié du chef de ces améliorations. S'il y en a un, la
justice exige qu'il soit payé par préférence aux créanciers antérieurs qui n'ont pas dû compter sur des améliorations dont ils s'enrichiraient aux dépens de celui
qui les aurait produites..... A vrai dire, le privilège de
l'architecte et les hypothèques inscrites avant les travaux, portent sur des valeurs différentes : l'architecte
exerce son droit sur la plus-value qu'il a produite par
ses travaux ; et les créanciers antérieurs n'ont de droit
que sur la valeur de l'immeuble sur laquelle ils devaient
compter, c'est-à-dire sur le prix provenant de l'aliénation, en y comprenant même les améliorations, sauf à
désintéresser ceux qui ont créé la plus-value. » (Laurent, t. 3, p. 100, 101.)

183. Collocation. — La collocation comprendra :

1° La somme à laquelle se trouve fixée, par l'inscription du second procès-verbal, la plus-value résultant des
travaux.

2° Les intérêts de cette somme, si toutefois ils sont
dus en vertu de convention ou de jugement (car la
créance n'est pas par elle-même productive d'intérêts),
et pourvu qu'ils soient mentionnés dans l'inscription.

3° Les frais accessoires, pourvu pareillement qu'ils
soient mentionnés dans l'inscription, et jusqu'à concurrence de la somme pour laquelle ils sont émargés.

4° Les frais de production.

VI. — Privilège de ceux qui ont prêté des deniers pour payer les travaux.

184. — Les tiers qui ont prêté les deniers pour payer
les architectes, entrepreneurs ou ouvriers, jouissent du
même privilège que ces derniers, à la double condition

que ce privilège se trouve régulièrement établi, et que, d'autre part, la destination et l'emploi des deniers empruntés soient authentiquement constatés par l'acte d'emprunt et par les quittances des créanciers primitifs. (Art. 2103, n° 5 du Code civil. — Aubry-Rau, t. 3, p. 176.)

Il en est de même des tiers qui auraient directement payé les architectes, entrepreneurs ou ouvriers, à condition que les quittances délivrées par ces derniers contiennent une déclaration expresse de subrogation à leur profit. (Aubry-Rau, t. 3, p. 176 et 370.)

VII. — CLASSEMENT DES PRIVILÈGES.

185. — Conformément à l'article 2105 du Code civil, le classement des privilèges a lieu ainsi qu'il suit :

En première ligne, — les frais de poursuite d'ordre, de notification et de consignation. — Nous avons indiqué (n° 133), comment ces frais se classent entre eux.

En deuxième ligne, — les droits du Trésor, dans l'ordre suivant :

1° Contributions foncières ;

2° Droits de mutation par décès.

On se rappelle que le privilège du Trésor, pour ces deux chefs de créance, ne s'exerce que sur les intérêts du prix à distribuer.

Quant aux frais de justice criminelle (n° 150), — si le privilège est conservé, — ils ne viennent qu'après les privilèges des articles 2101 et 2103.

En troisième ligne, — les privilèges énumérés en l'article 2101 du Code civil.

Nous avons vu, sous le n° 144, comment ils se classent entre eux.

En quatrième ligne, — les créances désignées en l'article 2103 du même code.

Les créanciers privilégiés, suivant l'article 2103, sont, comme nous l'avons vu : le vendeur, le bailleur de fonds, les copartageants, les architectes et ouvriers, et ceux qui ont fourni les deniers pour les payer.

Le même immeuble a pu être vendu plusieurs fois, et les vendeurs successifs se présentent à l'ordre. — Dans ce cas, le premier vendeur est préféré au second, le second au troisième, et ainsi de suite (art. 2103, n° 1, alin. 2.)

Le même immeuble a pu figurer dans plusieurs partages successifs. — Dans ce cas, il faut suivre entre copartageants successifs, la même règle qu'entre vendeurs successifs ; car la nature du privilège des copartageants est identique à celle du privilège du vendeur. Ainsi, les premiers copartageants primeront les seconds, et ainsi de suite.

Au cas de concours du privilège du vendeur avec celui du copartageant, la prééminence de l'un sur l'autre se détermine par la priorité de la vente ou du partage. (Aubry-Rau, t. 3, p. 485.)

Si l'immeuble vendu et non payé a été partagé entre les héritiers de l'acheteur, le privilège du vendeur prime celui des copartageants. (Mourlon, Répétit. écrites, t. 3, p. 562.)

Si l'acheteur d'un immeuble, encore débiteur du prix de vente, ou l'héritier qui l'a reçu dans son lot, fait faire des travaux sur cet immeuble, le privilège de l'architecte et des ouvriers se trouvera en conflit avec celui du vendeur ou des cohéritiers. — Dans ce cas le privilège de l'architecte et des ouvriers aura la préférence : car autrement le vendeur ou le cohéritier s'enrichirait à leurs dépens. (Mourlon, d°.)

186. PRIVILÈGES DU VENDEUR ET DU COPARTAGEANT PRIMÉS PAR DE SIMPLES HYPOTHÈQUES. — Le privilège du vendeur est primé par les hypothèques établies, soit par le vendeur lui-même, soit par les précédents propriétaires sur l'immeuble qui a fait l'objet de la vente.

Il en est de même du privilège des copartageants,

dans ses rapports avec les hypothèques acquises du chef du défunt et en son vivant, sur les immeubles compris dans le partage. (Mourlon, d°, p. 508.)

Exemple : Pierre acquiert un immeuble grevé d'inscriptions hypothécaires prises contre son vendeur Il le revend à Jean, après que des hypothèques ont été inscrites contre lui-même. Puis un ordre est ouvert sur Jean qui s'est laissé exproprier, et Pierre produit à cet ordre en vertu du privilège du vendeur, en même temps que les créanciers produisent en vertu de leurs hypothèques, qui grèvent l'immeuble, soit de son chef, soit même du chef des précédents propriétaires.

Nous colloquons les créanciers hypothécaires dont il s'agit aux dates de leurs inscriptions. Mais Pierre, vendeur, ne sera colloqué qu'après eux, et seulement sur le reliquat restant disponible après le prélèvement des collocations hypothécaires dont nous venons de parler.

187. — CESSIONNAIRES DE DIVERSES PARTIES D'UNE CRÉANCE PRIVILÉGIÉE. — Les cessionnaires de diverses portions d'une même créance privilégiée doivent être colloqués au même rang et payés par contribution et au marc le franc, sans égard aux dates respectives de leurs cessions, à moins qu'il n'ait été dérogé à cette règle par la convention des parties. (Cass., 7 mars 1865 ; D., 65, 1, 121 ; Cass., 29 mai, 1866 ; D., 66, 1, 481 ; S., 66, 1, 393. — *Sic*, Aubry-Rau, t. 3, p. 461 et t. 4, p. 446, texte et note 81. — Pont, n° 239.)

Quid, si la créance entière n'a pas été cédée, et que le cédant et ses cessionnaires partiels se présentent à l'ordre ? — Dans ce cas, les uns comme les autres, c'est-à-dire le cédant et ses cessionnaires, seront colloqués concurremment entre eux ; car la seconde disposition de l'article 1252 Code civil, exclusivement relative à la subrogation, ne saurait être étendue à la cession. (Aubry-Rau, t. 4, p. 445, texte et notes 78, 79, et p. 175, texte et note 26. — *Sic*, Amiens, 24 juillet 1841 ; S., 45, 2, 93.)

Voir n° 223, *infrà* (subrogation).

Il sera quelquefois difficile de déterminer si l'acte constitue une cession-transport ou une subrogation. (Voir Aubry-Rau, t. 4, p. 175) Nous pensons que, dans le doute, il vaudra mieux admettre qu'il y a simplement subrogation, et appliquer l'article 1252 Code civil, ce qui donnerait au cédant le droit d'être payé pour ce qui lui reste dû, par préférence à ses cessionnaires partiels.

En ce qui concerne les bailleurs de fonds, ils sont subrogés au privilège des créanciers qu'ils ont payés de leurs deniers. Il y a donc lieu d'appliquer les principes qui régissent la subrogation. D'où suit : 1° que le vendeur ou l'architecte qui n'a reçu du bailleur de fonds qu'un paiement partiel est, à moins de convention contraire, préféré à celui-ci pour le paiement de sa créance.

2° Que, s'il existe plusieurs bailleurs de fonds, ils viennent tous en concurrence, sans égard aux dates respectives des paiements par eux faits. (Aubry-Rau, t. 3, p. 484, et t. 4, p. 492 texte n° 4 *in fine. Sic* Larombière, t. 3, art. 1252, n° 36.)

CHAPITRE V.

Collocations hypothécaires.

PREMIÈRE SECTION.

HYPOTHÈQUES CONVENTIONNELLES ET JUDICIAIRES.

Rappelons brièvement quelques points qui paraissent
généralement admis par la doctrine et par la jurisprudence.

188. HYPOTHÈQUE CONVENTIONNELLE. — L'hypothèque conventionnelle ne peut être constituée que par
acte notarié, article 2127 Code civil.

Mais il suffit d'un acte notarié en brevet (art 2127 et
2148 combinés. *Sic* Aubry-Rau, t. 3, p. 273 ; Pont, n° 665
et 942 ; Alger, 7 mai 1870 ; D., 71, 2, 1.)

Toutefois l'hypothèque peut être consentie par acte
sous-seing privé, pourvu que cet acte soit ensuite
déposé chez un notaire par les deux parties, et que la
constitution d'hypothèque soit renouvelée dans l'acte
même du dépôt. (Voir, sur ce point, Pont, n° 661 ; Aubry-
Rau, t. 3, p. 273)

Le mandat à l'effet de constituer une hypothèque doit,
à peine de nullité de la constitution, être donné par acte
notarié. (Aubry-Rau, t. 3, p. 274. En ce sens : Cass.,

19 janvier 1864 ; S., 64, 1, 221 ; Pont nᵒˢ 470 et 657 et un arrêt de la cour de Douai du 4 mars 1880, rapporté dans la *France judiciaire*, année 1879-1880, 2ᵉ part, p. 505.)

L'hypothèque, qui d'ordinaire est établie par le même acte que la créance qu'elle est destinée à garantir, peut être constituée par acte séparé. (Affectation hypothécaire.) — Dans ce cas, il n'est pas nécessaire que la créance elle-même soit constatée par acte notarié. (Aubry-Rau, t. 3, p. 274.)

Une obligation avec hypothèque peut être souscrite à ordre, c'est-à-dire transmissible par simple endossement ; ou bien, il peut être souscrit des billets à ordre pour faciliter la disposition de la créance, et, dans ce cas, le simple endossement, soit de l'obligation, soit des billets, transmet tous les droits attachés à la créance, sans aucune signification au débiteur. (Clerc, formul. du notariat, t. 1, p. 207, nᵒ 215. En ce sens : Aubry-Rau, t. 3, p. 460-461 ; Colmar, 30 décembre 1850 et 29 mars 1852 ; S., 54, 2, 487 et 488 ; Alger, 7 mai 1870 ; D., 71, 2, 1.) — Voir nᵒ 225 *infrà*.

L'hypothèque conventionnelle ne frappe que les biens présents (art. 2129 C. civ.).

« Néanmoins, dit l'article 2130, si les biens présents et libres du débiteur sont insuffisants pour la sûreté de la créance, il peut, en exprimant cette insuffisance, consentir que chacun des biens qu'il acquerra par la suite y demeure affecté à mesure des acquisitions. » (Art. 2130.)

Mais, dans ce dernier cas, comme le font remarquer MM. Aubry-Rau, le créancier est tenu de requérir, au fur et à mesure des acquisitions faites par le débiteur, des inscriptions supplémentaires sur chacun des immeubles nouvellement acquis, et son hypothèque ne prend date, quant à ces immeubles, que du jour des inscriptions dans lesquelles ils sont désignés. (Aubry-Rau, t. 3, p. 337 ; — *Sic* Cass., 27 avril 1846 ; S., 46, 1, 369.)

189. Hypothèque judiciaire. — L'hypothèque judiciaire est réglée par l'article 2123 du Code civil.

Elle s'étend de plein droit, en vertu de l'inscription qui en est prise, à tous les immeubles présents et à venir du débiteur, et prime, en conséquence, toute hypothèque conventionnelle inscrite postérieurement sur l'un de ces immeubles. (Cass , 5 novembre 1873 ; D., 74, 1, 373 ; *Sic*, Pont, n° 598 ; Aubry-Rau, t. 3, p. 258.)

190. Inscription des hypothèques conventionnelles et judiciaires. — Les hypothèques conventionnelles et judiciaires ne peuvent être inscrites que jusqu'à la transcription de l'acte d'aliénation des immeubles dont le prix fait l'objet de l'ordre. — L., 23 mars 1855, article 6.

Les inscriptions prises après la transcription ne grèvent pas les immeubles vendus. Voir, n° 4 ci-dessus.

Les hypothèques conventionnelles et judiciaires se classent d'après la date de leurs inscriptions (art. 2134 C. civ.).

Elles viennent au même rang, c'est-à-dire que les collocations sont faites concurremment, quand les inscriptions ont été prises le même jour (art. 2147 C. civ.).

Les inscriptions sont soumises au renouvellement décennal (art. 2154 C. civ.).

Le renouvellement d'une inscription, pour être valable, doit mentionner l'inscription renouvelée. A défaut d'énonciation à cet égard, l'inscription de renouvellement n'a d'effet que comme inscription première, et laisse tomber en péremption l'inscription renouvelée. (Cass., 25 janvier 1853 ; S., 53, 1, 423 ; Cass , 16 février 1864 ; S., 64, 1, 289 ; Aubry-Rau, t. 3, p. 383, texte et note 36 ; Pont, n° 1033.)

L'effet des inscriptions, bien et dûment renouvelées, remonte à la date de l'inscription originaire, pourvu que le renouvellement ait été fait successivement dans les dix ans. — Dans le calcul de ces dix ans, on ne fait pas entrer le jour auquel l'inscription a été prise, et on y comprend le jour de l'expiration du délai. Exemple : l'inscription prise le 23 janvier 1855 a pu être renouvelée utilement le 23 janvier 1865. (Paris, 6 août 1868; S., 69, 2, 13; *Sic*, Aubry-Rau, t. 3, p. 381.)

La péremption des inscriptions ayant été suspendue pendant la guerre de 1870, qui a duré onze mois, on doit faire entrer ces onze mois en ligne de compte dans le calcul des dix ans de la durée légale des inscriptions. (Décrets des 9 septembre et 3 octobre 1870; Loi du 26 mai 1871; Cass., 20 avril 1875; D., 75, 1, 209; Toulouse, 15 mai 1875 ; D., 76, 2, 155; Cass., 15 mars 1876 ; D., 78, 1, 64.)

191. QUAND LES INSCRIPTIONS CESSENT-ELLES D'ÊTRE SOUMISES AU RENOUVELLEMENT DÉCENNAL? — Les inscriptions cessent d'être assujetties au renouvellement décennal, dès qu'elles ont produit leur effet légal (n° 14), ce qui a lieu :

1° En cas d'adjudication sur saisie immobilière, à partir du jugement d'adjudication (Paris, 27 avril 1877; D., 77, 2, 144; S., 78, 2, 79; Cass., 6 mai 1878; D., 79, 1, 87; S., 79, 1, 160), — pourvu toutefois que l'adjudication soit définitive; car si le jugement est infirmé sur appel, le renouvellement est obligatoire jusqu'au jour de la nouvelle adjudication. (Aubry Rau, t 3, p. 377.)

2° En cas de vente volontaire, à partir du jour où l'acquéreur a fait aux créanciers inscrits la notification de son contrat, conformément à l'article 2183 du Code civil. (Jurisprudence constante : Voir arrêts ci-dessus et en outre Cass., 7 avril 1880; S., 80, 1, 220; Pal., 80, 510; Aubry-Rau, t. 3, p. 376 à 380.)

Il en est de même pour les ventes en justice, et spécialement pour l'adjudication sur licitation ordonnée par jugement (Cass., 14 novembre 1866; S., 67, 1, 21), — et cela, malgré l'éventualité ou même l'exercice d'une surenchère (Cass., 15 mars 1876; D., 78, 1, 64), — et bien que la surenchère ait été suivie d'adjudication au profit d'un autre que le premier acquéreur. (Cass., 19 juillet 1858; S., 59, 1, 23; Aubry-Rau, t. 3, p. 376, note 15. Voir aussi Cass., 15 mars 1876, qui vient d'être cité; *Contrà*, Pont, n° 1057.)

3° En cas de surenchère, à partir de l'adjudication primitive, s'il s'agit d'expropriation forcée, — et à partir de la notification du contrat, s'il s'agit de surenchère sur aliénation volontaire. C'est une conséquence de ce que nous venons de dire sous les n°⁵ 1 et 2 ci-dessus. (Caen, 16 mars 1880; S., 80, 2, 209 et la note).

4° En cas d'expropriation pour cause d'utilité publique même lorsque le propriétaire a traité à l'amiable avec l'expropriant, à partir de la transcription du jugement d'expropriation. (Cass., 30 janvier 1865; S., 65, 1, 141; *Contrà* : MM. Aubry et Rau sont d'avis que, dans ce cas, le renouvellement est obligatoire jusqu'à l'expiration de la quinzaine qui suit la transcription du jugement d'expropriation. (Aubry-Rau, t. 3, p. 377.)

5° Notons d'ailleurs que l'inscription n'a plus besoin d'être renouvelée, dès qu'il y a dispense de renouvellement.

La dispense du renouvellement de l'inscription peut résulter de tout acte impliquant, d'une part, l'offre par l'acquéreur de payer son prix aux créanciers en ordre de le recevoir, et, d'autre part, l'acceptation du prix par tous les créanciers inscrits. — Spécialement, lorsque plusieurs immeubles appartenant au même débiteur, ont été vendus successivement, les créanciers ayant hypothèque sur ces immeubles sont dispensés de renouveler leurs inscriptions, si, dans les réunions devant le juge-commissaire, les acquéreurs ont déclaré être prêts à payer leur prix aux créanciers en ordre de le recevoir et si tous les créanciers inscrits ont accepté cette offre, dispensé les acquéreurs de la notification, et consenti à ce qu'il fut procédé à l'ordre sur tous les prix réunis. (Cass., 15 mars 1876; D., 78, 1, 64.)

192. CLASSEMENT. — Le juge-commissaire devra successivement passer en revue les diverses productions ou demandes de collocation faites à l'ordre. (Voir chap. II, n° 88 *suprà*.)

Il s'assurera pour chacune d'elles :

1° Que l'inscription a été, s'il y avait lieu, renouvelée en temps utile (Voir n° 190 ci-dessus) ; auquel cas, la collocation se fait à la date de l'inscription originaire. Dans le cas contraire, la collocation ne peut se faire qu'à la date du renouvellement, ou même la demande sera rejetée, si l'inscription de renouvellement se trouve elle-même périmée.

2° Que l'inscription qui sert de base à la collocation contient les mentions ou énonciations substantielles, prescrites par l'article 2148 Code civil.

Mais, à ce sujet, il ne perdra pas de vue que « les erreurs ou défectuosités qui se rencontreraient dans des mentions ou indications, même exigées à peine de nullité, n'entraînent la nullité de l'inscription qu'autant qu'elles équivalent à l'omission même de la formalité, ou, en d'autres termes, qu'elles sont assez graves pour que l'inscription ne satisfasse plus au vœu de la loi. » (Aubry-Rau, t. III, p. 351.)

Rappelons, d'ailleurs, qu'il a été jugé que l'hypothèque conventionnelle est valable, si les indications contenues en l'acte constitutif et dans l'inscription renseignent assez exactement sur la situation hypothécaire pour prévenir toute erreur aussi bien de la part du débiteur que de la part des tiers. (Douai, 22 janvier 1880, rapporté dans la *France Judiciaire*, année IV, II, p. 269. Voir surtout la note de l'arrêtiste.)

193. — Devra-t-il considérer comme substantielle la mention d'une élection de domicile par le créancier dans un lieu quelconque de l'arrondissement du bureau des hypothèques ?

Non. Car l'omission de cette mention n'a d'autre effet

que « d'exposer le créancier à ne pas recevoir les notifications qui, en cas de purge, de saisie-immobilière et d'ouverture d'ordre, doivent être faites aux créanciers régulièrement inscrits, et à perdre ainsi ses droits sur le gage hypothécaire, par le fait de la réalisation de ce gage opérée à son insu. » (Aubry-Rau, t. 3, p. 350. En ce sens : Pont, n° 978. — Poitiers, 10 juin 1878 ; D., 78, 2, 69. — Rennes 27 janvier 1874 ; D., 75, 2. 13.)

La Cour de Cassation, par de nombreux arrêts, a déclaré nulles des inscriptions, qui n'indiquaient pas d'élection de domicile dans l'arondissement du bureau des hypothèques. (Voir notamment Cass., 26 juillet 1858. S., 58, 1, 812 ; D., 58, 1, 354.) Mais nous n'adoptons pas cette opinion, qui, d'ailleurs, est combattue par un grand nombre de cours et de tribunaux.

Quid, relativement à l'indication de l'époque d'exigibilité de la créance ? Le juge-commissaire devra la regarder comme substantielle ; la doctrine et la jurisprudence sont unanimes sur ce point. Cette mention, toutefois, peut être faite en termes équipollents ; mais on ne doit considérer comme termes équipollents, que des énonciations claires et qui ne présentent aucune équivoque. (Aubry-Rau, t. 3, § 276, p. 349, texte et note 18 ; Pont, 992 et suiv. - Cass., 15 novembre 1852 ; S., 53, 1, 793. — Cass., 30 juin 1863 ; S., 63, 1, 441. — Nancy, 27 décembre 1879 ; S., 80, 2, 174. — Voir aussi Limoges, 28 février 1879 ; S., 80, 2, 265.)

104. — Le juge-commissaire recherchera avec soin si l'inscription grève tous les immeubles dont le prix est en distribution, ou seulement quelques-uns d'entre eux. Il peut arriver, en effet, qu'elle n'ait été prise que sur certains immeubles spécialement déterminés, ou bien qu'elle ait été prise en vertu d'une obligation antérieure à l'acquisition de quelques immeubles, auquel cas elle ne grèverait pas les immeubles postérieurement acquis.

195. — Ce cas n'est pas, du reste, à prévoir pour les hypothèques judiciaires, puisque ces hypothèques grèvent tous les immeubles du débiteur tant ceux présents que ceux à venir, sans qu'il soit nécessaire de prendre de nouvelles inscriptions sur ces derniers biens, à mesure qu'ils tomberont dans le patrimoine du débiteur. (Cass., 5 novembre 1873 ; D., 74, 1, 373. Voir n° 189.)

196. — Lorsqu'il s'agit d'une hypothèque judiciaire résultant d'un jugement par défaut, le juge a le droit et le devoir de s'assurer que ce jugement a été ramené à exécution ou suivi d'acquiescement dans les six mois de sa date (art. 156 procéd.). A défaut d'exécution ou d'acquiescement dans ce délai, il doit d'office rejeter la demande en collocation ; car la péremption d'un jugement par défaut est d'ordre public. (Cass., 18 juin 1845 ; D., 45, 1, 335.)

Ce que nous disons là ne s'applique, bien entendu, qu'aux jugements par défaut rendus par le tribunal civil ou par le tribunal de commerce : car on sait que les jugements par défaut rendus en justice de paix ne sont pas sujets à péremption.

Il est d'ailleurs à noter :

Que le jour de l'obtention d'un jugement par défaut ne doit pas être compris dans le délai de six mois prescrit par l'article 156 précité. (Voir Dalloz, *Jurisp.*, *Gén.*, v° jug. par défaut, n° 356. — Bourges, 23 novembre 1840.)

Que l'acquiescement donné par acte sous-seing privé à un jugement par défaut, n'est pas opposable au tiers, quand il n'a été enregistré qu'après l'expiration des six mois. (Bastia, 25 janvier 1862 ; S., 62, 2, 453 ; Pal., 63, 161.)

Et que l'acquiescement donné en temps utile à un jugement par défaut par l'un des codébiteurs solidaires, empêche la péremption à l'égard de l'autre codébiteur, qui n'aurait pas acquiescé dans le délai de ce même article 156 (Cass., 14 avril 1840 ; S., 40, 1, 491 ; D., 40, 1, 71 ; Pal., 40, 2, 76) ;

De même que l'exécution dans les six mois à l'égard de l'un des co-débiteurs solidaires, empêche la péremption à l'égard des autres codébiteurs. (Cass., 3 décembre 1861 ; D., 62, 1, 141 ; S., 62, 1, 155 ; Pal., 62, 534.)

COLLOCATION.

197. — Chaque collocation se fait au rang déterminé par la date de l'inscription, soit originaire, soit de renouvellement. (N° 192 ci-dessus.)

Elle comprend : le capital de la créance; les intérêts, les frais.

§ 1. — *Capital.*

198. — On doit allouer le capital de la créance ou la somme restée due sur ce capital (art. 2148 n° 4 C. civ.).

Mais il faut avoir soin de n'allouer que le capital porté dans l'inscription, quand il est inférieur au capital de la créance ; car les créanciers postérieurs ont pu et dû compter n'être primés que pour les sommes émargées dans l'inscription. (Pont, n°° 287 et 702 ; Aubry-Rau, t. 3, p. 338 et 352.)

199. OUVERTURE DE CRÉDIT. — Voir n° 220, explications et collocation.

200. OBLIGATION HYPOTHÉCAIRE AVEC EFFETS PAYABLES AU PORTEUR. — Lorsqu'un acte notarié contenant une constitution d'hypothèque consentie pour sûreté d'un prêt, énonce en même temps que la créance ainsi garantie se trouve représentée par des lettres de change ou des billets à ordre souscrits par l'emprunteur au profit du prêteur, le bénéfice de l'hypothèque passe, par le seul effet de l'endossement, aux porteurs de ces billets ou lettres de change. (Aubry-Rau, t. 3, p. 460-461. En ce sens :

Colmar, 30 décembre 1850 et 29 mars 1852 ; S., 54, 2, 487 et 488. — Alger, 7 mai 1870 ; D., 71, 2, 1.)

Dans ce cas, les porteurs des effets devront être colloqués comme subrogés aux droits du créancier originaire.

Mais *quid*, si ce dernier se présente seul à l'ordre ? Cela peut arriver : car l'inscription sera prise en son nom, la subrogation ne pouvant être mentionnée en marge, en vertu d'un endossement sous-seing privé, et les tiers-porteurs, n'étant pas inscrits, ne seront pas avertis d'avoir à produire. — Il y aurait lieu, dans ce cas, de le colloquer, mais en expliquant qu'il ne pourrait toucher le montant de son bordereau qu'à charge de représenter et de faire annuler les effets dont il s'agit. — Voir 225 *infrà*.

§ 2 — *Intérêts.*

201. — Les intérêts doivent être alloués au même rang que le capital, d'après le principe que l'accessoire suit le sort du principal, sauf la restriction résultant de l'article 2151 dont il sera ci-après parlé. (Aubry-Rau, t. 3, p. 419.)

202. Taux. — Les intérêts ne doivent être calculés qu'au taux porté dans l'inscription, si ce taux est inférieur à celui qui a été stipulé. (Cass., 13 mai 1874 ; S. 75, 1, 5.)

203. — Nombre d'années a allouer. — Le nombre d'années d'intérêts à allouer est fixé, par l'article 2151 du Code civil, à deux années et à l'année courante.

Voyons comment se déterminent ces années :

Le point de départ est l'échéance annuelle des intérêts.

Le point d'arrêt est le fait à partir duquel l'inscription ayant produit son effet légal, n'a plus besoin d'être re-

nouvelée. Ce fait, nous l'avons indiqué, nᵒˢ 14 et 191 :
Dans le cas d'expropriation forcée, c'est l'adjudication
des immeubles dont le prix fait l'objet de l'ordre.

Dans le cas d'aliénation volontaire, c'est la notification
du contrat faite aux créanciers inscrits, conformément à
l'article 2183 du Code civil. (Jurispruden e constante :
Paris, 27 avril 1877; D. 77, 2, 144; S. 78, 2, 79. Cass.,
6 mai 1878; S. 79, 1, 160; D. 79, 1, 87; Pal, 79, 394.
Cass., 7 avril 1880, et la *France judiciaire*, IV, 2,
p. 524 et la note. *Sic* Aubry-Rau, t. 3, p. 376 à 380.)

Par suite, le calcul est facile à faire.

Soit une adjudication sur expropriation forcée du 20
décembre 1877, et une demande en collocation d'une
créance hypothécaire, dont les intérêts sont dus depuis
le 5 août 1871

Nous dirons, en remontant :

Du 20 décembre 1877, point d'arrêt, au 5 août 1877,
date d'échéance, — année courante.

Du 5 août 1877, date d'échéance, au 5 août 1876,
date d'échéance, — 1ʳᵉ année entière.

Du 5 août 1876, date d'échéance, au 5 août 1875,
date d'échéance, — 2ᵉ année entière.

Ou en retournant :

Du 5 août 1875 au 5 août 1877, — 2 années entières.

Du 5 août 1877 au 20 décembre 1877, année courante.

Les intérêts, dans cette espèce, seront donc alloués
d'abord à partir du 5 août 1875, date d'échéance, jusqu'au 20 décembre 1877, date de l'adjudication. Telle est
la règle de l'article 2151 précité. (Cass., 30 juillet 1873;
D. 74, 1, 106 et la note. — Voir aussi Aubry-Rau, t. 3,
p. 423)

Ils seront ensuite alloués à partir de cette dernière
époque jusqu'au jour de la clôture de l'ordre, non plus
en vertu dudit article 2151, qui cesse d'être applicable à
cette nouvelle période, mais en vertu des principes gé-
raux, qui font des intérêts l'accessoire du capital.
(Cass., 12 juin 1876; S. 76, 1, 376; D. 77, 1, 352, et

Nancy, 12 août 1874 ; S. 76, 2, 22. Pont, n° 1020. — Aubry-Rau, t 3, p. 423. *Adde* arrêt de Cass., 14 novemb.
1827.)

204 — Quant aux intérêts à courir depuis la clôture
de l'ordre jusqu'au paiement définitif, nous n'avons pas
à nous en occuper dans l'ordre ; ils sont dus par l'adjudicataire ou l'acquéreur sur lequel le bordereau est délivré. (Voir n° 399 *infrà*.)

205. — Nous devons nous rappeler que la prescription des intérêts reste suspendue pendant toute la durée de l'ordre, l'article 2277 du Code civil ne pouvant
plus leur être applicable, puisqu'il y a litispendance et
que ces intérêts, d'ailleurs, cessent d'être payables à des
époques périodiques. (Cass., 27 avril 1864. S. 64, 1,
399 Aubry-Rau, t. 8, p. 339 et t. 3, p. 425, note 24. —
Voir n° 14 *suprà*.)

206. — Il est à noter que les deux années et l'année
courante d'intérêts établies comme il vient d'être dit,
doivent être allouées, quand bien même elles ne seraient
pas mentionnées dans l'inscription, pourvu toutefois que
l'inscription porte que le capital est productif d'intérêts.
(Aubry-Rau, t. 3, p. 420, note 8.)

207. — Quelquefois, outre les intérêts dus en vertu
de l'article 2151, l'inscription mentionne une certaine
somme pour les intérêts échus d'un certain nombre
d'années. Doit-on allouer cette somme ?
Oui, si la prescription quinquennale de ces intérêts
a été interrompue par quelques-uns des actes que
la loi a admis comme étant interruptifs de la prescription. (Voir la nomenclature de ces actes, *suprà* n° 162.)
Non, s'il n'y a eu aucun de ces actes interruptifs ; car
l'inscription seule ne peut suffire pour interrompre la

prescription. (Dalloz, *Jurisprudence générale*, v° Priviléges, n°ᵈ 2535 et 2543.)

Exemple : Une obligation hypothécaire a été consentie
le 5 août 1869, avec stipulation d'intérêts à 5 0/0, depuis
le jour de l'acte. L'inscription n'a été prise que le 14
juillet 1874, pour sûreté : 1° du capital ; 2° des quatre
années d'intérêts échus ; 3° des intérêts à échoir dont la
loi conserve le rang ; 4° des frais accessoires de la
créance. — L'adjudication des immeubles hypothéqués
a eu lieu le 20 décembre 1877, et à l'ordre qui est ouvert
ensuite, le créancier réclame tous les intérêts qui lui
sont dus depuis le 5 août 1869.

Quels seront les intérêts que nous lui allouerons au
rang de son inscription ?

Nous lui allouerons, sans conteste, les intérêts de
deux années et de l'année courante, antérieures au 20
décembre 1877, date de l'adjudication, c'est-à-dire les
intérêts à partir du 5 août 1875, date d'échéance, jusqu'au
20 décembre 1877, puis ceux courus depuis cette dernière époque jusqu'au jour de la clôture de l'ordre.

Quant aux quatre années émargées dans l'inscription
nous les allouerons, si elles ont été conservées par
quelqu'acte interruptif de la prescription (voir n° 162),
dont il soit justifié ; sinon nous ne les allouerons pas.

Quid, dans le cas suivant : — L'inscription mentionne
seulement, suivant la formule habituelle, « les intérêts
dont la loi conserve le rang, ci..... Mémoire, » sans
qu'aucune somme ait été émargée pour les années
échues. Le créancier a fait quelqu'acte interruptif de la
prescription des intérêts, et il réclame à l'ordre la totalité des intérêts qui lui sont dus.

Nous ne lui allouerons, au rang hypothécaire, que les
deux années et l'année courante, conformément à l'article 2151 ; car, nous ne devons pas nous départir de cette
règle, que l'on ne peut pas allouer plus d'intérêts que
ceux qui se trouvent émargés dans l'inscription.

208. INTÉRÊTS DES INTÉRÊTS. — Les intérêts des intérêts ne doivent pas être alloués au même rang que la créance, quand bien même ils seraient dus en vertu d'une convention ou en vertu d'un jugement sur une demande des intérêts échus ; car, l'article 2151, dont les termes sont limitatifs, ne permet d'allouer que les intérêts seuls. (*Sic*, Pont, n° 1027. — Aubry-Rau, t. 3, p. 420, note 9. — Angers, 25 novembre 1846 ; D., 47, 2, 53 ; Pal., 47, 2, 483. — Bourges, 30 avril 1853 ; D., 54, 2, 52 ; Pal., 53, 2, 228.)

§ 3. — *Frais accessoires*.

209. — Ils doivent être alloués au même rang que le principal de la créance.

Mais l'allocation qui en est faite ne peut pas dépasser la somme, qui a été émargée dans l'inscription pour les frais. (Aubry-Rau, t. 3, p. 340-341.)

210. — Doivent être considérés comme frais accessoires de la créance, et, comme tels, sont garantis par l'inscription :

1° Les frais avancés par le créancier pour l'obtention ou l'enregistrement de son titre.

2° Les dépens à lui dus par suite de contestations relatives à la validité ou à l'exécution de ce titre. (Cass., 4 février 1868 ; S., 68, 1, 113 ; D., 68, 1, 57.) ;

Ce qui comprend les frais de saisie-arrêt. (Cass , 9 mars 1870 ; S., 70, 1, 207.)

3° Le coût de l'inscription et du renouvellement, qui, sauf stipulation contraire, sont à la charge du débiteur. (Art. 2155.)

Voir Aubry-Rau, t. 3, p. 340, 341 et p. 426. — Pont, n° 991.

211. INTÉRÊTS DE CES FRAIS. — Souvent, dans sa production, le créancier demande que les intérêts de ces frais lui soient alloués à partir de l'acte de produit, au même rang que sa créance. — Doit-on les allouer ?

Nous ne le pensons pas. — Sans doute la production est une demande judiciaire qui fait courir les intérêts, pourvu qu'ils soient réclamés par cet acte. (Voir Chauveau, 2604. — Limoges, 4 février 1847 ; D., 47, 4, 306 ; S., 47, 2, 449.)

Mais les intérêts, ainsi produits, ne sont pas des accessoires de la créance, qui soient garantis par l'inscription ; ils ne pourraient être alloués qu'à titre purement chirographaire.

212. FRAIS DE TRANSPORT-CESSION. — On ne doit pas allouer les frais de transport-cession ; car ces frais doivent être supportés par le cessionnaire (art. 1593, C. civ.) et ne peuvent pas être mis à la charge du débiteur. (Cass., 25 novembre 1840) ; S. 41, 1, 127 ; Dalloz, *Jurisp. G.*, v° vente, n° 1712. — Boucher d'Argis, Traité de la taxe, p. 642, édit. de Sorel.)

Toutefois, il en serait différemment, si le débiteur avait concouru à la cession faite dans son intérêt ; auquel cas, il y aurait lieu d'allouer les frais de la cession. (Aubry-Rau, § 359, note 28.)

213. DOMMAGES-INTÉRÊTS. — Les dommages-intérêts ne doivent être alloués que s'ils ont été émargés dans l'inscription, ou compris en bloc dans la somme représentant le capital de la créance. (Aubry-Rau, t. 3, p. 426. Cass., 11 mars 1834. S., 34, 1, 345.)

FORMULE DE COLLOCATION.

214. — La collocation d'un créancier hypothécaire peut être libellée de la manière suivante :

Nous colloquons : le sieur Pierre, propriétaire, demeurant à.........

A tel rang hypothécaire, à la date de son inscription prise le......... vol. , n° , et renouvelée le......., vol. , n° .

Pour :

1° La somme de....... principal d'une obligation souscrite à son profit par le sieur....... (débiteur discuté à l'ordre), suivant acte de M°........., notaire à....... .. en date du.........; ci......,........................   »   »

2° Celle de........., pour les intérêts de cette somme à 5 0/0 pendant deux années et l'année courante antérieures au........., date de la notification (voir n° 203), ou du jugement d'adjudication (voir n° 203), et pour ceux courus depuis cette dernière époque, jusqu'au........., date du présent réglement ; ci.......... ....   »   »

3° Celle de........., pour frais accessoires de la créance ; ci ....,...................   »   »

4° Celle de........., pour frais de production (y compris, s'il y a lieu, le coût du bordereau, voir n° 119 et 388), laquelle somme sera distraite au profit de M°........., avoué ; ci...................   »   »

TOTAL.............   »   »

Pour laquelle somme, nous ordonnons qu'il sera délivré audit sieur........., un bordereau de collocation sur l'acquéreur ou l'adjudicataire sus-nommé.

S'il y a lieu, on ajoutera (n° 194 et 215) :

« Avec explication que la présente collocation ne frappe que sur le prix afférent à tel immeuble. »

218. OBSERVATIONS. — Il est nécessaire de vérifier avec soin si la collocation doit frapper sur tous les immeubles ou seulement sur quelques-uns. Dans le cas, où elle n'affecterait que quelques immeubles, il faut l'indiquer dans la collocation ; car, c'est pour tous les créanciers le seul moyen de connaître quelle est leur véritable situation dans l'ordre.

219. — Excepté dans quelques cas particuliers, le

juge-commissaire ne doit point faire d'attribution spéciale sur tel adjudicataire nommément désigné, lorsqu'il s'agit, dans l'ordre, de distribuer le prix d'immeubles adjugés à des adjudicataires différents. — Nous reviendrons plus loin, n° 397, sur ce point important.

217. — Quand il a été vendu ensemble pour un même prix des immeubles différents, qui se trouvent séparément grevés d'inscriptions différentes, il faut parfois faire la ventilation du prix et établir les collocations séparément sur chaque portion du prix qui leur est affectée.

Voir, n°˙ 248 et suivants.

218. AUTRE FORMULE. — Quelquefois, il sera préférable d'employer la formule suivante :

« Nous liquidons, ainsi qu'il suit, la créance du sieur Pierre, propriétaire demeurant à......... créancier inscrit le....... vol. , n° , (privilège), et le......... vol. , n° (hypothèque).

Sa créance se compose de (énumération des divers chefs de créance). Total : 28,502 fr. 43.

Elle est garantie à la fois : 1° par le privilège du vendeur, inscrit le..........; 2° par une hypothèque inscrite le..........

En tant que créance privilégiée, elle ne grève que l'immeuble consistant en dix-neuf hectares de terre, lieudit........ porté ci-dessus dans la masse à distribuer sous l'article...., et qui a été adjugé le.........., au sieur Jean. Or, le prix afférent à cet immeuble est en principal et intérêts, de.....   16.763 95

Et il doit être diminué d'une part proportionnelle,

1° Dans........., frais de poursuite de vente et intérêts y afférents, soit de.............   960 54

2° Dans......, frais de la notification collective des adjudications du....; ci.   856 50

3° Dans........., frais généraux d'ordre et d'instance sur contredits ; ci.....   1.849 50

                 Total à déduire du prix...... 3.666 54 ci. 3.666 54

                 Ce qui le réduit à..... 13.097 41

C'est donc pour cette dernière somme seulement que le sieur Pierre doit être colloqué par privilège sur ledit immeuble.

En conséquence, nous ordonnons qu'il lui sera délivré sur le sieur Jean, adjudicataire sus-nommé, un bordereau de collocation de ladite somme de 13,097 fr. 41. Par suite, sa créance ci-dessus liquidée se trouve réduite à 15,405 fr. 02; et il sera couvert de ce reliquat par une collocation hypothécaire qui sera établie plus loin à son profit »

(Et, en effet, plus loin nous colloquons ce même créancier Pierre,

A son rang hypothécaire, à la date de l'inscription d'hypothèque prise à son profit le.......... vol.   , n° .

Pour la somme de 15,405 fr. 02, formant le reliquat de sa créance liquidée plus haut ; pour laquelle somme nous ordonnons qu'il lui sera délivré un bordereau de collocation sur les divers adjudicataires, autres que le sieur Jean, sur qui doit être délivré le bordereau spécial résultant du privilège du vendeur.)

219. AUTRE FORMULE. — DERNIER CRÉANCIER POUR LEQUEL IL Y A INSUFFISANCE DE FONDS.

Il y a lieu de modifier la formule de collocation, en ce qui concerne le créancier sur lequel les fonds doivent manquer.

Elle peut être libellée comme suit :

« Nous colloquons le sieur Pierre, propriétaire à..........

A tel rang hypothécaire, à la date de son inscription du......... vol.   , n°   ,

Pour : (énumération des divers chefs de sa créance) ; total »

Pour laquelle somme, s'il y avait fonds suffisants, ledit sieur Pierre devrait être colloqué intégralement ; mais attendu que, par l'effet des collocations précédentes, il ne reste plus à distribuer que.........

Nous le colloquons seulement pour cette dernière somme, pour laquelle nous ordonnons qu'il lui sera délivré un bordereau de collocation sur le sieur........., adjudicataire sus-nommé, ou sur les divers adjudicataires sus-nommés.

Ou bien elle peut être encore libellée de la manière suivante :

Prélèvement fait des collocations qui précèdent, il ne reste plus disponible que........,

Nous attribuons ce reliquat au sieur Pierre, propriétaire demeurant à......., lequel y a droit, en vertu et au rang de son inscription, prise le......... vol.   , nᵒ   ; et ce dernier l'imputera, aux formes de droit, sur sa créance qui se compose de :

1ᵒ........; 2ᵒ.........; 3ᵒ.........; etc. (Enumération des divers chefs de sa créance). Total..................   »   »

En conséquence, nous ordonnons qu'il lui sera délivré sur le sieur........, adjudicataire sus-nommé ou sur les divers adjudicataires sus-nommés, un bordereau de collocation de ladite somme de......... (reliquat sus-énoncé).

DEUXIÈME SECTION.

OUVERTURE DE CRÉDIT.

COLLOCATION DU CRÉDITEUR.

220. — On entend, par ouverture de crédit, la convention par laquelle un banquier s'oblige à fournir à une personne, commerçante ou non, qu'on appelle le crédité, des fonds ou des effets négociables jusqu'à concurrence d'une somme déterminée.

Une hypothèque peut être valablement conférée pour garantie du crédit ouvert à celui qui consent l'hypothèque. (Aubry-Rau, t. 3, p. 281, texte et notes 66 et 71. — Cass., 21 novembre 1849; S., 50, 1, 91. — Cass., 8 mars 1852; S., 55, 1, 214. — Rouen, 3 août 1864; S., 66, 2, 127; Pont, nᵒˢ 711 et suiv.).

Et cette hypothèque prend rang du jour de l'inscription, et non pas seulement du jour des avances faites au crédité. (Mêmes autorités.)

La créance ne devient certaine, ainsi que l'hypothèque, que par la réalisation du prêt et le versement des sommes. (Pont, nᵒ 718). Il est donc nécessaire que le créditeur produise, à l'appui de sa demande en collocation, les pièces justificatives de la réalisation du prêt ou de l'emploi du crédit.

La réalisation du crédit n'a pas besoin d'être établie par des actes authentiques. Les avances ou versements faits par le créditeur peuvent être prouvés à l'aide de simples actes sous-seing privé, ou de la correspondance des parties, ou même, s'il s'agit de relations entre commerçants, par leurs livres de commerce. (Aubry-Rau, t. 3, p. 283.)

Si le crédit est limité quant à la somme à fournir, l'hypothèque ne peut dépasser cette somme, même quand les avances auraient été plus considérables. (Pont, n° 714.)

Lorsque le crédit a été accordé jusqu'à une certaine époque à laquelle le compte devrait être arrêté, si le crédit continue après cette époque, l'hypothèque donnée en garantie ne peut valoir contre les tiers que pour la somme à laquelle la créance se serait élevée si le compte eût été arrêté à l'époque indiquée par la convention primitive. (Cas., 22 mars 1852; D., 52, 1, 86.)

Lorsque, en vertu de la convention d'ouverture de crédit, le crédité a souscrit des effets de commerce, l'hypothèque par lui constituée s'attache à ces effets et passe avec eux à la personne des porteurs successifs, par le seul fait des endossements, et, en pareil cas, tous les tiers, porteurs de ces effets ont droit d'être colloqués concurremment et à la date même de l'inscription, sans égard à la date des endossements respectifs. (Aubry-Rau, t. 3, p. 284. — En ce sens : Colmar, 30 décembre 1850 et 29 mars 1852; S., 54, 2, 487. Voir aussi Alger, 7 mai 1870; D., 71, 2, p. 1.)

Nous avons vu plus haut, n° 200, quelles précautions devront être prises, dans ce dernier cas, pour la collocation du créancier originaire. Rapprocher ce que nous disons *infrà*, n° 225.

221. INTÉRÊTS. — L'article 2151 du Code civil, qui limite à deux années et à l'année courante, la quotité des intérêts à allouer, est-t-il applicable à l'ouverture de crédit ?

Il faut distinguer :

Si le compte courant n'est pas arrêté, il n'y a pas lieu d'appliquer cet article. « Les intérêts qui courent pendant la durée du compte se confondent avec le capital ; le créditeur ne les exige pas du crédité ; il les porte en compte de ce que le crédité doit, comme il porte à son crédit les valeurs que le crédité lui remet, ainsi que les intérêts de ces remises. Il n'y a donc ni capital déterminé, ni intérêts exigibles, aussi longtemps que le compte n'est pas arrêté ; dès lors, le texte de l'article 2151 n'est pas applicable. » (Laurent, t. 31, n° 74.)

Au contraire, quand le compte sera arrêté, on rentrera dans le cas prévu par ledit article ; le créancier sera colloqué pour les deux années et la courante d'intérêts, au même rang que le capital, pourvu que ce capital n'excède pas le chiffre du crédit pour lequel l'hypothèque a été consentie et pour lequel inscription a été prise. (Laurent, t. 31, n° 74 ; Pont, n° 1028. — Douai, 10 février 1853 ; D., 54, 2, 199 ; S., 53, 2, 305 ; Pal., 1854, t. 2, p. 45.)

222. COLLOCATION. — La collocation comprendra :

1° *Capital*. — La somme dont le crédité se trouve débiteur, par suite de l'arrêté de compte, mais seulement jusqu'à concurrence du capital porté dans l'inscription.

2° *Intérêts*. — Les intérêts de deux années et de l'année courante. (Voir n° 221 ci-dessus.)

3° *Frais*. — Les frais d'inscription et autres qui forment l'accessoire de la créance, pourvu qu'ils soient mentionnés dans l'inscription, et seulement jusqu'à concurrence de la somme pour laquelle ils sont émargés.

TROISIÈME SECTION.

CRÉANCIERS SUBROGÉS.

LEUR COLLOCATION.

223. — Les cas de subrogation sont déterminés par les articles 1250 du Code civil (subrogation conventionnelle) et 1251 du même code (subrogation légale).

Le créancier subrogé sera colloqué, dans l'ordre, au rang assigné au créancier originaire. Mais il ne pourra obtenir que les sommes qui auraient été allouées à celui-ci.

Exemple : Pierre était créancier inscrit, en vertu d'une obligation, pour un capital de 1,000 francs ; les intérêts de droit, ci Mémoire, et les frais accessoires évalués à 300 francs. — Plus tard, Paul se fait subroger à ses droits, en lui remboursant une somme totale de 1,230 fr. composée : des 1,000 fr. de capital; de 200 fr., pour quatre années d'intérêts échus au jour du paiement ; et de 30 fr. pour le coût de l'obligation et de l'inscription. — Un ordre s'ouvre ; Paul, dans sa production, réclame : 1° les 1,230 fr., montant de la somme payée par lui à Pierre ; 2° les intérêts de cette somme à partir du jour du paiement ; 3° les frais de l'acte de transport ou de la quittance subrogative.

Lui allouerons-nous tout ce qu'il réclame ?

Non, nous ne lui allouerons que ce que nous aurions alloué à Pierre (voir n° 197 et suiv.) c'est-à-dire : 1° le capital de 1,000 fr. ; 2° les intérêts de ce capital pendant deux années et la courante, calculés comme il est dit plus haut, n° 203, et ceux à courir jusqu'à la clôture de l'ordre ; 3° les 30 fr., coût de l'obligation et de l'inscription.

Mais nous ne lui allouerons pas le surplus des intérêts réclamés, puisqu'ils ne sont pas conservés par l'inscription, ni les frais de l'acte de transport ou de la quittance subrogative, qui, dans l'espèce, doivent être supportés par le cessionnaire, et ne peuvent être mis à la charge de l'ordre, le débiteur étant resté étranger à cet acte. (Voir n° 212.)

224. Concours de subrogés. — Quand plusieurs personnes ont été successivement subrogées dans des portions d'une seule et même créance, elles concourent entre elles dans la proportion des sommes pour lesquelles elles sont devenues créancières, sans aucune distinction tirée, soit de la date, soit de l'origine des subrogations. (Aubry-Rau, t. 4, p. 193. En ce sens : Larombière, t. 3, art. 1252, n° 36. — Dijon, 10 juillet 1848; S. 48, 2, 609.)

Mais lorsque le subrogeant n'a été payé qu'en partie, il est autorisé à exercer ses droits pour ce qui lui reste dû, sur la créance partiellement acquittée, par préférence au subrogé. — Art. 1252 C. civ. (Aubry-Rau, t. 4, p. 191.)

225. Subrogation au profit de tiers, porteurs de billets ou lettres de change. — « Lorsqu'un acte notarié, contenant une constitution d'hypothèque consentie pour sûreté d'un prêt, énonce en même temps que la créance ainsi garantie se trouve représentée par des lettres de change ou des billets à ordre, souscrits par l'emprunteur au profit du prêteur, le bénéfice de l'hypothèque passe par le seul effet de l'endossement, aux porteurs de ces billets ou lettres de change. » (Aubry-Rau, t. 3, p. 460, 461. En ce sens : Cass., 21 février 1838; S., 38, 1, 208. Cass., 11 juillet 1839 ; S. 39, 1, 939. Voir aussi Alger, 7 mai 1870 ; D., 71, 2, p. 1. — *Suprà* n° 130.)

« Il en est de même du privilège pour prix de vente d'un immeuble ou de cession d'un office, si l'acte de vente ou de cession constate la création d'effets à ordre, en paiement du prix. — Dans ces différentes hypothèses, les paiements faits au prêteur, au vendeur ou au cédant ne pourraient être opposés aux tiers auxquels les effets auraient été passés, fût-ce même postérieurement à ces paiements. » (Aubry-Rau, t. 3, p. 460, 461. En ce sens : Cass., 15 mars 1825; S., 26, 1, 61. Metz, 26 janvier 1854; S., 54, 2, 743; D., 54, 2, 259.)

Nous croyons devoir insister particulièrement sur ce cas de subrogation, parce que, d'après ce qui vient d'être dit, l'adjudicataire ou l'acquéreur qui rembourserait au prêteur, au vendeur ou au cédant, le montant de leur collocation, sans exiger la représentation et l'annulation des effets dont il s'agit, s'exposerait à payer une seconde fois aux porteurs de ces effets. (Voir Limoges, 25 janvier 1878; S. 80, 2, 70.) Aussi le juge-commissaire fera-t-il bien, toutes les fois que l'existence de pareils billets à ordre lui sera révélée, de les mentionner d'une manière spéciale dans la collocation du prêteur, vendeur ou cédant.

CHAPITRE VI.

Créances à terme, conditionnelles, éventuelles ou indéterminées.

LEUR COLLOCATION.

226. — Toutes les questions relatives aux collocations de créances éventuelles, déterminées ou indéterminées, sont d'autant plus difficiles à résoudre que la loi n'a réglé ni la condition des créanciers postérieurs, en rang d'inscription, aux créanciers éventuels, ni le sort du prix dû par l'acquéreur, dans le cas où la convention ne contiendrait aucune stipulation à cet égard. (Voir le rapport de la commission du Corps législatif sur la loi du 21 mai 1858. Dalloz, période. 58, 4, 49, n° 79.)

Nous examinerons successivement : — Dans une première section, le cas où il s'agit de créances soit à terme, soit conditionnelles ou éventuelles, mais dont le *quantum* est déterminé. — Dans une seconde, le cas où il s'agit de créances dont le *quantum* est indéterminé. — Enfin dans une troisième, nous nous occuperons spécialement de la collocation des rentes viagères.

PREMIÈRE SECTION

CRÉANCES DONT LE QUANTUM EST DÉTERMINÉ.

227. — « L'hypothèque garantit les créances à ter-me, conditionnelles ou éventuelles, d'une manière aussi complète que les créances pures et simples. — (Art. 2148, n° 4, 2153, n° 3, 2195, al. 2 et arg. de ces articles.) Toutefois il y a, quant au mode de collocation, une distinction à faire entre les créances pures et simples ou à terme, d'une part, et les créances conditionnelles ou éventuelles, d'autre part. » (Aubry-Rau, t. 3, p. 417.)

§ 1ᵉʳ.

228. Créances a terme. — « Le titulaire d'une créance à terme peut, lorsqu'un ordre s'ouvre pour la distribution du prix de l'immeuble qui lui est hypothéqué, demander une collocation actuelle et définitive, tout comme peut le faire celui dont la créance est échue. (Art. 2184 et arg. de cet article). Il en est ainsi dans l'hypothèse où l'immeuble grevé vient à être exproprié pour cause d'utilité publique, aussi bien que dans les cas de vente volontaire ou d'expropriation forcée. » (Aubry-Rau, t. 3, p. 418.)

Pour les créances à terme, il suffit donc d'établir la collocation, comme nous l'avons fait pour les créances pures et simples, n° 197 et suiv. — Le créancier à terme, ainsi colloqué, touchera immédiatement le montant de sa collocation, quoique le terme ne soit pas échu.

§ 2.

229. Créances a condition résolutoire. — « Pour une créance soumise à une condition résolutoire, le créancier est encore fondé à demander une collocation actuelle, à charge toutefois de fournir caution de restituer, en cas d'accomplissement de cette condition, la somme à lui assignée, aux créanciers, qui, par suite de sa collocation, se trouveraient inutilement colloqués. » (Aubry-Rau, t. 3, p. 418 et aussi p. 545 ; voir Pont, n° 1426.)

Une condition est résolutoire lorsque, venant à s'accomplir, elle fait évanouir la créance, qui, par suite, est considérée comme nulle et non-avenue.

M. Houyvet en cite un exemple tiré de la collocation à laquelle peuvent parfois donner lieu les privilèges de l'article 2101. « Les privilèges généraux énoncés en cet article, dit-il, s'étendent sur les meubles et sur les immeubles, mais ils n'affectent les immeubles que subsidiairement et à défaut de mobilier (art. 2105). S'il y avait un mobilier suffisant et que le créancier eût négligé de se faire payer aux dépens de ce mobilier, il ne pourrait être admis à venir augmenter le passif qui grève les immeubles ; sa demande en collocation devrait alors être rejetée. (Voir ce que nous avons dit sur ce point, n° 134 ci-dessus.) Mais si l'ordre a lieu avant que les créanciers privilégiés aient pu se faire payer sur le mobilier, leur production est recevable ; seulement alors ils ne doivent obtenir qu'une collocation conditionnelle et éventuelle, résoluble pour le cas où le mobilier serait suffisant pour les désintéresser ultérieurement. » (Houyvet, n° 191. *Sic* Pont, n° 242.)

Il est, d'ailleurs, à remarquer qu'une condition suspensive à l'égard d'un créancier est, par cela même résolutoire à l'égard des autres. (Houyvet, n°ˢ 192 et 193.) Aussi les explications que nous allons donner tout-à-l'heure en parlant de la condition suspensive pourront servir pour les collocations des créanciers à condition résolutoire.

Ces dernières collocations se font absolument de la même manière que s'il s'agissait d'une condition pure et simple.

Mais nous la ferons suivre de la mention suivante :

« Attendu que la présente collocation devra être considérée comme nulle et non avenue dans le cas où (énoncé de la cause de résolution), disons qu'elle n'est faite au profit du sieur..... qu'à la charge par ce dernier de fournir bonne et suffisante caution de restituer, ce cas échéant, aux créanciers postérieurs en rang, la somme qui vient de lui être allouée, étant expliqué d'ores et déjà que lesdits créanciers sont : 1° le sieur........., créancier inscrit le.........; 2° le sieur........, créancier inscrit le.........

230. *Nota.* — Les créanciers postérieurs auxquels est ainsi attribué éventuellement le montant de la collocation dont il s'agit, auront le droit de réclamer, à leur rang hypothécaire, les intérêts de leur créance qui auront couru depuis la clôture de l'ordre jusqu'au moment où leur propre collocation sera devenue efficace par l'évènement de la condition. (Aubry-Rau, t. 3, p. 425. *Sic* Lyon, 28 août 1821. S. 23, 2, 248.)

§ 3.

231. Créance a condition suspensive. — « S'il s'agissait d'une créance soumise à une condition suspensive, le créancier ne pourrait plus exiger une collocation actuelle; mais il serait autorisé à en réclamer une éventuelle, et, par suite, à demander que les fonds restent provisoirement entre les mains de l'acquéreur ou qu'ils soient versés à la caisse des dépôts et consignations. » (Aubry-Rau, t. 3, p. 418.)

Il arrive très-fréquemment que l'on ait à faire des collocations de créances soumises à une condition suspensive. Telles sont notamment les créances qui résultent d'une garantie promise, ou, pour employer l'expression habituelle, qui résultent d'une hypothèque de garantie.

Exemple : Jean vend un immeuble à Pierre, qui le paie comptant, mais avec stipulation que, pour garantir ce dernier de tout danger d'éviction, Jean lui consent sur ses biens une hypothèque, soit générale, soit restreinte à quelques immeubles déterminés. Cette hypothèque est régulièrement inscrite. Plus tard, un ordre vient à s'ouvrir sur les immeubles de Jean ainsi hypothéqués, et Pierre produit à cet ordre pour sa créance.

Nous le colloquerons au rang de son inscription, pour :

1° Le prix de vente par lui payé comptant à Jean, ci...   »

2° Les frais accessoires de sa créance, ci....   »

3° Les frais de production à distraire au profit de l'avoué, ci..............................   »

Total..........   »

Mais nous ferons suivre la collocation de la mention suivante :

« Les sommes portées sous les nᵒˢ 2 et 3 sont seules actuellement exigibles. Quant à la somme portée sous le nᵒ 1, elle n'est allouée qu'éventuellement, c'est-à-dire pour le cas où, l'éviction venant à se réaliser, Pierre aurait le droit de se faire rembourser cette somme. En conséquence, jusqu'à ce que toute cause d'éviction ait cessé, ladite somme devra rester entre les mains du sieur............, acquéreur ou adjudicataire des immeubles dont le prix est en distribution au présent ordre, si mieux n'aime ledit acquéreur ou adjudicataire en opérer la consignation ; et les intérêts qu'elle produira seront payés annuellement, à partir du............, date du présent réglement, au sieur............, créancier sur lequel les fonds vont manquer, ainsi qu'il sera expliqué plus loin. Puis, lorsque la cause d'éviction aura cessé, la somme dont il s'agit sera payée à ce même dernier créancier, en déduction de sa créance, qui sera augmentée des intérêts qu'elle aura produits depuis le jour de la clôture de l'ordre, jusqu'à celui de son paiement. »

Nota. — Quand on arrivera à la collocation de ces créanciers derniers colloqués, on aura soin de rappeler, par une mention spéciale, la collocation éventuelle qui serait ainsi faite à leur profit. (Voir un exemple de cette mention, nᵒˢ 244-245 ci-après.)

232. — Dans l'exemple qui précède, nous avons attribué au créancier postérieur, les intérêts qui seront produits par le capital réservé, à partir de la clôture de l'ordre jusqu'à l'évènement de la condition. En cela, nous n'avons fait que nous conformer à la jurisprudence.

Il a, en effet, été jugé que, si les fonds sont consignés ou restent entre les mains de l'acquéreur, les intérêts du capital réservé profitent aux créanciers postérieurs. (Grenoble, 6 janvier 1831 et Montpellier, 19 mai 1841, cités dans Dalloz, *Jur. G.* vᵒ Privilèges nᵒ 2330, 5ᵒ et 6ᵒ; voir aussi la note de Dalloz sur un arrêt de cassation, du 29 août 1870 ; D. 70, 1, 353.)

233. — Mais il n'en sera ainsi que dans le cas où le capital réservé serait suffisant pour garantir les droits du créancier colloqué éventuellement.

Au contraire, si le capital réservé paraissait devoir être insuffisant, le créancier éventuel pourrait être autorisé à compléter ce capital par la capitalisation des intérêts qu'il doit produire jusqu'à la réalisation de la condition à laquelle sa créance est subordonnée. (Cassation, 29 août 1870; D. 70, 1, 353 et la note ; S. 71, 1, 157.)

234. — Nous venons, dans l'exemple précédent, de supposer que l'acquéreur ou l'adjudicataire serait autorisé soit à garder les fonds entre ses mains, soit à les consigner. C'est ce qui a lieu le plus habituellement.

Mais *quid* si les créanciers postérieurs demandaient que le capital réservé leur soit attribué à eux-mêmes, à charge par eux de fournir une caution hypothécaire, pour la restitution des deniers, au cas où la condition viendrait à s'accomplir ?

Il y aurait lieu de faire droit à leur demande. (Aubry-Rau, t. 3, p. 418.)

238. — Seulement, il y a une remarque importante à faire à ce sujet : c'est que, suivant un arrêt de la Cour de Cassation du 28 juillet 1874, D. 75, 1, 121, le créancier postérieur en rang à un créancier colloqué éventuellement pour une créance non encore liquidée, et auquel a été remise, en vertu d'un jugement, et sous la garantie d'une caution, la somme affectée à cette créance, doit, après la liquidation et la fixation définitive du chiffre de la créance, restituer non-seulement le capital, mais en outre les intérêts courus depuis le jour où il lui a été remis.

Ce principe nous paraît en tous points applicable aux créances déterminées et liquidées, dont nous nous occupons en ce moment.

Pour que la restitution des intérêts n'ait pas lieu, il faudrait une disposition spéciale insérée dans le règlement d'ordre.

236. Différence de la collocation, suivant qu'il s'agit d'une créance sous condition suspensive ou sous condition résolutoire. — De ce qui précède il résulte que, dans l'hypothèse d'une créance sous condition suspensive, le créancier ne peut, si les autres la demandent pour eux, toucher la collocation, tandis que le créancier sous condition résolutoire doit être payé.

Pourquoi cette différence ?

M. Tessier, qui se pose cette question dans son Traité de la distribution par contribution, y fait la réponse suivante :

« La créance est sous condition suspensive, dit-il, quand elle dépend d'un évènement futur et incertain ou inconnu actuellement. Elle a pour effet de retarder la *naissance* de l'obligation. Le lien juridique n'existe pas et ne se produira que si la condition arrive. Tant qu'elle n'est pas arrivée, la personne qui possède cette créance n'est donc pas *réellement* créancière. Puisqu'elle n'est pas réellement créancière, les autres créanciers peuvent exiger le dépôt du montant de la créance ou se le faire remettre en donnant caution.

« Dans la condition résolutoire, c'est tout différent ; le lien de droit existe *hic et nunc*. Le créancier est réellement créancier et ne cessera de l'être que si la résolution arrive : *pura obligatio quæ sub conditione resolvitur*. Il est donc naturel qu'il soit payé, mais il est astreint, s'il y a lieu, à fournir caution, car il pourrait arriver que la résolution s'opérât. » (Tessier, *Traité de la Distribution*, p. 368, 369.)

DEUXIÈME SECTION.

CRÉANCES DONT LE QUANTUM EST INDÉTERMINÉ.

237. Nous arrivons maintenant au cas où il s'agit de créances non-seulement éventuelles, mais encore indéterminées, c'est-à-dire dont la quotité est subordonnée à l'évènement d'une liquidation de succession ou de communauté, d'un compte de tutelle, etc.

Le Juge-Commissaire peut prescrire telles mesures qu'il croit utiles et propres à sauvegarder les intérêts des créanciers éventuels, tout en tenant compte des légitimes demandes des créanciers postérieurs. (Cassation, 9 janvier 1855; S. 55, 1, 125; Pal. 56, 1, 305; D. 55, 1, 28.)

Si la liquidation peut se faire dans un délai assez rapproché, il ordonnera le sursis de l'ordre.

Si la liquidation ne peut se faire qu'à une époque fort éloignée et tout à fait incertaine, si, par exemple, elle doit être ajournée à la cessation de la tutelle ou à la dissolution du mariage, le simple sursis n'est plus possible. Dans ce cas, le Juge-Commissaire commencera parétablir, à son rang hypothécaire, mais seulement pour mémoire, la collocation du créancier éventuel dont il s'agit. Puis il procédera d'après les hypothèses suivantes :

Première hypothèse. — Les créanciers postérieurs demandent qu'il leur soit fait attribution de la somme ainsi réservée, en offrant de fournir une caution ou des sûretés suffisantes pour la restitution, le cas échéant.

Le Juge-Commissaire fera droit à leur demande (Voir les n⁰ˢ 234 et 235 ci-dessus.)

Deuxième hypothèse. — Les créanciers postérieurs ne veulent pas ou ne peuvent pas offrir un gage suffisant pour la restitution de la totalité du capital réservé.

Dans ce cas, suivant une opinion, le Juge aurait le droit d'évaluer lui-même le montant de la créance indéterminée. Il allouerait la somme ainsi fixée au titulaire de la créance, à charge de rendre l'excédant de l'évaluation, si excédant il y a, aux créanciers postérieurs ; puis il colloquerait les créanciers postérieurs, à charge par eux de compléter l'excédant, si par la liquidation il revient au titulaire de la créance indéterminée, une somme supérieure à celle évaluée par le Juge. (Voir le rapport de la Commission du Corps législatif sur la loi du 21 mai 1858. Dalloz, Périod. 58, 4, 49, n° 79.)

Suivant une autre opinion, il y aurait lieu de déclarer que l'ordre ne serait complètement et totalement réglé, que quand la liquidation serait devenue possible. D'ici là, il n'y aurait qu'un règlement partiel (art. 758 procéd. Voir n⁰ˢ 41 et 66 *suprà*), pour les créances d'un rang antérieur, et il serait ordonné que la somme restant à distribuer serait laissée entre les mains de l'adjudicataire ou acquéreur, ou serait versée à la caisse des consignations, jusqu'à l'évènement de la condition, c'est-à-dire jusqu'à ce que la liquidation ait fait connaître si le titulaire de la créance indéterminée est réellement créancier et pour quelle somme. (En ce sens : Aubry-Rau, t. 3, p. 545. Cassation 9 janvier 1855 ; S. 55, 1, 125 ; Pal. 56, 1, 305 ; D., 55, 1, 28.)

Dans cette dernière opinion, que deviendront les intérêts de ce capital réservé? — Ils seront attribués aux créanciers postérieurs, comme nous l'avons déjà dit (n° 232), excepté dans le cas dont nous allons parler.

Troisième hypothèse. — La portion du prix affecté à la garantie des droits du créancier éventuel est insuffisante pour assurer son remboursement.

Dans ce cas, la somme serait consignée ou resterait entre les mains de l'adjudicataire ou acquéreur; et le créancier éventuel serait autorisé à compléter ce capital par la capitalisation des intérêts qu'il doit produire jusqu'à la réalisation de la condition à laquelle sa créance est subordonnée. (Voir Cass., 29 août 1870 ; D. 70, 1, 353 et la note; S. 71, 1, 157. Voir aussi n° 233 ci-dessus.)

238. Intérêts des créances indéterminées. — L'article 2151 n'est pas applicable à ces intérêts.

« Quand, dit M. Wéber (*Traité des intérêts des créances privilégiées et hypothécaires*), quand le chiffre de la créance n'est pas encore déterminé et que sa fixation dépend d'un règlement de compte ou d'une liquidation à faire, les intérêts peuvent être dus pour les divers articles du compte, mais ils entrent comme éléments de compte dans la détermination du reliquat, et tant qu'il n'est pas fixé, ils ne peuvent tomber sous l'application de la règle limitative de l'article 2151. » (Wéber, ouvrage précité, p. 45, n° 36. *Sic* Aubry-Rau, t. 3, p. 422, note 17.)

MM. Aubry et Rau ajoutent : « Les intérêts des créances ordinaires ne tombent sous l'application de cet article, qu'autant que, le capital de la créance se trouvant déterminé, ils sont périodiquement exigibles. Ainsi l'inscription prise en vertu d'un jugement qui ordonne une reddition de compte ou la liquidation d'une société conserve virtuellement tous les intérêts qui ont dû courir jusqu'au moment de la fixation définitive du reliquat, et de plus les intérêts de deux années et de l'année courante du reliquat ainsi fixé. » (Aubry-Rau, t. 3, p. 422, texte et note 17.)

TROISIÈME SECTION.

COLLOCATION DES RENTES VIAGÈRES.

239. — Art. 1977 C. civ. « Celui au profit duquel la rente viagère a été constituée moyennant un prix, peut demander la résiliation du contrat, si le constituant ne lui donne pas les sûretés stipulées pour son exécution. »

Art. 1978. « Le seul défaut de paiement des arrérages de la rente n'autorise point celui en faveur de qui elle est constituée, à demander le remboursement du capital ou à rentrer dans le fonds par lui aliéné : il n'a que le droit de saisir et de faire vendre les biens de son débiteur, et de faire ordonner ou consentir, sur le produit de la vente, l'emploi d'une somme suffisante pour le service des arrérages. »

Art. 1979. « Le constituant ne peut se libérer du paiement de la rente, en offrant de rembourser le capital, et en renonçant à la répétition des arrérages payés ; il est tenu de servir la rente pendant toute la vie de la personne ou des personnes sur la tête desquelles la rente a été constituée, quelle que soit la durée de la vie de ces personnes, et quelque onéreux qu'ait pu devenir le service de la rente. »

240. — Par application de ces dispositions aux droits du crédit-rentier, il a été décidé et il est généralement admis :

1º Que le crédit-rentier a droit de demander, en cas de vente des biens soumis à son hypothèque, qu'il soit laissé aux mains de l'acquéreur de l'immeuble hypothéqué, une somme suffisante pour le service de la rente, alors même qu'il n'a pris inscription que pour le capital qu'il a fourni, si toutefois il a pris soin d'énoncer, dans son inscription, le montant de la rente, de telle sorte que les tiers aient été suffisamment avertis de sa créance. (Riom, 18 janvier 1844; S. 44, 2, 166. — Caen, 24 janvier 1851; S. 51, 2, 595; D. 51, 2, 206.)

2º Que le crédit-rentier, colloqué dans l'ordre ouvert sur le prix de l'immeuble affecté à sa créance, doit être autorisé, si les intérêts du capital restant libre sont insuffisants pour acquitter les arrérages, à prélever chaque année sur ce capital somme suffisante pour parfaire ces arrérages. (Aubry-Rau, t. 4, p. 591-592, texte et note 19. — En ce sens, Agen, 3 janvier 1844 ; S. 45, 2, 405. — Riom, 24 août 1863 ; S. 64, 2, 65. — En sens contraire, Pont, *Traité des Petits contrats,* sur l'article 1978, nº 760.)

3º Que les créanciers inscrits postérieurement au crédit-rentier doivent être colloqués éventuellement sur le capital de la rente. (Aubry-Rau, t. 3, p. 419, texte et note 7. — Voir aussi nᵒˢ 229 et suiv. ci-dessus.)

4º Et qu'ils ont le droit de réclamer, à leur rang hypothécaire, les intérêts qui auront couru depuis la clôture de l'ordre jusqu'au moment où leur collocation sera devenue efficace par l'extinction de la rente viagère. (Aubry-Rau, t. 3, p. 425, texte et note 25. — *Sic*, Lyon, 28 août 1821. S. 23, 2, 248. — Nancy, 12 août 1874 ; S. 76, 2, 22. — Cass., 12 juin 1876 ; D. 77, 1, 352 ; S. 77, 1, 376.)

241. ARRÉRAGES. — Il a été jugé que l'article 2151 du Code civil, qui limite à deux années et à l'année courante, la quotité des intérêts à colloquer au rang hypothécaire (voir nᵒˢ 203 et suiv.), s'applique aux arrérages d'une rente viagère. (Aubry-Rau, t. 3, p. 422, texte et note 16. *Sic* Pont, nº 1029. — Bordeaux, 15 février 1832 ; S. 33, 2, 59.)

242. DONATEUR. — Enfin, nous rappelons que le donateur n'a point de privilège sur l'immeuble donné, à raison des charges, même pécuniaires, qu'il a imposées au donataire; et qu'il en est ainsi lors même que ces charges consisteraient en une pension annuelle à lui servir sa vie durant. (Voir nº 170.)

Il ne peut être colloqué qu'à son rang hypothécaire, à moins qu'une convention spéciale n'autorise à son profit, sur la somme à distribuer, le prélèvement d'un capital destiné au service de la pension, comme nous l'expliquerons tout à l'heure (nº 246).

COLLOCATION.

243. — Avec toutes les données précédentes, il nous sera maintenant facile d'établir la collocation du crédit-rentier.

Elle pourra être libellée de la manière suivante :

FORMULE.

Nous colloquons : le sieur......... (nom, prénoms, profession et demeure du crédit-rentier),

Au rang de son inscription du........., vol,   , nº   .

Pour :

1º La somme de   fr.   , capital destiné à assurer le service des arrérages d'une rente annuelle et viagère de   fr.   , créée et constituée sur sa tête par le sieur........., débiteur discuté à l'ordre, suivant acte passé devant Mº....... notaire à......... le..........; ci....................   »   »

2º Celle de   fr.   , montant des arrérages de cette rente, calculés conformément à l'article 2151 (voir nº 203), c'est-à-dire pendant deux années et l'année courante, antérieures à la date de l'adjudication ou de la notification du contrat de vente (nºº 14 et 191), et de ceux courus depuis cette dernière époque jusqu'à la clôture de l'ordre ; ci......   »   »

3º Celle de........., pour frais accessoires de la créance.......................................   »   »

4º Celle de........., pour frais de production ; laquelle somme (ainsi que celle portée sous le nº 3

ci-dessus), sera distraite au profit de M•. ....
avoué; ci..   »   »
Total...........   »   »

Ledit sieur........., crédit-rentier, n'aura le droit de toucher présentement que les sommes portées sous les n°s 2, 3 et 4, qui seules sont exigibles. Quant au capital, porté sous le n° 1 il restera entre les mains de l'acquéreur (ou adjudicataire), qui, s'il n'aime mieux consigner, demeurera chargé, avec les intérêts dont ce capital est productif, de payer audit sieur.... crédit-rentier les arrérages de sa rente viagère, à partir de la date du présent réglement, conformément aux clauses de l'acte précité constitutif de ladite rente. Après la mort de ce dernier, ce capital appartiendra et sera payé aux créanciers qui se trouveront y avoir droit, d'après leur rang déterminé ci-après, étant d'ailleurs expliqué d'ores et déjà que ceux-ci seront autorisés à porter en augmentation de leurs créances respectives, les intérêts qu'elles auront produits depuis le jour de la clôture de l'ordre jusques à celui du paiement (n° 230).

En cas de consignation dudit capital, et pour prévenir la diminution d'intérêts qui en résulterait, le sieur crédit-rentier demeure autorisé à le recevoir à la charge par lui de donner bonne et suffisante caution pour en assurer le remboursement à qui de droit, le cas échéant.

Suivant le cas on pourra ajouter :

« Et comme l'intérêt du capital restant disponible sera insuffisant pour payer ensuite les arrérages de ladite pension, le sieur........., crédit-rentier, est autorisé à prélever sur ce capital, aux époques des termes stipulés, somme suffisante pour le complément des arrérages jusqu'à épuisement dudit capital; et après son décès, ce qui restera de ce même capital sera payé au créancier sur lequel les fonds manqueront au présent ordre. (Voir n° 240, 2°.) •

En conséquence, nous ordonnons qu'il lui sera délivré un bordereau de collocation comprenant toutes les explications sus-relatées.

244. — FORMULE concernant le créancier dernier-colloqué, c'est-à-dire, celui qui aura droit au capital, à l'époque d'exigibilité.

12

« Nous colloquons : le sieur..........,.... (nom, prénoms, profession et demeure).

A tel et dernier rang, et à la date de son inscription du....,

Pour la somme de   fr.   , restant disponible après le prélèvement des collocations qui précèdent, et il imputera cette somme, aux formes de droit, sur le montant de sa créance, qui se compose :

1° De....,.,...., principal d'une obligation, etc....   »   »
2° De........,., pour intérêts...................,........   »   »
3° De........,.,., pour frais accessoires...........,......   »   »
4° De.,.......,, pour frais de production.,.......   »   »

Total.,,.....,.......   »   »

Et il sera remboursé du surplus de sa créance, quand il y aura lieu, au moyen du capital de   fr.   , laissé entre les mains de l'acquéreur pour le service de la rente viagère du sieur......., crédit-rentier, et qui deviendra exigible lors du décès de ce dernier, étant expliqué d'ores et déjà que la somme à lui restée due sera augmentée des intérêts qu'elle aura produits à partir du........, date du présent réglement jusqu'au jour du paiement. Pour quoi, tous droits et actions d'hypothèque sont réservés sur ce capital au profit dudit sieur (créancier dernier colloqué). A cet effet, l'inscription sus-énoncée du..... continuera de subsister sur les immeubles dont il s'agit, jusqu'à concurrence de la somme qui lui restera due; mais elle ne fera qu'une seule et même chose avec celle du sieur....... crédit-rentier, et il sera tenu d'en faire main-levée définitive; lors du paiement qui lui sera fait dudit capital, après l'extinction de la rente viagère de ce dernier.

En conséquence, nous ordonnons qu'il lui sera délivré un bordereau de collocation comprenant toutes les explications qui viennent d'être données. »

243. Autre formule concernant un deuxième créancier dernier-colloqué. — Dans le cas où l'on pourrait prévoir que la collocation précédente ne suffira pas pour absorber le capital dont il s'agit, il y aurait lieu de colloquer encore un nouveau créancier, suivant le rang hypothécaire, ce qui se ferait de la manière suivante :

« Nous colloquons : le sieur....., créancier inscrit le...... vol.   , n°   , et au rang de sadite inscription.

Pour : 1°.........; 2°.........; etc. (Enumération des chefs de sa créance comme ci-dessus), total.............   »   "

Mais il est expliqué que ledit sieur........., n'est ainsi colloqué qu'à titre purement éventuel sur ce qui pourrait rester dudit capital de   fr.   , après le paiement intégral de la collocation précédente, en principal et intérêts, pour toucher et recevoir ce reliquat, aux imputations de droit, sur sa créance qui vient d'être ci-dessus liquidée, et qui sera d'ailleurs augmentée des intérêts qu'elle aura produits à partir du........., date du présent réglement, jusqu'au jour du remboursement.

Pour raison de cette collocation éventuelle, tous droits et actions sont réservés audit sieur........., sur ledit capital de   fr.   ; et, à cet effet, son inscription sus-énoncée continuera de subsister sur les immeubles dont il s'agit : mais elle ne fera qu'une seule et même chose avec celle du sieur.... (crédit-rentier), et il sera tenu d'en faire main-levée définitive, soit lors du paiement qui lui sera fait, après l'extinction de la rente viagère, de la portion lui revenant dans ledit capital, soit sur la justification que ce capital est entièrement absorbé par la collocation précédente, en principal et intérêts.

En conséquence, nous ordonnons qu'il lui sera délivré un bordereau de collocation comprenant toutes les explications qui viennent d'être données. »

(Voir Clerc, Formulaire du notariat, t. 1, p. 536, et Fons, Formules d'ordres amiables, p. 49.)

246. FORMULE DE COLLOCATION DU CRÉDIT-RENTIER, PAR VOIE DE PRÉLÈVEMENT. — Quelquefois le jugement d'adjudication contient une clause ainsi conçue : « L'adjudicataire sera tenu de garder entre ses mains, jusqu'au décès de Pierre N..., et de Jeanne, sa femme, tous deux donateurs, un capital suffisant pour faire face au service de la pension, qui est due à ces derniers par Jacques N..., leur fils, partie saisie, conformément aux clauses d'un acte de donation passé devant Mᵉ........ notaire à........., le......... Ce capital est actuellement de 3,300 fr., mais il devra être réduit à 2,300 fr. à partir du décès du premier mourant desdits époux N... »

Dans ce cas, au lieu d'établir une collocation hypothécaire, au profit des donateurs, comme dans l'espèce précédente, nous devrons procéder par voie de prélèvement.

Nous colloquerons d'abord l'avoué poursuivant pour les frais de poursuite d'ordre, et, s'il y a lieu, pour les frais de notification, puisque ces frais sont privilégiés au premier chef (n° 133).

Puis nous ajouterons :

« Prélèvement fait de la première collocation, il restera disponible une somme de   fr.   ; sur cette somme, il convient de prélever celle de 3,583 fr., pour les causes ci-après : aux termes du jugement d'adjudication précité, l'adjudicataire est tenu de garder en ses mains, jusqu'au décès de Pierre N... et de Jeanne, sa femme, un capital suffisant pour assurer le service de la pension, qui leur est due par Jacques N...... leur fils, suivant un acte de donation reçu par Mᵉ........., notaire à........, le........ Ce capital, qui devra être réduit à 2,300 fr. après le décès du premier mourant, desdits époux N..., est actuellement de 3.300 fr.; ci .... 3.300 »

A quoi, il faut ajouter les intérêts de cette somme à 5 0/0 depuis le 14 avril 1876, date de l'adjudication, jusqu'au 31 décembre 1877, date du présent règlement, lesquels intérêts s'élèvent à 283 fr.; ci....... 283 »

Ce qui porte la somme à prélever à....   3.583 »

Et il sera fait de cette dernière somme l'emploi ci-après déterminé :

En ce qui concerne les 283 fr., montant des intérêts, les époux N........., peuvent les toucher dès à présent, puisqu'ils sont exigibles. Quant au capital de 3,300 fr., il restera entre les mains du sieur. ...., adjudicataire, qui demeurera chargé, avec les intérêts dont ce capital est productif, de payer auxdits époux N... les arrérages de leur rente viagère à partir du........, date du présent règlement. Puis ce capital lui-même sera remboursé et appartiendra, savoir : jusqu'à concurrence de 1,000 fr., à l'époque du décès du premier mourant des époux N..., et pour le surplus, c'est-à-dire pour 2,300 fr. à l'époque du décès du survivant des mêmes époux N..., aux créanciers de Jacques N .., donataire, sur qui les fonds manqueront au présent ordre, étant expliqué d'ores et déjà que lesdits créanciers sont les sieurs. ...., inscrit le.... ...., et........., inscrit le.. ... ..., lesquels toucheront le capital dont il s'agit, suivant le rang de leurs collocations, et auront le droit de porter en augmentation de leurs créances respectives, les intérêts qu'elles auront produits depuis le........., date du présent règlement, jusqu'au jour du paiement. »

CHAPITRE VII.

Concours des hypothèques spéciales avec les hypothèques générales.

247. — L'hypothèque frappe pour la totalité et pour chaque fraction de la créance sur tous les immeubles grevés, sur chacun, et sur chaque portion de ces immeubles. (Art. 2114, al. 2.)

De là résulte une conséquence incontestable, et qui pour nous devient un axiôme : c'est que le créancier ne peut pas être obligé à diviser sa demande en collocation en la portant proportionnellement sur le prix de tous les immeubles qui lui sont affectés.

Nous devons faire application de ce principe dans le cas où se présentent à la fois, pour être colloqués dans l'ordre, un créancier à hypothèque générale, premier en rang, et des créanciers postérieurs, qui ont des hypothèques spéciales.

Première hypothèse. — L'ordre s'ouvre sur un seul des immeubles hypothéqués.

Évidemment le créancier à hypothèque générale peut demander à être colloqué pour toute sa créance. On ne pourrait pas le rejeter de l'ordre, sous le prétexte que d'autres biens sur lesquels frappe également son hypothèque, mais qui ne sont pas vendus ou qui ne sont pas compris dans l'ordre, lui offrent un gage plus que suffisant. Pour admettre une semblable mesure, il faudrait son consentement formellement exprimé. (Voir Pont, n° 336; Aubry-Rau, t. 3, p. 413, texte et note 20.)

Il a été jugé que le créancier qui a une hypothèque générale, est maître d'exercer son droit sur un seul des immeubles, sans que les créanciers spéciaux inscrits après lui puissent le contraindre à diviser sa créance et son hypothèque, et que, par suite, le tribunal ne doit pas surseoir à la distribution du prix d'un des immeubles affectés à l'hypothèque générale jusqu'à l'ouverture des autres ordres sur le prix des autres immeubles. (Douai, 9 décembre 1871; D., 72, 5, 268.)

Deuxième hypothèse. — L'ordre est ouvert sur tous les immeubles hypothéqués et le créancier à hypothèque générale n'a pas d'autre hypothèque à faire valoir.

Dans ce cas, on doit colloquer le créancier à hypothèque générale, non pas au marc le franc sur chaque bien vendu, mais de manière à faire produire leur effet aux hypothèques spéciales les plus anciennes. (Aubry-Rau, t. 3, p. 415, texte et note 26.)

Exemple : Trois domaines ont été vendus : le domaine A pour 20,000 fr.; le domaine B pour 15,000 fr.; le domaine C pour 15,000 fr., total : 50,000 fr. Ces biens sont grevés, au profit de Pierre, d'une hypothèque générale, qui lui assure le premier rang pour 20,000 fr.; Paul a une hypothèque spéciale, inscrite en 1876, sur le domaine A pour 10,000 fr.; Jacques a une hypothèque spéciale, inscrite en 1877, sur le domaine B pour 10,000 fr., et Clément a une hypothèque spéciale, inscrite en 1878, sur le domaine C pour 15,000 fr. Total des hypothèques 55,000 fr. Différence en moins sur la valeur des biens, 5,000 fr. Ce déficit doit être supporté en entier par Clément, qui est le dernier inscrit, et, pour cela, on colloquera Pierre, le créancier à hypothèque générale, sur le domaine A pour 10,000 fr., sur le domaine B pour 5,000 fr. et sur le domaine C pour 5,000 fr. Paul et Jacques toucheront chacun le montant intégral de leurs hypothèques spéciales ; mais Clément ne touchera que les 5,000 fr. qui restent libres.

Suivant une autre opinion, la collocation du créancier à hypothèque générale devrait être répartie au marc le franc sur tous les immeubles, sans égard à la date des inscriptions spéciales qui les frappent. Cette opinion se fonde sur ce que, pour les hypothèques spéciales, l'antériorité n'est un motif de préférence qu'entre les inscriptions prises sur le même immeuble. (Pont, n° 345. — Cass., 26 décembre 1853 ; S., 54, 1, 84 ou 86 ; D., 55, 1, 200.)

Troisième hypothèse. — Supposons que, dans l'exemple précédent, la troisième créance spéciale, au lieu d'appartenir à Clément, appartienne à Pierre, qui est déjà créancier à hypothèque générale et premier en rang.

Cela étant, la situation change ; car Pierre, en vertu du droit que lui donne son hypothèque générale, peut demander à être colloqué sur tels immeubles qu'il lui conviendra de choisir. S'il fait cette demande, et son intérêt le porte inévitablement à la faire, le juge-commissaire devra l'accueillir.

Dans ce cas, Pierre serait colloqué, au rang de son hypothèque générale, pour 10,000 fr. sur le domaine A, et pour 10,000 fr. sur le domaine B, et il recevrait les 15,000 fr. de sa créance spéciale par collocation sur le domaine C.—Paul, créancier spécial sur A, toucherait ses 10,000 fr.; mais Jacques, créancier spécial sur B, ne toucherait que 5,000 fr., quoique son inscription fût antérieure à celle de la créance spéciale de Pierre.

En ce sens, il a été décidé par la Cour de cassation : « que l'effet de l'hypothèque générale est d'affecter tous les immeubles du débiteur, de manière que le droit du créancier s'ouvre sur chacun d'eux sans égard aux hypothèques spéciales postérieures à la sienne, et, en conséquence, que, dans la distribution du prix des biens affectés à la créance et vendus à différents acquéreurs, le créancier a le droit de se faire colloquer sur le prix des immeubles qu'il a intérêt de choisir, soit parce que l'acquéreur lui présente plus de solvabilité, soit parce que la collocation de sa créance sur cette portion du prix doit avoir pour résultat de lui assurer le paiement, sur un autre immeuble, d'une créance postérieure en date, et qui, sans cela, ne serait pas venue en ordre utile. » (Cass., 24 décembre 1844; D., 45, 1, 53 ; S., 45, 1, 113; *Sic*, Aubry-Rau, t. 3, p. 415, texte et note 25. — Voir Pont, nᵒˢ 340 et suiv.)

Quatrième hypothèse. — Nous venons de voir qu'en faisant spécialiser sa première collocation sur tels immeubles de son choix, le créancier à hypothèque générale peut assurer le paiement de son autre créance, qui autrement ne serait pas utilement colloquée.

Il est possible que Jacques prévoyant ce résultat, et dans le but de conjurer le danger qui le menace, se soit fait subroger aux droits de Pierre, en lui remboursant le montant de sa créance à hypothèque générale, ainsi que le montant de sa créance à hypothèque spéciale.

Dans ce cas, Jacques aura évidemment, lui aussi, comme l'avait Pierre, le droit de faire porter son hypothèque générale sur tels immeubles qu'il voudra choisir, c'est-à-dire sur le prix des immeubles qui ne se trouvent pas hypothéqués à sa propre hypothèque spéciale. C'est là une conséquence incontestable de la subrogation.

MM. Aubry-Rau, tout en admettant et le principe et la conséquence, y apportent une restriction fondée sur des raisons d'équité. Suivant eux, le créancier subrogé ne peut se faire colloquer sur le prix d'immeubles grevés, au profit d'autres créanciers, d'hypothèques antérieures en date à la sienne. (Aubry-Rau, t. 3, p. 414, texte et note 24; *Sic*, Grenoble, 20 août 1853; S., 54, 2, 457.)

Mais cette restriction est vivement combattue par

MM. Pont et Laurent, comme étant contraire aux principes mêmes de la subrogation. (Voir Pont, nᵒˢ 340 et 341; Laurent, t. 30, nᵒ 185.)

Nota. — Nous verrons plus loin, nᵒ 398, quelles sont, dans le cas de concours d'hypothèques générales et d'hypothèques spéciales, les mesures propres à assurer aux divers créanciers colloqués, leur remboursement intégral suivant l'ordre de leurs collocations.

CHAPITRE VIII.

Ventilation.

248. — On a adjugé collectivement, pour un seul prix, divers petits immeubles, grevés d'hypothèques diverses, ou bien un domaine vendu en bloc, et formé de parcelles, qui ont des origines et des hypothèques distinctes.

Voilà un des cas où il y a lieu à ventilation. (Voir le rapport de la Commission du Corps législatif sur la loi du 21 mai 1858. Dalloz, Périod. 58, 2, 49.)

La ventilation a pour objet de déterminer quelle est, dans le prix total à distribuer, la valeur afférente à chacune des diverses parcelles comprises dans l'adjudication ou dans la vente.

L'article 757 du Code de procédure a tracé les règles à suivre quand elle doit se faire par expert. (Voir n° 80.)

Mais les frais d'expertise sont fort élevés ; il est de l'intérêt des parties de n'y recourir que quand elles ne peuvent pas faire autrement.

Lors de la réunion des créanciers, le juge-commissaire examinera avec eux la question de savoir si la ventilation devra être faite par expert, ou bien sur quelles bases elle se ferait à l'amiable, sans expertise. Si les créanciers ne tombent pas d'accord sur ce point, et que l'ordre soit ouvert judiciairement, le juge prendra le parti qui lui semblera le plus convenable, soit en faisant procéder d'office à l'expertise, conformément aux dispositions de l'article 757 précité, soit en déterminant lui-même les bases de la ventilation, sauf ensuite aux parties à contredire, si elles le jugent à propos.

Il est, en effet, admis que le juge-commissaire peut faire lui-même la ventilation au moyen des renseignements qu'il puise dans les dossiers de production. « Le juge, dit M. Houyvet, peut se trouver suffisamment renseigné par la comparaison et la contenance de deux immeubles, s'ils sont situés au même lieu et de même nature ; si précédemment, à une époque peu reculée, ils ont été vendus par le même acte en des lots séparés ; de même encore, si ces immeubles avaient été adjugés séparément d'abord, et qu'il y eût eu une surenchère en masse, le juge peut calculer pour quelle part chaque immeuble figure dans le prix total, en prenant pour terme de comparaison les prix donnés d'abord par les enchères partielles. » (Houyvet, p. 130.)

Ajoutons toutefois que ce dernier mode de ventilation, basé sur les enchères partielles, ne doit être employé qu'avec beaucoup de circonspection, car il peut se faire que la comparaison entre le prix d'ensemble de l'adjudication définitive, et chaque enchère prise séparément, donne un résultat fort éloigné de la vérité, si, par exemple, quelque créancier avait eu intérêt à pousser les enchères partielles sur tel lot déterminé plutôt que sur tel autre, si, en un mot, les enchères n'avaient pas suivi la même proportion pour les différents lots.

249. — Cette réserve faite, et à supposer que le juge reconnaisse qu'il y a lieu d'admettre ce mode de ventilation, il pourra employer la formule suivante, qu'il est facile de modifier pour l'adapter aux diverses espèces, sur lesquelles il aurait à statuer :

« Le présent ordre a été ouvert sur le prix d'immeubles qui dépendent tant de la succession de Jean J..., que de celle de

Marguerite R..., sa femme, et qui ont été adjugés en bloc, et moyennant un prix unique au sieur......... suivant jugement de l'audience des criées du tribunal de......,.... en date du 28 août 1872.

Et il résulte de l'état ci-annexé, qui a été délivré par M. le Conservateur des hypothèques, le 6 novembre 1872, qu'aucune inscription ne grève les immeubles provenant de la succession de Marguerite R..., tandis qu'au contraire, les immeubles de la succession de Jean J.., sont grevés de diverses inscriptions, de telle sorte qu'en réalité l'ordre ne concerne que cette dernière catégorie de biens.

Nous écarterons donc de l'ordre la part du prix afférente à la succession de Marguerite R..., et nous ne nous occuperons que de la part du prix revenant à la succession de Jean J...

Cette dernière part peut être fixée de la manière suivante : Le jugement d'adjudication du 28 août 1872 constate que le prix des adjudications partielles a été, savoir :

Pour les biens de la succession de Marguerite R ..
de ....　7.800　»
Pour les biens de la succession de Jean J..., de.　15.500　„

　　　　　　　　　　Au total, de.........　23.300　»
Le montant de l'adjudication définitive a été de.　28.110　»

Ce qui donne un excédant sur les adjudications partielles, de.. ... ...　4.810　»

Cet excédant étant réparti proportionnellement sur le prix desdites adjudications partielles, porte à 18,699 fr. 20, la part afférente à la succession de Jean J..., dans le prix de l'adjudication du 28 août 1872.

C'est à cette somme que nous fixons la valeur des immeubles de la succession J..., qui font l'objet du présent ordre ; ci.................................... .....　18.699 20

Mais il y a lieu d'en déduire une part proportionnelle dans la somme de 1,792 fr. 20, payée par l'adjudicataire pour les frais de poursuite de vente qui viennent en diminution du prix ; laquelle part est de 1,192 fr. 20 ; ci.... ·................... .....　1.192 20

　　　　　Ce qui réduit le prix à..........　17.507　»

C'est donc cette dernière somme qui sera distribuée à l'ordre, ainsi qu'il suit : etc., etc.

250. — Autre exemple : Soit une adjudication de plusieurs immeubles, qui ont été adjugés en bloc pour 5,000 francs, avec la clause habituelle que les frais de poursuite de vente, qui se sont élevés à 600 francs, viennent en diminution du prix. Parmi ces immeubles, figure une parcelle de terre grevée du privilège du vendeur pour une somme principale de 400 francs, prix de la vente qui est resté dû et qui est réclamé, à l'ordre, par le vendeur.

Ici la ventilation se trouve toute faite ; elle résulte des données elles-mêmes, puisque nous avons le prix de vente de la parcelle dont il s'agit. Mais, nous souvenant que ce prix ne peut être alloué que sous déduction de la part des frais afférents à cette parcelle (n°ˢ 120 et 124), nous dirons :

Les 400 francs, prix principal de ladite parcelle, ci.... .... 400 fr. »

doivent supporter une part proportionnelle dans les 600 francs, montant des frais de poursuite de vente (et même dans les frais de notification, s'il y a lieu), soit.......... 48 fr. »

Ce qui réduira ledit prix à.... 352 fr. »

A quoi il y a lieu d'ajouter les intérêts de ces 352 francs, à partir du jour de l'adjudication jusqu'au jour de la clôture de l'ordre, ci.. Mémoire.

Total....... .. Mémoire.

Ce total devra être diminué d'une part proportionnelle dans les frais généraux de l'ordre, ci.......................... Mémoire.

Ce qui le réduira en définitive à ... Mémoire.

C'est donc cette dernière somme qui sera admise comme représentant, dans le prix total à distribuer, la part afférente à la parcelle de terre dont il s'agit. Elle sera allouée au vendeur, et ce dernier l'imputera sur sa créance, composée : 1º de 400 francs, prix principal de la vente ; 2º des intérêts dus ; 3º des frais accessoires.

CHAPITRE IX.

Hypothèque légale.

251. — En principe, l'hypothèque légale des femmes mariées et celle des mineurs ou des interdits sont dispensées d'inscription. — Art. 2134 et 2135 C. civ. (Aubry-Rau, t. 3, p. 301, texte et note 6.)

Il y a à cette règle une exception capitale : Aux termes de l'article 8 de la loi du 23 mars 1855, l'hypothèque légale de la femme mariée, du mineur ou de l'interdit, doit, pour conserver toute son efficacité, être inscrite dans l'année qui suit la dissolution du mariage ou la cessation de la tutelle.

Ce délai d'un an est accordé, sans pouvoir être restreint par la faillite, l'acceptation bénéficiaire ou la vacance de la succession du mari ou du tuteur. (Aubry-Rau, t. 3, p. 305. — Pont, nᵒˢ 890 et 895. — Demangeat sur Bravard, *Traité des faillites*, p. 288, à la note.)

Mais si le mari ou le tuteur avait été déclaré en faillite, si leur succession n'avait été acceptée que sous bénéfice d'inventaire ou se trouvait vacante, l'hypothèque légale ne pourrait plus, après l'expiration de ce délai d'un an, être inscrite d'une manière efficace au regard des créanciers de la faillite ou de la succession. (Aubry-Rau, t. 3, p. 306. Pont, nᵒˢ 890, 895 et 926.)

L'inscription qui ne serait prise qu'après le délai d'un an, ne produirait effet qu'à sa date. Art. 8, L. 23 mars 1855. (Aubry-Rau, t. 3, p. 307.)

Ces dispositions sont applicables au cas de subrogation à l'hypothèque légale de la femme mariée.

Elles sont d'ailleurs si importantes, que nous n'hésiterons pas à les rappeler, sans crainte de redites, dans les sections ou chapitres qui vont suivre.

PREMIÈRE SECTION.

HYPOTHÈQUE LÉGALE DE LA FEMME MARIÉE.

282. — La femme mariée peut demander et obtenir sa collocation dans un ordre ouvert sur les biens de son mari, avant d'avoir fait prononcer sa séparation de biens.

Seulement, il y a cette différence que, si elle est déjà séparée de biens, elle pourra toucher immédiatement le montant de sa collocation, tandis que, dans le cas contraire, elle ne le pourra qu'après la séparation de biens ou la dissolution du mariage, ou du moins la collocation provisoire qu'elle est autorisée à requérir, ne devient définitive que par l'un de ces événements. (Cass., 19 novemb. 1872; D. 73, 1, 38. — Voir *infrà* n° 286.)

283. — Le jugement qui prononce la séparation de biens relève la femme de son incapacité en tout ce qui se rapporte au recouvrement de ses droits et reprises. — Art. 1444 et 1449 du Code civil.

En conséquence, la femme judiciairement séparée de biens peut, sans avoir besoin d'être autorisée par son mari ou par la justice, produire à l'ordre ouvert sur le prix des biens de son mari. (Cass., 8 juillet 1878; D. 79, 1, 55. — Voir Dalloz, *Jurisp. Gén*, v° ordre, n° 464.)

234. HYPOTHÈQUE LÉGALE INSCRITE. — Si la femme avait fait inscrire son hypothèque légale, soit avant la transcription du jugement d'adjudication, en cas d'expropriation forcée, soit dans les deux mois d'exposition du contrat, en cas d'aliénation volontaire (art. 2195 du Code civil), elle recevrait les avertissements ou sommations de produire, comme les autres créanciers inscrits, et, comme ceux-ci, elle ferait sa production.

235. HYPOTHÈQUE LÉGALE NON INSCRITE. — Mais, pour être admise à produire à un ordre ouvert sur les biens de son mari, il n'est pas nécessaire que la femme ait fait, au préalable, inscrire son hypothèque légale.

En l'absence d'inscription, elle ne peut toutefois être colloquée que sous des conditions qui varient, suivant qu'il s'agit d'un ordre ouvert à la suite d'aliénation volontaire, ou à la suite d'expropriation forcée.

Recherchons donc sous quelles conditions elle peut obtenir sa collocation :

236. ALIÉNATION VOLONTAIRE. — Art. 772 du Code de procédure civile : « Les créanciers à hypothèques « légales qui n'ont pas fait inscrire leurs hypothèques « dans le délai fixé par l'article 2195 du Code civil, ne « peuvent exercer de droit de préférence sur le prix qu'au- « tant qu'un ordre est ouvert dans les trois mois qui sui- « vent l'expiration de ce délai, et sous les conditions « déterminées par la dernière disposition de l'article « 717. »

Dans le cas d'aliénation volontaire, pour que la femme soit colloquée, il faut donc que l'ordre soit ouvert *dans les trois mois* qui suivent l'expiration du délai de deux mois imparti par l'article 2195 pour l'exposition du contrat de vente; auquel cas elle doit produire, conformément à l'article 717 procéd. civ., soit avant la clôture de l'ordre s'il se règle à l'amiable, soit dans les quarante jours de la sommation faite aux créanciers inscrits (art. 754

même Code), s'il s'agit d'un ordre judiciaire. (Aubry-Rau, t. 3, § 283, p. 406, texte et notes 6-7, et § 269, p. 309 à 311, notes 27 à 30.)

Au contraire, l'ordre n'est-il ouvert *qu'après ces trois mois*, la femme est déchue de son rang hypothécaire sur les biens de son mari, qui font l'objet de l'ordre ; elle ne peut plus obtenir qu'une collocation chirographaire.

Nota. — Il a été jugé que la femme qui n'a pas fait inscrire son hypothèque légale, est encore en temps utile de faire valoir dans l'ordre son droit de préférence, lorsque l'exposition du contrat et la procédure de la purge de l'hypothèque légale n'ayant pas eu lieu par suite de sa renonciation, le délai de trois mois de l'article 772 n'a pu prendre son point de départ à la suite de celui de l'article 2195 du Code civil. (Paris, 10 févr. 1873 ; D. 74 2, 133.)

287. Expropriation forcée. — Art. 717 du Code de procédure civile : « Les créanciers à hypothèques lé-
« gales qui n'ont pas fait inscrire leur hypothèque avant
« la transcription du jugement d'adjudication, ne con-
« servent de droit de préférence sur le prix qu'à la con-
« dition de produire avant l'expiration du délai fixé par
« l'article 754, dans le cas où l'ordre se règle judiciaire-
« ment, et de faire valoir leurs droits avant la clôture,
« si l'ordre se règle amiablement, conformément aux ar-
« ticles 751 et 752. »

Dans cet article 717, il n'est plus question d'un délai fatal dans lequel l'ordre doit être ouvert ; en cela, cet article diffère essentiellement de l'article 772 précité. — Quelle que soit donc l'époque à laquelle ait lieu l'ouverture de l'ordre, dans le cas d'expropriation forcée, la femme sera colloquée, pourvu qu'elle fasse sa production, soit avant la clôture de l'ordre, s'il se fait à l'amiable, soit dans les quarante jours de la sommation faite aux créanciers inscrits, s'il s'agit d'un ordre judiciaire. (Aubry-Rau, t. 3, § 283, p. 406, note 7, et § 269, p. 309-311, notes 27-30.)

Il a été jugé, en ce sens, par la Cour de Bordeaux, que le délai de trois mois, dans lequel l'article 772 restreint, dans le cas d'aliénation volontaire, l'exercice du droit de préférence des créanciers à hypothèque légale, ne s'applique pas au cas d'expropriation forcée prévu par l'article 717. (Bordeaux, 30 décembre 1875 ; D., 76, 2, 117.)

Voir, dans la *France judiciaire*, année 1876-1877, 1re part., p. 155, une dissertation de M. Martin de Neufville, vice-président du tribunal d'Alençon, sur l'exercice du droit de préférence accordé aux créanciers à hypothèque légale.

258. PRÉDÉCÈS DU MARI. — La femme, devenue veuve, ne peut exercer son hypothèque légale qu'autant qu'elle aura pris inscription dans l'année à partir du décès de son mari. (Loi du 23 mars 1855, art. 8.)

259. — Nous rappelons que la survenance de la faillite du mari, l'acceptation bénéficiaire ou la vacance de sa succession, n'ont pas pour effet de restreindre le délai d'un an accordé par l'article 8 de la loi du 23 mars 1855 précité. Ainsi l'inscription de l'hypothèque légale peut, jusqu'à l'expiration de ce délai, être prise utilement et d'une manière complètement efficace, même après le jugement déclaratif de la faillite du débiteur, et malgré l'acceptation bénéficiaire ou la déclaration de vacance de sa succession. (Aubry-Rau, t. 3, p. 306 ; *Sic*, Pont, nos 890, 895 ; Demangeat, sur Bravard, p. 288 à la note.)

260. PRÉDÉCÈS DE LA FEMME. — De même, les héritiers de la femme ne peuvent, du chef de cette dernière, exercer son hypothèque légale, qu'autant qu'ils l'auraient fait inscrire dans l'année à partir du décès de ladite femme. (Même article 8.)

Il en est ainsi, lors même que ses héritiers sont ses enfants mineurs, placés sous la tutelle légale de leur père, débiteur de la dot. (Cass., 2 mai 1866 ; D., 66, 1, 241. — Voir en ce sens un arrêt de Cassation du 22 août 1876, rapporté dans la *France judiciaire*, année 1876-77, 2ᵉ partie, p. 89, avec une annotation qui résume la jurisprudence.)

L'inscription, prise après ce délai d'un an, ne vaut que comme simple inscription d'hypothèque ordinaire, qui ne prendrait rang qu'à sa date. Art. 8, L. 23 mars 1855. (Aubry-Rau, t. 3, p. 307.)

261. Sur quels immeubles s'étend l'hypothèque légale de la femme. — L'hypothèque légale de la femme s'étend sur tous les immeubles, présents et à venir, du mari. (Art. 2122 C. civ.)

Elle s'étend même aux immeubles advenus au mari depuis la dissolution du mariage. (Aubry-Rau, t. 3 p. 201, texte et note 3 ; Pont, n° 509. — Lyon, 3 juillet 1867 ; D., 69, 1, 276 et la note.)

Sous le régime de la communauté, légale ou conventionnelle, l'hypothèque de la femme frappe les conquêts de communauté, c'est-à-dire les immeubles entrés dans l'actif de la communauté. Mais alors, comme nous l'expliquerons plus loin (nᵒˢ 291 et suiv.), les effets de cette hypothèque seront différents, suivant qu'ils se produisent, soit pendant la communauté, soit après sa dissolution, soit en cas de renonciation de la femme, soit enfin en cas d'acceptation. (Voir Aubry-Rau, t. 3, p. 225. — Paris, 15 juin 1868 ; D., 69, 2, 161, et la note sur cet arrêt.)

262. Créances de la femme garanties par son hypothèque légale. — Ne pouvant énumérer ici toutes les créances que la femme a le droit d'exercer contre son mari, nous présenterons seulement quelques remarques générales qui serviront à nous guider en cette difficile matière. (Voir *infrà*, nᵒˢ 268 et suiv.)

263. — Il y a deux articles fondamentaux : l'article 2135 et l'article 2121.

L'article 2135 a seulement pour objet de déterminer le rang de l'hypothèque légale de la femme ; il n'est pas limitatif.

C'est l'article 2121, qui spécifie dans quels cas cette hypothèque existe. « La femme, dit cet article, a une hypothèque légale pour ses droits et créances contre son mari. » (Aubry-Rau, t. 3, p. 217, texte et note 7.)

Pour savoir si, dans tel cas donné, la femme a une hypothèque légale, il faut se demander si elle a une action contre son mari, car toute hypothèque est une garantie accessoire d'une obligation. (Laurent, t. 30, p. 297, n° 334.)

Par exemple, sous le régime de la communauté légale, a-t-elle une hypothèque pour sa dot mobilière ? Non, car elle n'a pas de ce chef d'action contre son mari ; sa dot mobilière tombe dans la communauté. « Si elle renonce à la communauté, dit M. Laurent, elle perd tout droit sur le mobilier qui y est entré de son chef (art. 1492), et n'ayant aucune action contre son mari, elle ne saurait avoir une hypothèque. Si la femme accepte la communauté, elle en prend la moitié dans l'état où elle se trouve et sans avoir à exercer aucun droit contre son mari ; donc elle n'a pas d'hypothèque légale et elle ne pourrait pas en stipuler une ; car il n'y a pas d'hypothèque sans une créance principale au paiement de laquelle elle soit affectée. (Laurent, t. 30, p. 298, n° 335. — Voir Pont, n° 435. Bordeaux, 6 mai 1848 ; S., 49, 2, 609.)

« Sous la communauté conventionnelle, la question de savoir si la femme a une action pour sa dot mobilière et, par suite, une hypothèque, dépend des conventions matrimoniales. Si la femme stipule la reprise de son mobilier dotal, en tout ou en partie, elle a une créance de ce chef contre le mari ; donc une hypothèque. Il en est ainsi dans la communauté réduite aux acquêts et dans la clause de réalisation. Mais la femme n'a pas d'hypothèque pour la partie de sa dot mobilière qui entre dans l'actif de la communauté conventionnelle, puisque, de ce chef, elle n'a pas d'action contre son mari. » (Laurent, t. 30, p. 299, n° 336.)

MM. Aubry et Rau disent, dans le même sens : « Quoique, dans l'acception étendue de ce mot, la dot comprenne tout ce que la femme apporte au mari pour lui aider à supporter les charges du mariage, l'hypothèque légale ne peut cependant s'appliquer qu'aux apports dont la femme s'est expressément ou tacitement réservé la reprise, et à raison desquels il lui compète contre son mari une action en restitution. » (Aubry-Rau, t. 3, p. 219.)

Et plus loin, en ce qui concerne les avantages matrimoniaux, ils ajoutent : « Les avantages matrimoniaux de la femme ne sont garantis par l'hypothèque légale qu'autant que, portant sur les biens personnels du mari, ils la constituent créancière envers lui ou envers sa succession. Ceux qui, d'après leur nature ou leur objet, se trouvent subordonnés, pour la femme commune en biens, à l'acceptation de la communauté, et ne sont susceptibles d'être exercés que sur la masse commune, ne participent pas à la garantie de l'hypothèque légale. Tel est, par exemple, le préciput conventionnel, à moins qu'il n'ait été stipulé même pour le cas de renonciation à la communauté. A plus forte raison, la femme n'a-t-elle pas d'hypothèque légale pour sa part de communauté. » (Aubry-Rau, t. 3, p. 221.)

264. — Comme nous l'avons vu plus haut (n° 173), la femme, pour sa part de communauté, n'a que le privilège du copartageant, qui doit être inscrit, sous peine de déchéance, dans les soixante jours à partir de l'acte de partage. (Aubry-Rau, t. 3, p. 221 ; Pont, n° 435, *in fine*. — Cass., 9 janvier 1855 ; S., 55, 1, 125 ; D., 55, 1, 28.)

265. JUSTIFICATION DES CRÉANCES. — « La femme n'est admise à faire valoir son hypothèque légale, qu'à la condition de justifier, d'une manière régulière, de l'existence des droits ou créances, à raison desquels elle entend l'exercer. Cette justification peut, quant aux meubles et valeurs mobilières, que la femme prétend avoir apportés en mariage, se faire par un inventaire, un état en bonne forme, ou une quittance du mari, sans qu'il soit nécessaire que ces actes aient acquis date certaine. Elle peut même, en ce qui concerne le mobilier advenu pendant le mariage, et qui n'aurait pas été constaté au moyen d'un inventaire, se faire par témoin ou par commune renommée. Articles 1499 et 1502. » (Aubry-Rau, t. 3, p. 219.)

266. CLAUSE DE REMPLOI. — Si le contrat de mariage a été produit à l'ordre, et qu'il contienne quelque clause d'emploi ou de remploi des sommes dotales, le juge-commissaire aura soin de mentionner, après la collocation, que lesdites sommes ne pourront être touchées qu'à charge de se conformer aux clauses d'emploi et de remploi.

Il a été jugé que la femme dotale séparée de biens ne peut exiger le remboursement des sommes dotales, sans satisfaire aux conditions d'emploi stipulées dans son contrat de mariage. (Cass., 8 janvier 1877 ; D., 78, 1, 463.)

COLLOCATION.

§ 1ᵉʳ. — *Capital.*

267. — La collocation des droits et créances de la femme mariée est faite conformément aux dispositions de l'article 2135 du Code civil, en ayant égard toutefois aux observations consignées sous les nᵒˢ 262 et 263, ci-dessus.

Elle doit avoir lieu, savoir :

268. A LA DATE DE LA CÉLÉBRATION DU MARIAGE (1) :

1° Pour la dot constituée en argent à la femme.

Il en est ainsi dans le cas même où, d'après le contrat de mariage, c'est un tiers qui a dû toucher la dot, et que ce tiers l'a effectivement touchée. En pareil cas, disent MM. Aubry et Rau, la femme a deux débiteurs au lieu d'un seul. (Aubry-Rau, t. 3, p. 219. — Cass., 30 mars 1831 ; S. 31, 1, 343.)

2° Pour la dot constituée en effets mobiliers, qui ont été dissipés par le mari. (Aubry-Rau, t. 3, p. 242 ; Pont n° 776. Paris, 9 janvier 1856 ; S. 56, 2, 368.)

Mais il n'y a pas lieu de colloquer la femme pour la valeur des effets mobiliers qu'elle s'est constitués en dot, lorsqu'il a été déclaré dans le contrat de mariage que l'estimation portée audit contrat n'en transmet pas la propriété au futur époux. Dans ce cas, la femme n'a qu'une action personnelle contre son mari, pour les répéter en nature (articles 1551 et 1564 Code civil), à moins qu'elle ne justifie que son mari les a dissipés.

3° Pour les créances apportées en dot et qui ont été recouvrées par le mari. (Voir les autorités citées au 2° ci-dessus. — Comparer l'article 9 ci-après, ainsi que le n° 275.)

4° Pour les frais de deuil. (*Contrà*, Pont, *n° 437, qui accorde un privilège.)

---

(1) *Nota.* — Dans la pratique, on se contente de la date du contrat de mariage, parce que cet acte est ordinairement produit et qu'on l'a plus facilement sous la main. Mais il peut se faire qu'il y ait absolue nécessité de préciser, d'une manière très-exacte, la date de l'hypothèque. Dans ce cas, c'est la date même de la célébration du mariage que l'on droit prendre, et non pas celle du contrat de mariage. (Cass., 22 janvier 1878 ; D., 78, 1, 154 ; *Sic*, Aubry-Rau, t. 3, p. 239. — Voir Pont, n° 572, 573 et la *France judiciaire*, année 1877-78, 2° partie, p. 419.)

Cette allocation a lieu, sous le régime de la communauté comme sous le régime dotal. (Aubry-Rau, t. 3, p. 222.)

Soit que le deuil ait été fixé par le contrat. (Riom, 20 juillet 1853 ; S. 54, 2, 607 ; D. 55, 2, 358 ; Pal. 54, 1, 352.)

Soit même dans le cas où il n'y aurait pas eu de stipulations ; car la créance de la femme pour les frais de deuil rentre dans les conventions matrimoniales, qui sont réputées de plein droit écrites dans le contrat de mariage. (Aubry-Rau, t. 3, p. 222.)

5° (Régime dotal). — Pour les aliments que la femme est en droit d'exiger durant l'année du deuil, en renonçant pendant le même temps aux intérêts de sa dot, art. 1570 Code civil. (Pont, n° 436 ; Aubry-Rau, t. 3, p. 223, note 26. — Cass., 29 août 1838 ; D. 38, 1, 374 ; S. 38 1, 769.)

Cette allocation est restreinte au régime dotal.

La femme n'a pas d'hypothèque pour les aliments qu'elle réclamerait en vertu de l'article 214 Code civil. (Aubry-Rau, t. 3, p. 217, note 6. — Grenoble, 6 fév. 1868; S. 68, 2, 138.)

6° Pour les gains de survie stipulés au profit de la femme par le contrat de mariage.

Un gain de survie, c'est une donation stipulée par les époux dans leur contrat de mariage, au profit du survivant d'entre eux.

Toutes les stipulations de gain de survie faites au profit de la femme ne sont pas protégées par son hypothèque légale. La jurisprudence a fait, à cet égard, la distinction suivante :

La donation dont il s'agit produit-elle, de la part de l'époux donateur, un dessaisissement actuel des biens donnés, de telle sorte que la femme donataire en devienne immédiatement créancière, quoique le paiement ne doive avoir lieu qu'après le décès de son mari ? Dans ce cas, les immeubles du mari donateur seront grevés de l'hypothèque légale de la femme à raison de cette créance, comme ils sont affectés pour sûreté de toutes reprises matrimoniales. (Cass., 27 décembre 1859 ; D. 59, 1, 105.)

Au contraire, si la donation a le caractère d'une donation purement éventuelle, qui laisse le donateur libre de disposer de ses biens à titre onéreux, en les aliénant ou en les hypothéquant, elle n'est pas garantie par l'hypothèque légale de la femme donataire. (Cass., 16 mai 1855 D. 55, 1, 246.)

Mais comment reconnaitra-t-on que la donation est purement éventuelle ou qu'elle produit un dessaisissement actuel ? Ce sera le plus souvent par l'interprétation des termes du contrat et de l'intention des parties.

En matière si délicate, il ne peut, croyons-nous, appartenir au juge-commissaire de chercher à interpréter lui-même les termes du contrat de mariage ; nous lui conseillons d'admettre toute demande de collocation pour gains de survie, sauf aux parties à contredire, si elles le jugent à propos. (Voir Aubry-Rau, t. 3, p. 221, texte et notes 22, 23. Pont ; n° 438, qui sont d'avis opposés.)

7° (Régime dotal.) — Pour le remploi des immeubles dotaux de la femme qui ont été aliénés pendant le mariage.

Pour le décider ainsi, on se fonde sur ce que la disposition de l'article 2135, qui ne fait remonter l'hypothèque légale qu'à la date des actes d'aliénation, n'est pas applicable au régime dotal. (Cass., 16 mai 1865 ; S. 65, 1, 345 ; D. 65, 1, 265. — Riom, 16 juin 1877 ; D. 78, 2, 151. — Voir Pont, n°° 767 et 770.)

En sens contraire : MM. Aubry et Rau (t. 3, p. 242, texte et note 74), qui pensent que l'hypothèque légale de la femme mariée sous le régime dotal, pour le remploi de ses immeubles dotaux aliénés, ne remonte, comme celle de la femme commune en biens, pour le remploi de ses propres, qu'à la date des actes d'aliénation. — *Sic*, Caen, 29 novemb. 1872 ; D. 72, 2, 107.

8° (Régime dotal). — Pour la créance résultant de la

mauvaise administration des biens dotaux, et notamment des dégradations commises par le mari sur l'immeuble dotal ou propre possédé par la femme lors du mariage. (Cass., 27 décemb. 1859 ; S. 61, 1, 87 ; D. 60, 1, 105 ; Pal. 60, 731 ; Pont, nᵒˢ 439 et 775.)

9° (Régime dotal). — Pour les créances paraphernales que la femme a apportées en dot ou qui lui ont été constituées, et dont le mari a opéré le recouvrement, en vertu d'un mandat exprimé dans le contrat de mariage. (Cass., 4 février 1868 ; D. 68, 1, 57 ; S. 68, 1, 113. Aubry-Rau, t. 3, p. 245. Pont, n° 772.)

Au contraire, lorsqu'un pareil mandat n'a pas été donné par le contrat de mariage, l'hypothèque légale ne date que du jour du recouvrement. (Mêmes autorités.)

269. A LA DATE DE L'OUVERTURE DES SUCCESSIONS :
Pour les sommes dotales qui proviennent de successions échues à la femme pendant le mariage. Art. 2135 n° 3, Code civil. (Pont, n° 756 ; Aubry-Rau, t. 3, p. 240.)

Nota. — L'expression « sommes dotales » qu'emploie l'article 2135 n° 3, s'applique à toute somme qui, soit sous le régime de la communauté, soit sous le régime dotal, appartient à la femme, mais que le mari a droit de percevoir comme administrateur, sauf à en rendre compte à la femme ou à ses héritiers, après la séparation de biens ou la dissolution de la communauté. (Cass., 5 mai 1841 ; Dalloz, *Jurisp. Gén.*, vᵒ Priv., et hypoth., n° 919.)

270. A LA DATE DU JOUR OU LA DONATION A EU SON EFFET :
Pour les sommes dotales (Voir le *nota* ci-dessus), qui proviennent à la femme de donations à elle faites pendant le mariage. (Art. 2135, n° 3, C. civ.)

Le jour où la donation a eu son effet, c'est le jour où le mari est devenu responsable des valeurs comprises dans la donation, savoir : le jour de l'acceptation, s'il

s'agit d'une donation pure et simple, et le jour de l'évènement de la condition, s'il s'agit d'une donation conditionnelle. (Pont, 754 et 757 ; Aubry-Rau, t. 3, p. 241.)

271. A LA DATE DES OBLIGATIONS :

Pour l'indemnité des dettes que la femme a contractées avec son mari. Article 2135, alinéa 4.

On sait, en effet, qu'aux termes de l'article 1431 Code
civil, « la femme qui s'oblige solidairement avec son
mari pour les affaires de la communauté ou du mari,
n'est réputée, à l'égard de celui-ci, s'être obligée que
comme caution ; elle doit être indemnisée de l'obligation
qu'elle a contractée. »

« La femme, disent MM. Aubry et Rau, est fondée à
exiger, avant toutes poursuites, qu'on comprenne, dans
la liquidation de ses droits, une somme égale à celle pour
le montant de laquelle elle est exposée à être poursuivie,
à raison des dettes qu'elle a contractées avec son mari,
en offrant de consigner cette somme pour le compte de
ce dernier. » (Aubry-Rau, t. 5, p. 446.)

Et il a été jugé : 1° Que la femme obligée solidairement
avec le mari (ou le tiers subrogé à ses droits), peut être
colloquée, en vertu de son hypothèque légale, pour
l'indemnité qui lui est due à raison de la dette par elle
contractée, même avant de l'avoir payée, dans le cas de
faillite ou de déconfiture du mari, ou lorsque la dette
est devenue exigible par l'échéance du terme. Art. 2032
Code civil. (Cass., 24 mai 1869 ; S., 69, 1, 345 et la note ;
D., 69, 1, 276. Cass., 26 janvier 1875 ; D., 75, 1, 52 ;
Aubry-Rau, t. 3, p. 245 et t. 5, p. 446 ; Pont, n° 773.)

2° Que l'indemnité accordée par la loi à la femme qui
s'est obligée solidairement avec son mari constitue à
son profit un droit actuel, une créance liquide et exigible, pour laquelle elle est fondée à agir hypothécairement,
même pendant la durée de la communauté et avant
la liquidation de ses reprises. Qu'en conséquence, si
un ordre vient à s'ouvrir sur les immeubles de son mari,

elle peut y produire, en vertu de son hypothèque légale, pour le montant de ladite indemnité, et que, par suite, le même droit appartient au créancier subrogé à cette hypothèque. (Cass., 26 janvier 1875 ; D., 75, 1, 52. — Voir pour la subrogation, *infrà*, n° 302.)

3° Qu'en ce qui touche l'indemnité de l'engagement contracté par la femme pour son mari, son hypothèque légale comprend la totalité des intérêts simples et composés dont elle peut être tenue comme caution de son mari, suivant les stipulations de son engagement. (26 janvier 1875 ; D., 75, 1, 52.)

Mais il n'en est ainsi que quand l'hypothèque légale est dispensée d'inscription. En conséquence, l'article 2151 Code civil devient applicable aux inscriptions d'hypothèque légale prises par la femme en conformité de l'article 8 de la loi du 23 mars 1855 (voir n° 251), et ces inscriptions ne lui donnent droit d'être colloquée que pour deux années et l'année courante. — Voir n°˙ 203 et suivants. — (Pont, n° 1032 ; Aubry-Rau, t. 3, p. 421. Agen, 14 janvier 1868 ; D., 68, 2, 81.)

4° Il a même été décidé par la Cour de cassation que l'hypothèque légale s'étend à la créance de la femme résultant du paiement par elle effectué des dettes de son mari, sans obligation préexistante de sa part. (Cass., 29 mai 1870 ; D., 70, 1, 353.)

Mais la femme ne peut pas se prévaloir de son hypothèque légale pour le remboursement des dettes qu'elle a contractées avec son mari, dans son intérêt personnel. (Caen, 19 novembre 1872 ; D., 74, 2, 107.)

272. *Nota.* — Lorsqu'il s'agit d'obligations constatées par des actes sous-seing privé, l'hypothèque ne date que du jour où ces actes ont acquis date certaine, conformément à l'article 1328 Code civil. (Aubry-Rau, t. 3, p. 241 ; Pont, 761 ; Larombière, sur l'article 1328, n°˙ 33 et 34. — Cass., 15 mars 1859 ; S., 59, 1, 193 ; Pal., 60, 865 ; D., 59, 1, 105.)

Au cas où une lettre de change souscrite par le mari, a été endossée par sa femme, mariée sous le régime dotal, l'hypothèque légale de la femme pour l'indemnité à laquelle elle a droit, remonte au jour même de l'endossement, et non pas seulement au jour où, à défaut de paiement par son mari, elle aurait, comme endosseur, exercé un recours contre lui. (Cass., 9 août 1852 ; D., 53, 1, 156 ; S., 53, 1, 197 ; Pal., 54, 2, 293.)

Il est d'ailleurs à remarquer que, lorsque la femme a été colloquée en ordre utile pour la totalité de la valeur de ses apports ou de ses reprises, sur le prix de vente de l'un des immeubles de son mari, elle n'est plus admise à faire valoir ultérieurement son hypothèque sur les autres biens du mari du chef de ses apports et reprises et à la date du mariage. Il en est ainsi, bien qu'en fait la collocation ne lui ait pas profité personnellement à elle-même, et qu'elle ait profité seulement à un créancier du mari, envers lequel elle s'était obligée avec ce dernier, et qui, par suite, a été colloqué en sous-ordre sur elle. En pareil cas, elle ne peut plus exercer son hypothèque que pour l'indemnité qui lui est due, à raison de l'obligation en vertu de laquelle le créancier du mari a été colloqué, et qu'à la date de cette obligation. (Bourges, 30 juillet 1853 ; S., 55, 2, 586 ; D., 56, 2, 205 ; Pal., 55, 1, 494 ; *Sic*, Aubry-Rau, t. 3, p. 246.)

273. A LA DATE DES ACTES D'ALIÉNATION :

Pour le remploi de ses propres aliénés (art. 2135, alinéa 4) ; mais seulement lorsque la femme est mariée sous le régime de la communauté.

Nous avons vu plus haut, n° 268, 7°, que, sous le régime dotal, d'après la Cour de cassation, l'hypothèque légale remonte, au contraire, à la date du mariage, pour le remploi de ses propres, qui ont été aliénés.

Il a été jugé que l'hypothèque légale de la femme pour le remploi de ses biens paraphernaux aliénés, remonte au jour de la vente, et non pas seulement au jour du paiement du prix. (Cassation, 27 avril 1852. D. 52, 1, 162. S. 52, 1, 401. Pal., 52, 1, 550. *Sic*, Pont, n° 773.)

274. *Nota.* — Lorsqu'il s'agit d'aliénations constatées par des actes sous-seing privé, l'hypothèque ne date que du jour où ces actes ont acquis date certaine, conformément à l'art. 1328, Code civil. (Aubry-Rau, t. 3, p. 241. Pont., 766. Agen, 10 juin 1859 ; S. 59, 2, 341 ; Pal., 60, 1, 210.)

275. A LA DATE DU RECOUVREMENT OPÉRÉ PAR LE MARI (Régime dotal) :

Pour les sommes apportées en dot par la femme et qui ont été touchées par le mari, sans mandat contenu dans le contrat de mariage. (Aubry-Rau, t. 3, p. 245.)

Nous avons vu plus haut (n° 268, 9°), que si, au contraire, le contrat de mariage conférait au mari le mandat de toucher ces sommes, l'hypothèque légale remonterait au jour même du mariage.

§ 2. — *Intérêts.*

276. — Les intérêts de la dot et des reprises de la femme mariée, doivent être alloués, comme accessoires de la créance, au rang du capital qu'ils concernent. — Par exemple, pour les obligations solidaires, ils seront alloués à la date même de ces obligations.

277. — Les intérêts de la dot et des reprises sont dus de plein droit : soit à partir de la dissolution du mariage (art. 1570 C. civ.); soit à partir de la demande en séparation de biens. (Aubry-Rau, t. 5, p. 632. Bourges, 29 juillet 1851 ; D. 52, 2, 11.)

Dans le cas de séparation de biens, il est quelquefois décidé que les intérêts ne sont dus qu'à partir du jugement. Mais une autre opinion, qui les fait courir à partir de l'assignation, est généralement adoptée ; c'est celle à laquelle nous nous rangeons.

278. — L'article 2151, qui limite à deux années et à

l'année courante les intérêts des créances inscrites, est-il applicable aux intérêts de la dot ?

Non ; cet article, d'après ses termes mêmes, suppose le cas où une inscription est nécessaire à la validité de l'hypothèque ; il est donc inapplicable à l'hypothèque légale de la femme.

Par suite, la femme a le droit d'être colloquée pour toutes les années d'intérêts qui lui sont dues. (Aubry-Rau, t. 3, § 285, p. 421, texte et note 13. — Pont, n° 1030. Rouen, 15 avril 1869 ; S. 70, 2, 149. — Nancy, 20 décembre 1871. D. 72, 2, 36. — Cassation, 26 janvier 1875 ; D. 75, 1, 52.)

Et même, comme nous l'avons déjà dit sous le n° 271, 3°, il a été jugé qu'en ce qui touche l'indemnité de l'engagement contracté par la femme pour son mari, son hypothèque légale comprend la totalité des intérêts simples et composés dont elle peut être tenue comme caution de son mari, suivant les stipulations de son engagement. (Cassation, 26 janvier 1875, D. 75, 1, 52.)

Mais il n'en est ainsi que tout autant que l'hypothèque légale est dispensée d'inscription. En conséquence, l'article 2151 devient applicable aux inscriptions d'hypothèque légale prises par la femme en conformité de l'article 8 de la loi du 23 mars 1855 ; ces inscriptions ne lui donnent droit d'être colloquée que pour deux années et l'année courante. (Pont, n° 1032 ; Aubry-Rau, t. 3, p. 421. — Agen, 14 janvier 1868. D. 68, 2, 81. S. 68, 2, 187. *Contrà*, Metz, 26 août 1863. S. 63, 2, 251.

§ 3. — *Frais accessoires*.

272. — Les frais accessoires de la créance doivent être alloués au même rang que la créance elle-même, qu'ils concernent.

Ces frais comprennent notamment :

1° Les frais de l'instance en séparation de biens. (Aubry-Rau, t. 3, p. 218. Pont, n° 439 ; Cassation, 4 février 1868. S. 68, 1, 113 ; Laurent, t. 30, n° 362.)

Et même les dépens auxquels le mari a été condamné envers elle sur sa demande en séparation de corps. (Aubry-Rau, t. 3, p. 218. Paris, 28 juillet 1853. S. 54, 2, 303. D. 55, 2, 64; Laurent, n° 363.

L'hypothèque légale pour ces frais et dépens remonte au jour même du mariage. (Aubry-Rau, t. 3, § 285, p. 426, note 29; *Sic*, Caen, 25 novembre 1824. S. 26, 2, 70; Douai, 1er avril 1826. S. 27, 2, 39; Cassation, 4 février 1868. S. 68, 1, 113.)

Nota. — L'avoué, auquel la distraction de ces frais a été accordée, peut réclamer directement collocation à son profit. (Grenoble, 17 août 1875, cité par le *Journal des notaires*, n° 2855.)

2° Les frais faits pour obtenir l'autorisation de la justice à défaut de l'autorisation maritale. (Aubry-Rau, t. 3, p. 218; Pont, n° 439; Angers, 15 novembre 1847; S. 48, 2, 681. D. 48, 2, 29. Laurent, t. 30, n° 362.)

3° Les frais de liquidation des reprises de la femme. (Aubry-Rau, t. 3, p. 218; Pont., 439; Cassation, 4 février 1868. D. 68, 1, 57.)

4° Les frais d'inscription de l'hypothèque légale. (art. 2155, C. civ.)

5° Les frais d'expédition du contrat de mariage, si toutefois ils n'ont pas déjà été compris dans les frais taxés de l'instance en séparation de biens.

6° Les frais de la renonciation à la communauté; car c'est la mauvaise gestion du mari qui a rendu nécessaire la renonciation de la femme.

Suivant nous, tous les frais ci-dessus, du n° 1 au n° 6, doivent être colloqués à la date même du mariage, comme nous l'avons déjà dit, n° 1, pour les frais de séparation.

280. *Question.* — Les intérêts de tous ces frais seront-ils alloués et à partir de quelle époque?

Quand ces frais sont compris dans la liquidation, nous allouons les intérêts à partir de la date de la liquidation.

S'ils n'y sont pas compris et qu'ils soient réclamés seulement par la production, nous n'allouons pas les intérêts au rang hypothécaire ; nous ne les allouons qu'à titre chirographaire et qu'à partir de la date de la production. (Voir n° 211.)

FORMULE DE COLLOCATION.

281. *1er cas*. — La femme a obtenu un jugement de séparation de biens. (Voir n° 252.)

Nous colloquons : la dame Julie N... épouse judiciairement séparée de biens du sieur D... propriétaire, débiteur discuté au présent ordre, et avec lequel elle demeure à.........

En vertu de son hypothèque légale inscrite le...... vol. n°   , mais remontant, quant à ses effets, au......... date de son contrat de mariage reçu par M°....... notaire à........

Pour :

1° La somme de   fr.   , valeur des objets mobiliers qu'elle s'est constitués en dot aux termes du contrat de mariage précité ; ci.................. ....   »   »

2° Celle de ...., montant de la dot en argent qui lui a été constituée par ses père et mère, aux termes dudit contrat, laquelle somme a été quittancée sur le contrat même ; ci.......................   »   »

3° Celle de........., pour les intérêts de ces deux sommes calculés à 5 0/0, depuis le ...., date de la demande en séparation de biens, jusqu'au ... date du présent réglement ; ci.....................   »   »

4° Celle de........., montant, suivant taxe, des frais de l'instance en séparation de biens ; ci......

5° Celle de........., pour les frais de l'acte de liquidation des reprises de ladite dame, dressé par M°... ......, notaire à . ..., le........., ci ...   »   »

6° Celle de........., pour les intérêts de ces deux dernières sommes, calculés à 5 0/0 depuis le....... date de l'acte de liquidation précité (voir n° 279), jusqu'au........., date du présent réglement ; ci...

7° Celle de........, pour les frais de production ; laquelle somme, ainsi que celles portées ci-dessus

sous les n°s 4, 5 et 6, seront distraites au profit de
M^e........., avoué ; ci...   »   »

Total........ .....   »   »

Pour laquelle somme nous ordonnons qu'il sera délivré à la
dame D......, un bordereau de collocation sur le sieur.....,
adjudicataire sus-nommé, à la charge par elle de se conformer aux clauses d'emploi ou de remploi stipulées en son contrat de mariage précité. (Voir n° 266.)

282. *Deuxième cas*. — Il n'y a pas de jugement de
séparation de biens. (Voir n° 252.)

Nous colloquons : la dame Julie N..., épouse du sieur D. .
propriétaire, et débiteur discuté au présent ordre, avec lequel
elle demeure à........., et ce dernier comme l'assistant et
l'autorisant (ou simplement en qualité de mari).

En vertu de l'hypothèque légale de ladite dame, inscrite
le......... vol.   , n°   , mais remontant, quant à ses effets,
au........., date de leur contrat de mariage reçu par M^e.. ..
notaire à.........

Pour :

1° La somme de........., valeur des objets mobiliers que
ladite dame s'est constitués en dot, aux termes de son contrat
de mariage précité; ci ....   »   »

2° Celle de........., montant de la dot en argent,
qui lui a été constituée par ses père et mère, aux
termes dudit contrat ; laquelle somme a été quittancée sur le contrat même ; ci ....   »   »

3° Celle de........., coût de l'inscription ; ci ....   »   »

4° Celle de........ pour les frais de production, à
distraire au profit de M^e........ . avoué ; ci.......   »   »

Total.............   »   »

Il est expliqué que les sommes portées sous les n°s 3 et 4
ci-dessus sont seules actuellement exigibles. Quant aux sommes portées sous les n°s 1 et 2, elles ne pourront être touchées
qu'après que ladite dame D... aura fait prononcer sa séparation de biens d'avec son mari ; jusque-là l'adjudicataire est
autorisé à garder ces dernières sommes entre ses mains, si
mieux il n'aime les consigner, et les intérêts qu'elles produi-

ront seront payés au dernier créancier sur lequel les fonds manqueront au présent ordre. (Voir n° 232.)

Nota. — Quand on arrivera à la collocation de ce créancier dernier colloqué, on aura soin de rappeler, par une mention spéciale, la collocation d'intérêts qui est ainsi faite à son profit.

OBSERVATIONS.

283. — Comme on peut le voir par l'énumération que nous venons de faire, n°ˢ 268 à 276, les créances et reprises de la femme peuvent donner lieu à diverses collocations qui seront faites à des dates et à des rangs différents, et qui se trouveront parfois enchevêtrées au milieu de collocations établies au profit d'autres créanciers.

Généralement lesdites créances et reprises auront déjà, quand l'ordre est ouvert, fait l'objet d'une liquidation, qui est produite à l'ordre.

Si la liquidation n'est pas faite, et qu'un délai soit demandé pour la faire, le juge-commissaire accordera ce délai, pendant lequel il sera sursis aux opérations de l'ordre (n° 237).

Il arrive parfois que, par son acte de production, la femme demande à être colloquée, à la date du mariage, pour le montant pris en bloc des sommes dont elle se trouve créancière de son mari, sans distinction entre celles qui doivent être effectivement colloquées à la date du mariage, et celles qui ne doivent l'être qu'à une autre date. — Le juge-commissaire ne se contentera pas de reproduire cette collocation, telle qu'elle est formulée dans la demande. Il devra, au contraire, reprendre et examiner en détail tous les éléments de la liquidation, en distinguant les sommes qui doivent être colloquées à des dates différentes ; en un mot, il établira des collocations différentes pour chacun des chefs qui doivent être séparés, dans le cas du moins où d'autres créanciers obtiendraient des collocations intermédiaires.

284. ORDRE OUVERT APRÈS LA DISSOLUTION DU MARIAGE. — Il n'y aura aucune difficulté de classement quand l'ordre ne s'ouvrira qu'après la dissolution du mariage, parce qu'alors tous les droits de la femme seront complètement établis, soit par la liquidation, soit par tous autres actes qui seront produits (n° 265).

285. ORDRE OUVERT PENDANT LE MARIAGE. — Au contraire, lorsque l'ordre s'ouvrira pendant le mariage, le juge-commissaire pourra se trouver en présence de sérieuses difficultés. Comment procédera-t-il dans le cas où la femme ne serait pas séparée de biens, et dans le cas où elle le serait? Devra-t-il la colloquer et de quelle manière pour les créances conditionnelles ou éventuelles? Quel sera le sort des fonds qui lui seront alloués?

Pour répondre d'une manière claire et précise à ces diverses questions, nous allons successivement passer en revue les différentes hypothèses, auxquelles peut donner lieu la collocation de la femme, quand l'ordre s'ouvre pendant le mariage.

286. *Première hypothèse.* — Les droits de la femme sont complètement nés et déterminés.

Par exemple, la femme réclame : 1° une somme de 2,000 fr. qui lui a été constituée en dot; 2° celle de 1,200 francs, prix de propres qui ont été aliénés par le mari ; 3° les intérêts de ces deux sommes à partir de tel temps que de droit: 4° une somme de....... pour frais accessoires ; 5° les frais de production.

Si elle est séparée de biens, nous la colloquerons pour toutes ces sommes, y compris les intérêts à partir du jour de la demande en séparation de biens (n° 277), et elle pourra toucher immédiatement le montant de la collocation. — Voir ci-dessus la formule n° 281.

Si elle n'est pas séparée de biens, nous la colloquerons pareillement pour toutes les sommes ci-dessus, excepté les intérêts qui ne pourront lui être alloués qu'après que la séparation de biens aura été prononcée, puisque jusqu'à cette époque le mari a seul l'administration des biens dotaux et la propriété des revenus qu'ils produisent. D'un autre côté, nous ne perdrons pas de vue que la femme ne peut pas toucher le montant de sa dot, pendant tout le temps qu'elle n'est pas séparée de biens d'avec son mari. En conséquence, après avoir établi sa collocation, pour toutes les sommes ci-dessus, *mais sans y comprendre les intérêts réclamés*, nous la ferons suivre de la mention suivante :

« Il est expliqué que les articles 4 et 5 sont seuls présentement exigibles; mais que les sommes formant le surplus de la collocation, ne pourront être touchées qu'après que la séparation de biens aura été prononcée entre ladite dame et son mari; que jusque-là l'adjudicataire est autorisé à garder ces dernières sommes entre ses mains ou à les consigner, et que les intérêts qu'elles produiront seront payés au dernier créancier sur lequel les fonds manqueront à l'ordre. »

C'est cette formule que nous avons déjà donnée plus haut sous le n° 282. (Voir aussi n° 232.)

287. *Deuxième hypothèse*. — Aux droits ouverts et déterminés de la première hypothèse, peuvent s'en joindre d'autres pareillement déterminés, mais qui ne sont que conditionnels.

Par exemple, il a été stipulé au profit de la femme, dans son contrat de mariage, des gains de survie pour une certaine somme; ou bien une somme de........ a été fixée par le jugement de séparation de biens pour son année de deuil.

Dans cette seconde hypothèse, la femme devra être

colloquée, à la date de son mariage, pour chacune de ces sommes, mais conditionnellement, puisque ses droits sont conditionnels, bien que parfaitement déterminés.

Par application des principes développés plus haut, nᵒˢ 231, 232, nous ferons suivre la collocation de la mention suivante :

« Les sommes allouées ci-dessus à la dame X... pour ses gains de survie et pour son deuil, ne constituent qu'une créance éventuelle et subordonnée au prédécès de son mari. En conséquence, nous ordonnons que, jusqu'à la dissolution du mariage, lesdites sommes resteront entre les mains de l'adjudicataire, si mieux n'aime ce dernier en opérer la consignation ; que, quand la dissolution du mariage sera arrivée, elles appartiendront à ladite dame, si elle survit à son mari, ou au mari si c'est lui qui survit à sa femme ; et qu'en attendant cette époque, les intérêts en seront servis au créancier sur lequel les fonds vont manquer au présent ordre, c'est-à-dire au sieur........ »

288. *Troisième hypothèse.* — Dans les hypothèses précédentes, il ne s'agissait que de droits *nés*.

Prenons maintenant le cas où il s'agit de droits *à naître*, en distinguant ceux qui rétroagissent et ceux qui ne rétroagissent pas.

289. I. Droits a naître qui ne rétroagissent pas. — Par exemple, la femme peut avoir en expectative des droits purement éventuels, qui ne rétroagissent pas, c'est-à-dire qui ne peuvent prendre rang, dans l'ordre, qu'à partir de l'époque où ils seront nés, tels que le bénéfice de successions non encore ouvertes ou de donations qui peuvent lui être faites dans l'avenir. Elle peut, dans l'avenir aussi, contracter conjointement avec son mari des dettes pour lesquelles elle aurait droit à une indemnité, comme elle peut aussi avoir à réclamer le prix de propres qui seraient plus tard aliénés par le mari.

Il est incontestable que ces diverses créances *à naître* sont garanties par son hypothèque légale.

Devrons-nous nous en occuper dans l'ordre, si la femme a demandé une collocation éventuelle pour ces créances? Evidemment non; car pour ces diverses créances, les droits éventuels de la femme ne devant obtenir de rang, conformément à l'article 2135 alinéa 3 et 4, qu'à dater du moment où ils seront nés (voir n°ˢ 269 et suiv.), la femme sera nécessairement primée, dans l'ordre, par les créanciers actuellement inscrits.

290. II. Droits a naître qui rétroagissent. — La solution sera-t-elle la même pour des droits *à naître*, qui rétroagissent au jour du mariage?

On sait, en effet, que l'hypothèque légale de la femme remonte au jour du mariage, notamment: pour des dégradations commises par le mari sur l'immeuble dotal ou propre possédé par la femme lors de son mariage. (Cass., 27 décembre 1859; D., 60, 1, 105; S., 61, 1, 87; Pal., 60, 731). — Pour la créance fondée sur ce que le mari a reçu le prix de vente d'un immeuble dotal (Cass., 16 mai 1865; D., 65, 1, 265; S., 65, 1, 345; Pal., 65, 878), ou sur ce qu'il a touché, en vertu d'une clause du contrat de mariage, le montant de créances paraphernales. (Cass., 4 février 1868; D., 68, 1, 57; S., 68, 1, 113; Pal., 68, 268.)

Eh bien, pour des créances de cette nature qui ne sont pas nées au moment où l'ordre s'ouvre, mais qui peut-être pourront naître plus tard, que décider? Devra-t-on les comprendre dans la collocation?

Deux systèmes sont en présence :

Premier système. — La Cour de cassation, dans un arrêt du 21 juillet 1847, s'est prononcée pour la négative. Elle a décidé : 1° que tous droits indéterminés de la femme lui permettant d'être colloquée, ne doivent s'entendre que de droits actuels, et non point de droits éventuels non encore ouverts ; 2° que les droits conservés par l'hypothèque légale peuvent toujours être fixés au moment où il s'agit de distribuer le prix d'un bien propre du mari, et que la femme ne peut être dispensée de justifier du montant de ses créances, sous prétexte que des droits nouveaux pourraient s'ouvrir à son profit par suite d'évènements ultérieurs. (Cass., 21 juillet 1847 ; D., 47, 1, 326 ; S., 47, 1, 653 ; Pal., 48, 1, 99. — Voir surtout le rapport de M. le conseiller Hardouin, qui précède l'arrêt.)

A l'appui de ce système, M. Lyon-Caen a fait valoir les considérations suivantes, que nous extrayons d'une note du recueil de Sirey. « La femme, dit-il, en tant que créancière hypothécaire, est un tiers ayant un droit réel sur les immeubles de son mari. Par conséquent, en ce qui la concerne, le mari n'est dépouillé de sa propriété que du jour de la transcription de la vente. Il suffit donc qu'une créance naisse avant la transcription, fût-ce même après la vente, pour que l'hypothèque légale grève l'immeuble du mari. (Voir Riom, 6 décembre 1848 ; D., 49, 2, 140 ; S., 49, 2, 147 ; Pal, 49, 1, 628.) Comment pourrait-elle rétroagir? Une hypothèque ne peut avoir de rang avant d'exister : *Prius est esse quam esse tale...* La rétroactivité ne peut se produire que quant aux immeubles dont le mari est encore propriétaire au moment où la femme devient sa créancière. » (Extrait d'une note de M. Lyon-Caen sur un arrêt de Nancy ; Sirey, 1869, 2, 226.)

Deuxième système. — D'autres, au contraire, admettent que, pour les créances *à naître* dont nous venons de parler, la femme est fondée à demander une collocation provisoire.

Tel est l'avis de MM. Aubry et Rau: « Il convient de remarquer, disent-ils, que par suite d'actes d'administration du mari, tels que l'aliénation d'objets mobiliers, ou le recouvrement de créances appartenant d'ores et déjà à la femme, celle-ci pourra devenir créancière de sommes dont la restitution se trouvera garantie par une hypothèque remontant à la date du mariage, et il semble qu'elle soit fondée à demander une collocation provisoire pour les créances éventuelles de cette nature, dont le montant peut être apprécié par le juge. » (Aubry-Rau, t. 3, p. 546, note 16.)

On peut résumer, de la manière suivante, les raisons invoquées en faveur de ce dernier système : « La loi, peut-on dire, en établissant l'hypothèque légale au profit de la femme mariée, a entendu garantir ses droits à naître comme ses droits déjà nés ; elle a voulu lui donner une sûreté pour l'avenir aussi bien que pour le passé. Or, cette garantie ne serait pas sérieuse, si le mari avait la faculté de l'anéantir par avance en aliénant ses immeubles ; car le gage sur lequel la femme a dû compter en se mariant, se trouverait détruit par ces aliénations au moment où elle acquerrait contre le mari des créances qui lui permettraient d'en profiter. La rétroactivité que la loi attribue, en certains cas, à l'hypothèque légale de la femme, a dû précisément avoir pour but de remédier à ce danger, en faisant considérer cette hypothèque comme née avant l'aliénation. » (Lyon-Caen, note précitée. S. 1869, 2, 226.)

Voir sur ces questions si délicates et si difficiles à résoudre : Cass., 24 juillet 1821, cité dans le Dictionnaire d'Armand Dalloz, 9ᵉ vol., p. 141 ; Cass., 21 juillet 1847, et le rapport de M. le Conseiller Hardouin ; D., 47, 1, 326 ; Cass., 19 novembre 1872 ; D., 73, 1, 38 ; Aix, 16 août 1872 ; D., 74, 2, 131 ; Bordeaux, 7 juillet 1874 ; D., 75, 2, 26. Voir aussi Pont, n° 1426 et suiv., et ce que nous avons dit nous-même ci-dessus, n° 237, pour les créances indéterminées.

201. *Quatrième hypothèse.* — Les époux sont mariés sous le régime de la communauté légale ou conventionnelle. Un ordre s'ouvre sur les conquêts de communauté ; nous avons vu (n° 261) que l'hypothèque légale de la femme frappe ces conquêts.

Comment et à quelles conditions, la femme pourra-t-elle être admise à faire valoir son hypothèque légale dans cet ordre ?

Il y a lieu de distinguer, car ici les effets de l'hypothèque légale seront différents, suivant qu'ils se produisent, soit pendant la communauté, soit après sa dissolution, soit en cas de renonciation de la femme, soit enfin dans le cas d'acceptation.

292. I. DURANT LA COMMUNAUTÉ. — L'hypothèque légale existe à l'état conditionnel sur les conquêts, puisqu'elle pourra être invoquée dans le cas de renonciation.

Si l'un de ces conquêts est vendu volontairement ou sur expropriation forcée, et qu'un ordre s'ouvre, avant la dissolution de la communauté sur le prix de cet immeuble, « la femme est admise à faire valoir son hypothèque légale, mais à titre provisoire seulement, et par forme de mesure conservatoire. Ainsi, elle aura droit d'être colloquée comme s'il s'agissait de la distribution du prix d'immeubles propres du mari ; mais cette collocation ne pourra être qu'éventuelle et ne sera accordée qu'à la charge de la consignation des fonds pour être délivrés à la femme, si elle renonce à la communauté, et aux créanciers colloqués après elle, si elle l'accepte. » (Aubry-Rau, t. 3, p. 228, 229.)

293. II. APRÈS LA DISSOLUTION DE LA COMMUNAUTÉ, la femme est libre de renoncer à la communauté ou de l'accepter.

Y renonce-t-elle ? — Elle peut exercer son hypothèque légale sur les conquêts qui ont été aliénés par le mari seul, même antérieurement à la dissolution de la communauté, et cette hypothèque remonte, sur ces conquêts, à la même date que sur les autres immeubles du mari, et prime ainsi les hypothèques constituées ou acquises antérieurement à cette date. (Aubry-Rau, t. 3, p. 225.)

Accepte-t-elle ? — Par son acceptation, elle est censée avoir ratifié les actes d'administration et d'aliénation faits par son mari. D'où il résulte, « d'une part, qu'elle n'est pas recevable à exercer son hypothèque légale sur les conquêts aliénés par le mari durant la communauté, et, d'autre part, qu'elle se trouve primée, en ce qui concerne les conquêts échus au lot de ce dernier, par les hypothèques acquises sur lui pendant le même temps. » (Aubry-Rau, t. 3, p. 226.)

« Mais la femme peut, malgré l'acceptation de la communauté, exercer son hypothèque contre les tiers au profit desquels le mari n'aurait aliéné ou hypothéqué des conquêts que depuis la dissolution de la communauté. Elle est également en droit de la faire valoir au préjudice des créanciers simplement chirographaires soit du mari, soit de la communauté, à la charge, bien entendu, de contribuer au paiement de ces derniers, dans la mesure déterminée par la loi. » (Mêmes auteurs, *ibid.*)

Voir Metz, 31 décembre 1867 ; D., 68, 2, 145 ; S., 69, 2, 5. Bastia, 25 janvier 1862 ; D., 68, 2, 147 et surtout la note de l'arrêtiste ; S., 62, 2, 453. Caen, 18 janvier 1880.

Voir aussi Pont, n⁰ˢ 512 à 523 et suiv., ainsi que la *France judiciaire*, année 1879-80, 2ᵉ partie, p. 657, qui contient une note importante de M. Toutain, avocat à la Cour de Caen, sur l'arrêt précité de cette dernière Cour.

294 ORDRE AMIABLE. PAIEMENT PARTIEL OU CRÉANCE NE VENANT PAS EN RANG UTILE.

Sous le régime dotal, la femme peut-elle avec l'autorisation de son mari, consentir à un règlement amiable, dans le cas où elle ne toucherait qu'une partie de sa créance ou n'obtiendrait pas une collocation utile ?

Voir ce que nous disons (n° 323), pour le mineur. La solution est absolument la même, et s'applique, en général, à tous les incapables.

Nous rappelons, d'ailleurs, que l'adjudicataire ou l'acquéreur doit veiller, lors du remboursement du bordereau de collocation, à ce que le capital reçoive l'emploi déterminé par le contrat de mariage (n° 266 et formule n° 281, *in fine.*)

DEUXIÈME SECTION.

CRÉANCIERS SUBROGÉS A L'HYPOTHÈQUE LÉGALE DE LA FEMME.

295. — Sous le régime de la communauté, la femme peut, avec l'autorisation de son mari ou de la justice, renoncer à son hypothèque légale ou y subroger. (Aubry-Rau, t. 3, § 288 bis, p. 462.)

296. — Sous le régime dotal, elle ne le peut pas, s'il s'agit de ses droits dotaux. Dans ce cas, la subrogation doit être considérée comme non avenue.

Exemple : Les époux X se sont mariés sous le régime dotal. Un ordre est ouvert sur les biens du mari ; sa femme est colloquée pour ses reprises. Pierre, créancier des mêmes époux X, et, de plus, subrogé à l'hypothèque légale de la femme, demande à être colloqué dans l'ordre en vertu de sa subrogation. — Sa demande devra être rejetée ; il ne pourrait pas même venir en sous-ordre sur la collocation de la dame X. En effet, la subrogation dont il excipe ne doit pas être ramenée à exécution sur les reprises dotales de celle-ci ; autrement, ce serait admettre que la femme peut aliéner sa dot, ce qui est contraire à la loi. — Dans cette espèce, Pierre ne pourra donc être colloqué que comme créancier direct du mari.

Il a été jugé : 1° que la femme mariée sous le régime

dotal est, après comme avant sa séparation de biens, incapable de s'obliger sur sa dot mobilière qui reste absolument inaliénable entre ses mains, aussi bien que sa dot immobilière, et qu'elle ne peut subroger un tiers dans le bénéfice de son hypothèque légale, sans y être autorisée par justice, conformément à l'article 1558 Code civil. (Cass., 3 février 1879 ; S., 79, 1, 353 ; Cass., 27 avril 1880 ; S., 80, 1, 360 ; D., 80, 1, 431.)

2º Qu'elle ne peut non plus s'obliger sur les revenus de ses biens dotaux que pour tout ce qui n'est pas nécessaire aux besoins de la famille. (Cass., 27 avril 1880 ; S., 80, 1, 360 ; D., 80, 1, 431.) Voir, sur ce dernier point, Aubry-Rau, t. 5, p. 619 et 623, § 539 ; Laurent, t. 3, nº 556 et 557. Cass., 27 juillet 1875 ; S., 75, 1, 411 ; Orléans, 2 mars 1876 ; S., 77, 2, 67.)

297. — Par exception, quoique mariée sous le régime dotal, la femme peut subroger à son hypothèque légale, en ce qui concerne ses reprises et créances paraphernales. (Aubry-Rau, t. 3, p. 463.)

Et pour tout ce qui est nécessaire aux besoins de la famille. (Voir Cass., 27 avril 1880 et les autorités citées ci-dessus, nº 296.)

298. SUBROGATION EXPRESSE. SUBROGATION TACITE. — La subrogation est souvent stipulée en termes formels dans l'obligation.

299. — Mais elle peut aussi être tacite. Dans ce dernier cas, elle doit résulter, d'une manière certaine, des actes invoqués pour l'établir.

Il y a subrogation tacite, lorsque la femme a, solidairement ou conjointement avec son mari, contracté une obligation au profit d'un créancier, et que le mari a, dans le même acte, constitué une hypothèque au profit de ce créancier.

Au contraire, il n'y a pas subrogation tacite, lorsque

les époux s'obligent solidairement envers un créancier, mais sans que le mari ait constitué d'hypothèque. Dans ce cas, la femme, par son concours à l'acte, s'est sans doute obligée personnellement, mais elle ne peut pas être réputée avoir subrogé le créancier à son hypothèque légale, puisqu'il n'y a pas eu de stipulation d'hypothèque ; son obligation personnelle pourra donner lieu plus tard contre elle à un jugement de condamnation, et par suite à une hypothèque judiciaire; mais cette hypothèque judiciaire ne donnera au créancier aucun droit de subrogation à l'hypothèque légale de la femme.

Exemple : Par jugement du 15 février 1860, les époux C, ont été condamnés à payer solidairement à X, une somme de 1,456 fr. 50 à raison d'un billet à ordre qu'ils avaient solidairement souscrit au profit de ce dernier. En vertu de ce jugement, X a pris une inscription contre les époux C. Un ordre s'ouvre sur les biens du mari, et X demande sa collocation comme subrogé à l'hypothèque légale de la femme. Sa demande doit être rejetée.

C'est ce qu'a décidé, précisément dans cette espèce, la cour de cassation, dont l'arrêt peut se résumer ainsi : « L'obligation chirographaire contractée solidairement par deux époux n'emporte pas subrogation du créancier à l'hypothèque légale de la femme sur les immeubles du mari. Et la subrogation ne résulte pas davantage du jugement de condamnation intervenu en vertu de cette obligation ; ce jugement ne produit au profit du créancier qu'une hypothèque judiciaire. » (Cass., 14 mars 1865; D., 65, 1, 129 ; S., 65, 1, 209; Pal. 65, 210.)

En résumé, nous devons tenir pour constante la règle suivante, à savoir : que l'obligation contractée par une femme conjointement et solidairement avec son mari n'emporte pas subrogation du créancier dans l'hypothèque légale, à moins que l'obligation du mari et de la femme n'ait été accompagnée de constitution d'une hypothèque conventionnelle. (Aubry-Rau, t 3, p. 464 ; Pont, nᵒˢ 463 et 464. Amiens, 26 mai 1874 ; D., 76, 2, 131.)

Mais le créancier, s'il ne peut, dans ce cas, invoquer la subrogation, n'en conserve pas moins le droit de se faire colloquer en sous-ordre sur la femme, toutefois sans aucune préférence à l'encontre des autres créanciers. (Mêmes autorités. *Adde* : Orléans 24 mai 1848 ; D., 48, 2, 185 ; S., 50, 2, 145 ; Pal, 48, 2, 57 et Cass., 27 avril 1852 ; D., 52, 1, 162.)

300. A QUELLES CONDITIONS LES SUBROGATIONS SONT OPPOSABLES AUX TIERS. — Pour être opposables aux tiers, les subrogations, soit tacites, soit faites en termes exprès, sont soumises à la double condition : 1° d'authenticité, c'est-à-dire qu'elles doivent être stipulées dans un acte notarié ; 2° de publicité, c'est-à-dire qu'une inscription doit être prise directement au profit du subrogé ou que mention de cette subrogation doit être faite en marge de l'inscription d'hypothèque légale que la femme aurait déjà prise.

C'est là ce qu'exprime la loi du 23 mars 1855, dans les termes suivants : « Dans le cas où les femmes « peuvent céder leur hypothèque légale ou y renoncer, « cette cession ou cette renonciation doit être faite par « acte authentique, et les cessionnaires n'en sont saisis « à l'égard des tiers que par l'inscription de cette hypo- « thèque prise à leur profit, ou par la mention de la subro- « gation en marge de l'inscription préexistante. » (L., 23 mars 1855, art. 9.)

Toute subrogation qui ne remplirait pas cette double condition d'authenticité et de publicité, ne serait pas opposable aux tiers ; elle ne pourrait pas être utilement invoquée dans l'ordre, et ne donnerait lieu au profit du créancier qu'à une collocation en sous-ordre, comme nous venons de le dire (nᵒ 299 *in fine*), sans aucune préférence à l'encontre des autres créanciers. (Voir Aubry-Rau, t. 3, p. 465 à 470.)

« L'inscription que les créanciers subrogés à l'hypothèque légale peuvent avoir à prendre, soit pour la conservation de cette hypothèque même ou de son rang, soit pour l'efficacité des subrogations à l'égard des tiers, doit contenir les énonciations exigées par l'article 2153. Lorsqu'un créancier, au profit duquel le mari a constitué une hypothèque conventionnelle, a obtenu en même temps la subrogation dans l'hypothèque légale de la femme, la simple mention de la subrogation dans l'inscription de l'hypothèque conventionnelle n'équivaut pas à inscription de l'hypothèque légale, et ne saurait en tenir lieu. » (Aubry-Rau, t. 3, p. 469, qui citent, en ce sens, entre autres autorités : Cass., 21 juillet 1863 ; S., 63 1, 489. *Contrà :* Bourges, 20 avril 1859 ; S., 60, 2, 24.)

« Cependant, ajoutent MM. Aubry et Rau, il n'est pas indispensable que les deux hypothèques soient inscrites séparément ; l'inscription de l'hypothèque légale peut être prise cumulativement avec celle de l'hypothèque conventionnelle et sera suffisante, en ce qui concerne la première, si elle contient les énonciations requises par l'article 2153. » (Aubry-Rau, t. 3, p. 469. *Sic* Pont, 781 et suiv ; Orléans, 20 février 1857 ; S., 57, 2, 200 ; Dijon, 13 juillet 1858 ; S., 59, 2, 366.)

Il est à noter que l'obligation, imposée par l'article 8 de la loi du 23 mars 1855 à la veuve, à ses héritiers ou ayants-cause, de faire inscrire l'hypothèque légale dans l'année qui suit la dissolution du mariage, s'applique également au créancier qui a été subrogé à l'hypothèque légale de la femme mariée. (Aubry-Rau, t. 3, p. 303. Pont, 818 et suiv.)

Passé ce délai d'un an, l'hypothèque peut encore être inscrite, mais alors elle ne date à l'égard des tiers que du jour où elle a été prise. — Même Loi, art. 8. (Aubry-Rau, t. 3, p. 307.)

301. SUR QUELS BIENS PORTE LA SUBROGATION. — La subrogation porte sur tous les biens du mari, quand elle est consentie en termes généraux, absolus, comprenant tous les droits, reprises et créances de la femme. (Cass., 3 juillet 1866 ; D. 66, 1, 291 ; S. 66, 1, 345.)

Au contraire, la subrogation que la femme est réputée consentir dans l'effet de son hypothèque légale, lorsqu'elle s'oblige solidairement avec son mari dans un acte de constitution hypothécaire (n° 299), ne s'applique qu'aux immeubles mêmes sur lesquels est constituée l'hypothèque accordée au créancier. Par suite, relativement aux autres immeubles du mari, le créancier n'a que le droit de réclamer sa collocation en sous-ordre, en vertu de l'article 1166 du Code civil. (Amiens, 11 novemb. 1858 ; D. 59, 2, 128 ; S. 59, 2, 316 ; Pal. 60, 252. — Voir Aubry-Rau, t. 3, p. 465.)

302. Ce que le créancier subrogé peut réclamer. — « Les créanciers subrogés à l'hypothèque légale d'une femme mariée, disent MM. Aubry et Rau, sont admis à réclamer, jusqu'à concurrence de leurs créances, toutes les collocations que la femme elle-même serait en droit de demander.

« Leur position est même, sous certains rapports, plus favorable que celle de la femme. Ainsi ils sont, même hors du cas de séparation de biens (voir n° 252), autorisés à toucher immédiatement les collocations actuelles obtenues du chef de la femme. Ainsi encore le créancier que la femme a subrogé, expressément ou tacitement, à son hypothèque légale, en se coobligeant avec son mari, peut demander une collocation actuelle et définitive pour le montant de sa créance, au rang hypothécaire, auquel la femme elle-même aurait pu réclamer une collocation provisoire à raison de son indemnité éventuelle. » (Aubry-Rau, t. 3, p. 547.)

Voir pour le droit qui appartient à la femme d'être colloquée à raison de l'obligation par elle contractée conjointement ou solidairement avec son mari, les n°ˢ 271-272.

Nous pouvons rappeler à ce sujet les décisions suivantes :

L'indemnité accordée à la femme qui s'est obligée conjointement ou solidairement avec son mari, constitue à son profit un droit actuel, une créance liquide et exigible, pour laquelle elle est fondée à agir hypothécairement, même pendant la durée de la communauté et avant la liquidation de ses reprises. — Par suite, le droit de se faire colloquer *à la date de l'obligation* appartient au créancier du mari, envers lequel la femme s'est obligée et a consenti subrogation dans son hypothèque légale. (Nancy, 20 déc. 1871; D., 72, 2, 36, et Cass., 26 janv. 1875; D., 75, 1, 52, même affaire.)

L'article 2151, qui limite à deux années et la courante, la quotité des intérêts à allouer au créancier hypothécaire, ne s'applique pas au créancier subrogé à l'hypothèque légale de la femme mariée. C'est là une conséquence du principe admis ci-dessus que le créancier subrogé à l'hypothèque légale a droit à toute la collocation qu'aurait obtenue la femme elle-même.

Il a même été décidé, par application du même principe, que le créancier subrogé à l'hypothèque légale peut, si le titre constitutif de sa créance stipule que les intérêts non payés seront capitalisés de plein droit chaque année, capitalisation rappelée dans les inscriptions régulièrement prises et renouvelées, réclamer sa collocation au même rang hypothécaire que pour le capital, non-seulement pour deux années d'intérêts et l'année courante, mais pour la totalité des intérêts ainsi capitalisés et pour les intérêts de ces intérêts. (Cass., 26 janv. 1875; D., 75, 1, 52, et Nancy, 20 décemb. 1871 ; D., 72, 2, 36, même affaire.)

Mais il faut prendre garde que le créancier subrogé à l'hypothèque légale ne peut bénéficier des effets de la subrogation que dans les limites mêmes fixées par l'inscription de cette hypothèque prise à son profit. — Spécialement, lorsqu'une inscription d'hypothèque légale a été prise au nom d'une femme mariée sur les immeubles du mari pour un capital déterminé et pour les intérêts de droit, et que la mention de la subrogation à l'hypothèque légale a été requise dans les mêmes limites, le créancier ne peut réclamer que pour deux années d'intérêts et pour l'année courante, sa collocation au même rang que pour le capital. (Cass., 17 novemb. 1879. *France judiciaire*, V, 2, p. 49, et surtout la note qui accompagne cet arrêt.)

303. DE QUELLE MANIÈRE DOIT SE FAIRE LA COLLOCATION DU CRÉANCIER SUBROGÉ A L'HYPOTHÈQUE LÉGALE.

La collocation du créancier, en tant que subrogé, ne doit être que subsidiaire, c'est-à-dire qu'il devra être d'abord colloqué directement à son propre rang hypothécaire. Ce n'est qu'à défaut de collocation directe et utilement obtenue dans l'ordre, qu'il doit profiter de sa subrogation.

En ce sens, il a été jugé que le créancier subrogé dans l'hypothèque légale de la femme pour l'indemnité des dettes par elle contractées avec son mari, ne peut prétendre collocation au rang de cette hypothèque dans un ordre ouvert sur les biens du mari, si le règlement de cet ordre a pour effet d'éteindre les dettes au paiement desquelles la femme s'était engagée avec le mari. (Douai, 21 novemb. 1872 ; S., 73, 2, 227. Cass., 26 juin 1855 ; S., 55, 1, 670. — Paris, 3 févr. 1855. S., 55, 2, 307.)

Pour la collocation du créancier, en tant que subrogé à l'hypothèque légale, nous distinguerons deux cas :

304. *Premier cas*. — La femme n'a pas produit à l'ordre.

Dans ce cas, si le créancier subrogé n'a pas rempli les conditions d'authenticité et de publicité requises pour que sa subrogation soit opposable aux tiers (n° 300), il est dénué de tous moyens d'action dans l'ordre.

Au contraire, s'il a rempli les conditions d'authenticité et de publicité prescrites, il est admis à agir directement au lieu et place de la femme, et peut demander et obtenir dans l'ordre toutes les collocations que celle-ci serait en droit d'obtenir contre son mari.

Mais alors il est tenu de prouver que la femme est créancière de son mari et d'établir la quotité de ses reprises. (Aubry-Rau, t. 3, p. 474.)

« Toutefois, comme nous venons de le voir (n° 302), lorsque la subrogation résulte d'une obligation contractée solidairement ou conjointement avec le mari, le créancier peut, à raison de cet engagement même et de l'indemnité à laquelle il donne lieu, se faire colloquer *à la date de l'obligation*, bien que la femme n'ait aucune autre créance à faire valoir contre son mari. » (Aubry-Rau, t. 3, p. 464 et 474.)

303. *Deuxième cas.* — La femme a produit elle-même à l'ordre, et y est colloquée.

Dans ce cas, le créancier subrogé sera colloqué en sous-ordre sur la somme allouée à la femme.

Mais si, dans ce sous-ordre, il se trouve en concours avec d'autres créanciers, il y aura lieu à l'application du dernier paragraphe de l'article 9 de la loi du 23 mars 1855, ainsi conçu : « Les dates des inscriptions ou mentions déterminent l'ordre dans lequel ceux qui ont obtenu des cessions ou renonciations exercent les droits hypothécaires de la femme ; » c'est-à-dire, en d'autres termes, que, dans ce sous-ordre, les créanciers qui auront fait régulièrement inscrire ou mentionner leur subrogation (n° 300), seront classés suivant la date des inscriptions ou mentions, et que les créanciers qui n'auront pas rempli cette formalité ne viendront qu'après eux, et seulement au marc le franc.

FORMULES DE COLLOCATION.

306. — A raison des complications et des difficultés qu'offrent souvent les collocations des créanciers subrogés à l'hypothèque légale, il nous parait utile de donner des formules pour les cas principaux qui peuvent se présenter, et que nous venons de passer en revue.

Première formule. — (La femme n'a pas produit à l'ordre. Le créancier y produit comme subrogé-inscrit; mais ne connaissant pas d'autres chefs de reprises, il restreint sa demande au chef de créance résultant de l'engagement solidaire de la femme) :

« Nous colloquons, à tel rang hypothécaire et à la date du 15 juillet 1879,

Le sieur Jean Remy, cultivateur, demeurant à. . . . .

Pour les motifs ci-après :

Par acte passé le 15 juillet 1879 devant Mᵉ. . . . ., notaire à. . . . ., le sieur D. . . . . (débiteur discuté à l'ordre), et la dame . . . . . ., son épouse, se sont obligés solidairement envers lui au paiement d'une somme de 600 fr., pour garantie duquel paiement ils ont stipulé à son profit une hypothèque sur tous les immeubles qui font l'objet du présent ordre.

En vertu de ce même acte, ledit sieur Remy a fait inscrire cumulativement à la date du 1ᵉʳ août 1879, vol.   , nᵒ   , tant l'hypothèque conventionnelle précitée, que l'hypothèque légale qui résultait de l'engagement solidaire de ladite dame D. . . . .

C'est pourquoi, nous le colloquons à la date de cette obligation pour le montant de sa créance, qui se compose :

1ᵒ De la somme de 600 fr., principal de ladite obligation, ci. . . . .   600 »

2ᵒ De celle de. . . . ., pour les intérêts de cette somme à 5 0/0 depuis ledit jour du 15 juillet 1879, - date de l'obligation, jusqu'à la clôture de l'ordre ; ci.   »   »

(Et, s'il y avait lieu, pour les intérêts des intérêts. voir nᵒ 302.)

3ᵒ De celle de. . . . ., coût de l'obligation et de

l'inscription ; ci............... .. ..   »   »

4° De celle de........, pour frais de production,
à distraire au profit de M°........., avoué ; ci.....

Total..........   »   »

Pour laquelle somme, nous ordonnons qu'il sera délivré
audit sieur Remy un bordereau de collocation sur le sieur...,
adjudicataire ou acquéreur sus-nommé. »

307. Deuxième formule. — (La femme n'a pas produit à l'ordre. Le créancier y produit comme subrogé-
inscrit, en justifiant de divers chefs de créances ou reprises de la femme, qu'il a découverts et qui lui assurent un
rang antérieur à celui résultant de son propre titre.)
Voici comment pourrait se libeller la collocation de
ce créancier :

« Nous liquidons, ainsi qu'il suit, les créances et reprises
que la dame D... a droit d'exercer contre le sieur D..., son
mari, débiteur discuté à l'ordre, et qui résultent des titres et
documents produits par le sieur Jean Remy, créancier agissant comme étant subrogé à ses droits, ainsi qu'il sera expliqué plus loin.

Ladite dame est créancière de son mari, pour :

1° Une somme de 375 fr. 66, montant de la part lui revenant
dans le prix d'immeubles des successions de ses père et mère,
qui ont été vendus, depuis son mariage, suivant actes de
M°...... , notaire à......., en date du......; ci.   375 66

2° Celle de 500 fr., montant d'une soulte, lui revenant dans un échange de biens provenant de la succession de Marie, sa sœur consanguine ; ledit
échange fait avec les époux N...., suivant acte dudit
notaire en date du........; ci...................,......   500 »

3° Celle de 552 fr., pour la part lui revenant dans
la vente d'un pré dépendant de cette dernière succession, ladite vente consentie à Jacques, suivant
acte du même notaire en date du........; ci......   552 »

Total 1 427 66

A quoi, il y a lieu d'ajouter :

4. Une somme de 79 fr. 30, pour le coût des expéditions desdits actes dont le sieur Jean Remy (ou son avoué), a fait l'avance, comme il sera dit plus loin ; ci.. 79 30

5° Celle de 28 fr. 73, pour les frais de production dudit Remy ; ci.. .... 28 73

Ce qui porte le montant des créances de la dame D... contre son mari à la somme totale de........ 1.535 69

Pour laquelle elle aurait droit d'être colloquée au présent ordre.

Mais, attendu qu'elle n'a pas produit à l'ordre, nous colloquons, en son lieu et place et jusqu'à concurrence de cette somme,

Le sieur Jean Remy, cultivateur, demeurant à.. ... .. En vertu de l'inscription prise par lui le.... ... , vol , n° , et au rang déterminé par les actes constitutifs des créances de ladite dame, et qui est, pour tous ces actes, antérieur aux collocations des autres créanciers,

Pour sa créance qui se compose :

1° De la somme de 1,100 fr., principal d'une obligation solidairement souscrite en sa faveur par les époux D... suivant acte de M°........ notaire à ...., en date du..... .. ledit acte contenant subrogation au profit dudit Remy, par la dame D. . à tous ses droits d'hypothèque légale contre son mari ; ci.. . 1.100 »

2° De celle de 183 fr. 45 pour les intérêts de cette somme à 5 0/0 à partir du 10 décembre 1870, capitalisés chaque année et courus jusqu'au...... date du présent réglement ; ci.............. .... 183 45

4° De celle de 48 fr. 60, pour frais de l'obligation et de l'inscription ; ci................................. 48 60

5° De celle de 79 fr. 30, pour frais d'expéditions des actes sus-relatés, qui ont servi à justifier les créances de la dame D...; ci....................... 79 30

6° De celle de 28 fr. 73, pour frais de production, laquelle somme, ainsi que celle portée sous le n° 5, seront distraites au profit de M°........, avoué, ci. 28 73

Total............. 1.440 08

En conséquence, nous ordonnons qu'il sera délivré audit

sieur Jean Remy, un bordereau de collocation de ladite somme de 1,440 fr. 08 sur le sieur........., adjudicataire ou acquéreur sus-nommé. »

Nota. — Comme bien entendu, on aurait pu ajouter aux créances de la dame D... celle qui résultait de l'obligation Remy ; mais il était inutile d'en parler, puisque, dans le cas présent, ledit Remy devait se trouver complètement désintéressé au moyen des autres chefs de créances de la dame D... sus-relatés, qui lui assuraient antériorité de rang et collocation utile, tandis que l'obligation dont il s'agit ne pouvait donner lieu qu'à une collocation faite à sa date, et qui ne serait pas venue en ordre suffisant.

308. TROISIÈME FORMULE. — (La femme a pro-produit à l'ordre. Y ont produit pareillement : 1° Un créancier régulièrement inscrit comme subrogé à son hypothèque légale ; 2° un créancier qui , bien que subrogé, n'a pas fait inscrire ou mentionner sa subrogation ; 3° un créancier personnel de la femme, qui est simplement chirographaire.)

Les collocations pourront être libellées de la manière suivante :

« Nous colloquons : La dame Jeanne N. . épouse judiciairement séparée de biens du sieur Pierre, propriétaire, avec lequel elle demeure à.. ......;

En vertu de son hypothèque légale inscrite le.... ....., vol.   , n°   , mais dont les effets remontent aux dates ci-après, savoir :

Premièrement. — A la date du 8 février 1846, qui est celle du contrat de mariage desdits époux Pierre, reçu par M°..... notaire à.........

Pour :

1° La somme de 1,200 fr. qui a été constituée en dot à ladite dame par ses père et mère, aux termes du contrat de mariage précité ; ci.............. .... 1.200 »

2° Celle de....... pour les intérêts de cette somme

à 5 0/0 depuis le......, date de la demande, jusqu'à
la clôture de l'ordre ; ci........................... ....   »   »

3° Celle de 379 fr. 73, montant, suivant états taxés,
des frais de l'instance en séparation de biens formée par elle contre son mari, laquelle séparation a
été prononcée par jugement de ce tribunal en date
du......... , avec distraction des frais au profit de
M°...... ..., son avoué ; ci.... ....   379 73

4° Celle de........ .., pour les intérêts de cette der·
nière somme à 5 0/0 depuis le.. .. .. date du dernier acte de la procédure, jusqu'au...... date de la
clôture de l'ordre ; ci........................,...   »   »

5° Celle de........ ., pour frais de production,
laquelle somme, ainsi que celles portées ci-dessus
sous les n°° 3 et 4, seront distraites au profit de M°.   »   »

Premier total...............   »   »

Deuxièmement. — A la date du 1er mars 1857, qui est celle
de l'aliénation de l'un de ses propres, dont il va être parlé,
    Pour :

1° La somme de [265 fr., prix d'une pièce de terre appelée
Les Chiers, qui a été vendue au sieur L... du village de.....
suivant acte de M°.......... notaire à........ .. en date dudit
jour 1er mars 1857 ; ci.......................   265 »

2° Celle de........., pour les intérêts de cette
somme à 5 0/0 depuis le........ , date de la demande en séparation de biens, jusqu'au...... date
du présent règlement ; ci.... ....   »   »

Deuxième total..........   »   »

Troisièmement. — A la date du 7 mars 1861, qui est celle
d'une obligation souscrite par ladite dame, solidairement avec
son mari, au profit du sieur M. ., suivant acte de M° ....,
notaire à.........
    Pour les sommes ci-après qui lui sont réclamées par ledit
sieur M... en vertu de ladite obligation, savoir :

1° Celle de 1,800 fr., principal de ladite obligation ; ci   1.800 »

2° Celle de........., pour les intérêts de cette
somme à 5 0/0, pendant cinq années antérieures au
11 avril 1879, date de la production dudit sieur M...

et ceux courus depuis cette dernière époque jusqu'au........, date du présent réglement ; ci....... » »

3° Celle de........, coût de deux inscriptions prises par ledit sieur M..., ci.................... » »

4° Celle de. ...... pour frais de production dudit sieur M.., ci............................ .... » »

Troisième total........... » »

Quatrièmement. — A la date du 13 février 1868, qui est celle d'une autre obligation souscrite par elle solidairement avec son mari au profit du sieur Martin, suivant acte de M°........ notaire à.........

Pour les sommes ci-après qui lui sont réclamées par ledit sieur Martin, en vertu de ladite obligation, savoir :

1° Celle de 500 fr., principal de l'obligation dont il s'agit ; ci.............. .... 500 »

2° Celle de......... ., pour les intérêts de cette somme à 5 0/0, pendant cinq années antérieures au 11 avril 1879, date de la production dudit sieur Martin, et ceux courus depuis cette dernière époque jusqu'au........., date du présent réglement ; ci... » »

3° Celle de........, coût de l'obligation; ci...... » »

4° Celle de........, pour frais de la production dudit sieur Martin; ci............ .... » »

Quatrième total... .. .... » »

Total des quatre chefs de créances réunis. . » »

Pour laquelle somme totale, s'il y avait fonds suffisants, la dame Pierre aurait droit d'être colloquée intégralement, mais attendu que, par l'effet des collocations précédentes, il ne reste plus disponible que ..

Nous la colloquons seulement pour cette dernière somme, qui va, d'ailleurs faire l'objet du sous-ordre ci-après.

Sous-Ordre. — Et sur ladite somme de........, ainsi allouée à la dame Pierre, nous colloquons :

Art. 1er. — M°......... avoué sus nommé,

Par privilège et préférence à tous autres créanciers, en vertu de la distraction de frais prononcée à son profit,

Pour la somme de........, montant des frais de l'instance

en séparation de biens et de ceux de production, portés sous les nᵒˢ 3, 4 et 5 du premier chef de la créance de la dame Pierre ; ci ....   »   »

Pour laquelle somme nous ordonnons qu'il lui sera délivré un bordereau de collocation sur le sieur...... , adjudicataire ou acquéreur sus-nommé.

Art. 2. — Après la collocation qui précède,

Le sieur M....., propriétaire, demeurant à......, créancier inscrit le......., vol , nᵒ , ou créancier subrogé à l'hypothèque légale, de la dame Pierre, et qui a fait mentionner sa subrogation, le.... ..... en marge de l'inscription prise par cette dernière,

Pour la somme de......., formant le troisième chef de créance de ladite dame, et qui résulte de l'obligation solidaire du 7 mars 1861 sus-relaté ; ci...................... ...   »   »

Pour laquelle somme nous ordonnons qu'il sera délivré au sieur M...... , un bordereau de collocation sur le sieur..... adjudicataire ou acquéreur sus-nommé.

Art. 3. — Prélèvement fait des collocations ci-dessus, la somme allouée à la dame Pierre se trouve réduite à........

Sur ce reliquat, nous colloquons, concurremment entre eux, et au marc le franc de leurs créances respectives, les deux créanciers suivants, savoir :

Premièrement. — Le sieur Martin, propriétaire, demeurant à........., qui, bien que subrogé par son titre aux droits de la dame Pierre, ne peut néanmoins être classé que comme chirographaire, faute d'inscription ou de mention faite en conformité des prescriptions de l'article 9 de la loi du 23 mars 1855,

Pour la somme de........., montant du dividende lui revenant à raison de sa créance qui résulte de l'obligation solidaire sus-relatée du 13 février 1868 et qui forme le quatrième chef des créances de la dame Pierre ; ci...........   »   »

Pour laquelle somme etc.

Deuxièmement. — Le sieur Denis, propriétaire, demeurant à..........., créancier personnel de la dame Pierre,

Pour la somme de........., montant du dividende lui revenant à raison de sa créance, qui se compose :

1ᵉ De..... .. , principal d'une obligation, etc.; ci.   »   ⸱

2ᵉ De.......... pour intérêts de cette somme (l'article 2151 n'est pas applicable aux collocations en sous-ordre. — (Voir n° 326, 2°); ci..................   »   »

  3° De........., pour frais accessoires ; ci........   »   »

  4° De........., pour frais de production, à distraire au profit de M°........ avoué ; ci..........   »   »

                         Total.. ....   »   »

Pour laquelle somme de . ..., montant du dividende sus-
énoncé, nous ordonnons etc

FIN DU TOME PREMIER.

CHAUMONT. — TYPOGRAPHIE CAVANIOL.